PETE WHITTAKER CRACK CLIMBING

ピート・ウィタカーの
クラック
クライミング

YAMA-TO-KEIKOKU-SHA

山と溪谷社

本書の執筆にあたり、僕はひとつの目標を設けた。
それは、クラッククライミングにおける特殊な技術について
「これを見ればわかる」というものを作ることだった。
この本を手にしたすべての人が何かを学びとってくれることを祈っている。
そうでなくてもクラッククライミングについて
これまでと少し違った考えを持ってもらえれば幸いだ。
もしもその人が世界でも最高のクライマーであってもそれは変わらないし、
事実、僕自身にも学ぶところが多くあった。

そう、まさにこの本はあなたのためにあるのだ。

Crack Climbing by Pete Whittaker

originally published in 2020 by Vertebrate Publishing, an imprint of Vertebrate Publishing,

Omega Court, 352 Cemetery Road, Sheffield, S11 8FT, UK.

Copyright © Pete Whittaker 2020

Illustrations copyright © Alex Poyzer 2020

All rights reserved.

Japanese edition in 2021 by Yama-Kei Publishers Co., Ltd.

目　次

日本版装丁　朝倉久美子／本文レイアウト・DTP　渡邊　怜／英文校正　坂野正明

僕にとって一番昔のクラッククライミングの思い出に、ピーク・ディストリクトのグリットストーンの岩場にあるThe Viceという悪名高いルートがある。短くかぶったハンドからフィストサイズのクラックで、腕力と我慢強さが必要だが、正しい技術さえあれば難しすぎることはないルートだ。当時12歳で、自信もついていた僕は、スタニッジのガイドブックにそのルートのグレードがHVS*（5.10）とあるのを見て、「これなら自分にもできる」と考えた。

しかし取り付いて20分間、僕はピンと張ったロープにぶら下がったままで、足は空を切り、地面からほんの少し上で揺れていた。やっとの思いでワンムーヴこなせただけだった。

初めてクラックを登ったとき、それまで学んできたクライミングのそれとはあまりにかけ離れた技術が求められるために、散々な経験をするというのは珍しくない。しかし、そこで諦めないでほしい。The Viceでくじけそうになった僕は、それから世界で最も難しいクラックを何本も再登し、そして初登するまでになった。岩場でのクラックの実体験と、インドアに設置した木製のクラックでのトレーニング、そして指導者としてクラッククライミングを教えた時間が、僕にこの本を書き上げるだけの経験と自信を与えてくれた。

本書の執筆にあたり僕が目指したのは、クラッククライミングの技術を完全に網羅した教科書を作ることだった。数々の技術を学び、なぜそれらを使うのか、どのように使うのかを理解してもらえたらと思う。そしてその技術を自信を持って実践することができるようになり、あなたのクライミングがよりよいものになることを祈っている。

また本書には、世界屈指のクラッククライマーたちから集めたアドバイスも盛り込まれている。クライマーなら誰でも、リン・ヒルやアレックス・オノルド、ピーター・クロフトといった先達たちの言葉から得るものがあるだろう。
「自分はクラッククライミングをやらないから、この本は自分が読むものではない」という人がいるかもしれないが、こう考えてほしい。今トライしているボルダリングの課題にポケットはなかっただろうか？　スポートのルートにコルネは？そうした形状にもジャミングはできる。多くのスポートクライマーやボルダラーがそのことに気づかず、明らかにジャミングが効くところでピンチやクリンプ〔カチ持ち〕、挟み込みをしているのだ。この本を読んでその技術を学び、あなたのクライミングをもっと快適にしてしまおう。

筆者として、この本を読んだ人のクライミングになにかひとつでも役に立つことがあれば幸いである。

ジャミングを楽しもう！

〔*英国トラッドのグレード Hard Very Severeの略〕

イタリア・カダレゼのムスタング（Mustang F8a）でフィンガージャムを決める筆者　© Paolo Sartori

本書には山のような量の情報が詰まっている。図解も多く、視覚的に理解する助けとなっている。しかし、文章のみの解説も多い。

文章による解説が続くと、頭が混乱してくるものだ。集中して読んでいても、言葉で説明された動きをイメージするのが難しいこともある。

そこで、筆者から2つ提案しておく。

- この本をガイドブックとして使う：自分が探している内容を見つけたらそれに集中し、他の内容で気が散らないようにすること（その場合、他の内容はいらないわけなので）。的を絞って取り組むのが成功へのカギだ。

- 書かれている内容を実際に真似てみる：読みながら、自分の指や手、腕、足を使って、書かれている動作を空中で実際にやってみること。バスの中や駅、クライミングウォールで、腕や足をゆらゆらしたりバタつかせたりしているのはかなりおかしく見えるかもしれないが、それが技術を学ぶのに役立つことは間違いない。

ＡＴＴＥＮＴＩＯＮ：クライミングと自己責任

本書は、安全にクライミングを楽しむための技術を解説していますが、ロッククライミングや登山は本来的に危険を伴う行為であり、本書は読者が一定の経験を積んだクライマーもしくは登山者であることを想定しています。クライミングは適切なトレーニングと装備があってはじめて行なわれるべきもので、各人は自己責任において技術習得や状況判断をしてください。本書の内容に関して不明な点があれば、資格を持った専門家の指導を受けることを強く勧めます。また、技術は常に進歩し更新されていくものでもあります。本書の内容に基づく実践によって生じたいかなる損失および故障について、筆者、出版社、権利者はその責任を負うことはできません。

＊本書は英国版（Vertebrate社）を元に訳出を行なったが、一部、米国版（Mountaineers社）のエッセンスも加味している。
＊文中の（　）は原注、〔　〕は訳注を示す。

カナダ・スコーミッシュのクライム・オブ・ザ・センチュリー（Crime of the Century 5.11c）のフィンガークラックを登るオーブリー・ホッジス　© Irene Yee

　本書で用いられている用語についてまとめておく。特に断りがない場合は、垂直の壁に垂直に延びたクラックを想定して解説している。

■クラックの形状

フェイス（Rock face）　クラックの外側の壁面。

クラックの内壁（Crack wall）　クラックの内側の壁面。

クラックの縁（Crack edge/arête）　クラックの内壁が、フェイスと出会うところ。はっきりと直角になっているとわかりやすい。

クラックの入り口（Crack entrance）　クラックの内側の空間が、クラックの外側の空間と交わるところ。

スプリッター（Splitter）　フェイスを2つに断ち割る、均一な形状のクラック。

浅いクラック（Boxed crack）　中が行き止まりになっているクラック。単に浅かったり、あるいは内壁が狭まっていたり、チョックストーンがあったりするため、クラックの奥まで体を入れることができないもののこと。

フレア（Flare）　丸い形状、もしくは斜めになった形状。「フレアしている」と表現されるクラックは、縁がはっきりとしていない（例：クラックの内壁がフェイスとほとんど一体化している）。

ポッド（Pod）　クラックの形状で、他よりも広く開いているところ。

オフセット／コーナー（Offset/corner）　クラックの縁の片方が、もう片方よりも手前に張り出しているもの。張り出しが小さければオフセット、大きければコーナーと呼ぶ。

コーナーの壁（Corner wall）　クラックの内壁がクラックの縁よりも大きく張り出してコーナー（大きなオフセット）を作っているときのその壁。

クラックの傾斜（Angle of the rock）クラックを擁する壁の傾斜を指す（スラブ、垂壁、前傾壁、水平ルーフなど）。

クラックの傾き（Lean of the crack）クラックの走る向きを指す（直上、斜上など）。

■テクニックの名称等

テクニック（Technique）　クラックの中に体の部位を入れて効かせる方法。

ポジショニング（Positioning）　ムーヴを行なうために、岩の上で体をある体勢にすること、方法。

ムーヴ（Movement）　上に向かって登る体の動き、動かし方。

ジャム／ジャミング（Jam）　体の部位がクラックの形状の中に入って効いている、または効かせている状態。

スタック（Stack）　クラックの中で体の部位を2つ組み合わせて使うこと。ハンドスタック、Tスタックなど。

カップ／カッピング（Guppy/cup）　岩の形状を手のひらで包み、指を立てて挟むように保持すること。大きなナスを握るようなイメージ。

ガストン（Gaston）　親指を下方向、肘を外側に引いて保持すること。エレベーターのドアをこじ開けるようなイメージ。

フリクション（Friction）岩との間に生じる摩擦。

■ジャムの安定度

　テクニックの解説には、次の4種類のいずれかを表記している。

強（Powerful jam）　強く引いたり押したりできるジャム。登るときは、この安定度のジャムを求めたい。正しく決められれば、このジャムだけでぶら下がることもできる。

中（Marginal jam）　引いたり押したりできるが、慎重かつ正確に効かせて動く必要があるジャム。

イラストのマーク

体の部位が岩に触れている部分。

赤い矢印は体が岩に触れている部分にかかる力とその向きを表わす。他の体の部位によって隠されたりして、図の方角から見えない部分は赤点線で表記している。

黒い矢印は体の部位同士が触れ合っている部分にかかる力とその向きを表わす。

図の方向から見えない部分でクラックの壁にかかっている圧力。

体の部位の動き：ねじる動き、回す動き、曲げる動きなど。アルファベットは動かす順番を表わす。

ジャムに対して押したり引いたりする方向。矢印がジャミングをした体の部位に向いている場合は押す動き、部位とは逆を向いている場合は引く動きを表わす。

体の部位をねじるときの支点となるところ。

F	正面（front）から見た図。
S	横（side）から見た図。
B	真上（bird's eye）から見た図。

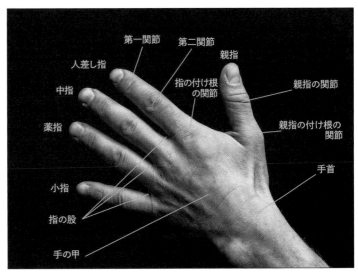

第一関節　第二関節　親指
人差し指
中指　指の付け根の関節　親指の関節
薬指　親指の付け根の関節
手首
小指
指の股
手の甲

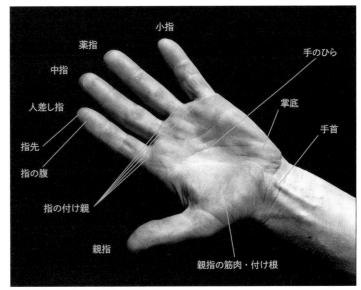

小指
薬指　手のひら
中指
人差し指　掌底
指先　手首
指の腹
指の付け親
親指　親指の筋肉・付け根

体の部位

主な体の部位（肘、膝など）は説明を省くが、手の各部の名称は上記のとおり。なお、本文中に登場する「脚」は膝関節より下、「足」は足首より先の部分を指す。

微妙な体の動きで効きが悪くなり、ジャムが外れる可能性がある。

弱（Balance jam）　効きが悪く、引いたり押したりできないジャム。このジャムは、体の他の部位を動かすための補助として使われるが、その際、体重は別の方法で支える必要がある。このジャムだけで体を支えることはできない。

定（Resting jam）　非常によく効き、力を込められるが、体の動きを制限してしまうこともあるジャム。レストするときや、ギアをセットするときに非常に有効。

THE FIVE RULES OF CRACK CLIMING

1　クラッククライミング 5つの鉄則

クラッククライミングには、守るべき鉄則が5つある。これらを覚えてジャミングのテクニックにあてはめていけば、痛みが少なく、より楽しく失敗しにくいクライミングができるはずだ。本書で解説するさまざまなテクニック、そしてジャミングは、この鉄則に則っている。以降の章を読みながらこの章を読み返してもよいが、はじめに5つの鉄則について理解しておこう。

リビング・イン・パラダイス（Living in Paradise VS 4c）で花崗岩のハンドクラックの雰囲気に浸るロジャー・ブラウン。ノルウェーのロフォーテン諸島、パラディセットで　© Mike Hutton

鉄則1　空間をうまく埋める

クラッククライミングは、岩の間や内側に開いた空間を登るものだ。そのため、あらゆるジャミングにおいて、その空間をできるかぎりうまく埋めることを心がけよう。そうなると、ジャミングをする前に、使う体の部位をできるかぎりクラックに差し込まないといけないわけだ。

体の部位が十分にクラックに入るより前に、ジャミングの動作を始めてしまう人は多い。こうするとジャムと岩が接する部分が小さくなり、それによって効きの悪いジャムとなってしまう。指が4本すべて掛かるカチホールドを、2本の指だけで持つことがあるだろうか？　ジャミングにも同じことが言える。手首まですっぽりと入るクラックに、手の半分しか入れないというのはどうだろうか？　使う体の部位は、きっちり奥まで入れるようにしたい。

空間をうまく埋めるためのポイントとして、次の3つを押さえておこう。

1　使う体の部位は、できるだけ薄く、幅が狭くなるようにして入れる。薄ければ薄いほど、しっかり差し込むことができる。

2　使う体の部位の力を抜く。力を抜くことで、体の部位は差し込みやすく、クラックの形状に合いやすくなる。力が入ると、使う体の部位は硬直し、より奥まで入れることができなくなる。このことを、次のように考えてみよう。

大きくて四角いレンガがあるとしよう。そのレンガを、それよりも小さい丸い穴に通そうとしたら、これは無理だ（四角い杭と丸い穴の組み合わせ）。まずレンガが、通そうとしている穴よりも大きい。そして、形も合っていない。しかし、このレンガが粘土でできたブロックだとしたら、押し潰し、形を変えて、穴に押し通すことができる。レンガは硬く、形が崩れず、穴の形に合わせることはできないが、粘土のブロックは軟らかく、形が変わり、穴に合うように変形できる。使う体の部位も、クラックに差し込むときには変形しやすいように、粘土のように柔らかくしておこう。

3　使う体の部位は、クラックの中に入れた後にはじめて膨らませ、硬くする。膨らませた部位が空間をより隙間なく埋めると、クラックの内壁と接する面積が大きくなる。そして、硬くすることで形が崩れにくくなり、クラックから抜けにくくなる。差し込むときに粘土のようにした体を、今度は硬くする。そうすれば抜けなくなるわけだ！これでもらったも同然だ。

この3つのポイントは非常に単純なことだが、特に最初の2つは忘れられがちだ。そうすると、安定したジャミングをするのは難しくなる。

覚えておきたい、よくある失敗

• 使う体の部位を、クラックに差し込む前にジャミングの形にしてしまう。

• ジャムに使う体の部位が完全にクラックに入っておらず、一部外にはみ出ている。

鉄則2 体をジャミングの道具として使う

自分の体のどこかをクラックに入れてジャミングをしようとするとき、その部位を中で膨らませて、硬くしなければならない。その方法はさまざまだ。

自分の体を、形もサイズもさまざまな一揃いのトラッド用ギアだと考えてみよう。クラックを登るときの体の使い方は、トラッド用ギアを使うのと同じ。クラックに差し込むのだ。

- 一式揃えたトラッド用ギアは、下はマイクロナッツ、上は巨大なカムからビッグブロまで、さまざまなサイズのものがある。それと同じように**人の体の部位にもさまざまなサイズがある**。小さいものは小指の直径、大きいものは身長分の長さまであるのだ。
- クライミングギアの種類が違えば、セットのときに開いたりねじったりと、使い方も違う。人の体も、関節の動きのおかげでさまざまな**膨らみ方、ねじれ方**をする。
- 基本的に、クライミングギアは2つ、もしくは3つの相反する方向に力がかかることで安定する。ジャミングも同様に、安定させるためにはクラックの内壁に対して2つ以上の方向へ力をかける必要がある（ジャミングは、クラックの形状の両側に触れていることで効くというのが重要だ）。

ジャミングには、**パッシブ**〔静的〕と**アクティブ**〔動的〕の2種類がある。

パッシブなジャム（ナッツをセットするイメージ）：クラックの形状に狭まりがあり、そこへ体のどこかを落とし込んで効かせるジャムのこと。このジャムは、体の部位がクラックが狭まっている部分につかえることで効く。最低限の力で効かせられるので、まずはパッシブなジャムができないか探ってみよう。

アクティブなジャム（カムをセットするイメージ）：ねじったり回したり、膨らませたりと、差し込んだ部位をある程度、動かす必要があるジャムのこと。これらの動きと一緒に下方向への力をかける（ジャムに体重をかける）ことで、クラックの内壁を押す圧力と、そこに生じるフリクション（摩擦）によってジャムが効く。下方向への力（あるいは引く力）が、このジャムを効かせるためには非常に重要だ。次のように考えてみよう。

カムをひとつ岩の隙間にセットし、そこに車を一台ぶら下げると想像してほしい。このカムは回収できないどころか、動かすことすらできないだろう。しかし、ぶら下げるのを車ではなく一枚の羽根に替えると、このカムを動かしたり、クラックの中で回したり、回収したりすることは実に簡単だ。

これと同じことが、ジャミングにも言える。体重をしっかりかければかけるほど、ジャムの効きはよくなるというわけだ（ただし、かけている体重に見合うだけの圧力がクラックの内壁に加えられていればの話だ）。このため、ジャムを信じて体を預け、体重をかければ、さらによく効いていると感じられるだろう。車を背負って登ってみたら、実は簡単になるのかもしれない！

■ パッシブな（動かない）ジャム

チョックジャム〔chock：くさび〕

クラックの形状に広い部分と狭い部分（狭まり）があるとする。広い部分からジャムを入れた場合は、狭い部分へ落とし込むだけで、まったく力を入れることもなく自動的に効く。最小限の力で済むので、登るときには常にパッシブなジャムができる場所をまず探すとよい。

指、手、足、膝、体全体の幅に至るまで、人の体はさまざまなサイズのクラックに挟み込むことが

できる。ジャムがそれよりも幅の狭い形状を通り抜けることはないので、効かせるために力をかけたり、ねじったりする必要はない。ギアで例えるなら、ナッツをセットするイメージだ。ハンドジャムをクラックの狭まりへ落とし込むのが、これと同じ構図になる（図1）。

パッシブ・エクスパンションジャム

[expansion：膨張]

　クラックの入り口よりも幅の広い体の部位を突っ込んで効かせることもできる。入れる部位は、クラックの形状に合わせて形が変わる必要がある。ここで役に立つのは、前腕やふくらはぎなど、体の柔らかい部分だ。クラックよりも幅の広い部位を中へねじ込むと、その部位はもとの形に戻ろうとして自然と膨らむ。この反応によって膨らむ動きが、この種類のジャミングが効く仕組みだ。

　絶対に割れない風船を思い浮かべてみよう。この風船をクラックに押し込むと、細くなって隙間にぴったり合うが、もとの形に戻ろうとして膨らむ。膨らむことでクラックの内壁を外側へ押す力が加わり、これによって風船はクラックの中にとどまる。

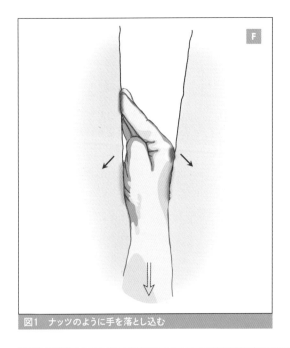

図1　ナッツのように手を落とし込む

パッシブ・エクスパンションジャムはこれとまったく同じ理屈だ。前腕やふくらはぎは、割れない風船というわけだ。注意したいのは、この種類のジャムに使える体の部位は限られているということだ。体のどの部位でも押し潰せるわけではないので——骨を折れば別だが！

■アクティブな（動きのある）ジャム

ツイスティングジャム [twist：ねじり]

　体の部位を極力厚みがない状態にしてクラックに入れ、ねじりを加えると、その部分の厚みが増す。これが空間を埋め、ジャムを効かせるために必要な圧力を生む助けになる。クラックの外に出ている体の部位を梃子のように動かして、ねじりをより強くすることもできる（ただし、ねじりをつくるためにこの梃子の動きが必ずしも必要なわけではない）。例えば、親指を下にしたフィンガージャムの前腕の動きは、クラックに入れた指のねじりを強くする。ツイスティングジャムでは、この梃子が働く方向に沿って引いたり押したりすることが重要だ。このフィンガージャムの例で言えば、前腕の梃子を下向きに動かすので、引く力も下向きにかけ続けるべきだということになる。これを外側へ、もしくは上へ引いてしまうと、ジャミングが効かなくなってしまう。ギアに例えると、カムフック [人工登攀用のギア] に加わるねじりがこれにあたる。

ローテーショナルジャム [rotation：回転]

　これは、ジャムの片側が固定していて、その部分が反対側（動く側）の回転の支点になっている状態のものを指す。動く側はクラックの内壁に触れ、体重をかけることで外向き、あるいは下向きの力が加わる。この力が、クラックの内壁に対する外向きの圧力を生み、ジャムが効く。ギアで例えると、ビッグブロ [チューブチョック] に加わる回転がこれにあたる。ジャミングでは、チキンウィングをするときの前腕の回転がこれだ。

アクティブ・エクスパンションジャム

このジャムは、カムのような働きをする。使う体の部位をクラックに入れてから、クラックの中でその部位を緊張させ、膨らまし、もしくは形を変えて、ジャムそのものを大きくする。下向きの力（かけている体重）、そしてジャムの膨らみでクラックの内壁に圧力がかかり、ジャムが効く。パッシブ・エクスパンションジャムと違うのは、クライマーが意識的に体の部位に力を入れ、膨らませ、形を変えるという点だ。

エクスパンションジャムは360度どの方向にも引くことができて同じくらい安定するので非常に便利だ。引き下ろすことも、手前に引くことも、引き上げることも、また奥へ押すこともできる。例えば、

- **引き下ろす**：他のジャムと同様の使い方。体を引き上げるために、下向きの力をかける。

- **手前に引く**：垂壁から水平のセクションに入る際、例えばルーフの入り口で有効。水平のルーフに向けて手を伸ばすために、手前に向けて引くことができる。

- **引き上げる**：下向きにジャミングを入れた場合に使える。ジャムを効かせて動くために、上向きに力をかける。

- **押しつける**：ジャムに頼ってマントルするときなど、ジャムを下に押しつけて上に動くときに使える。

ギアで例えると、カムデバイスのカムローブ〔カムの羽根〕が開く動きで、ジャミングではハンドジャムを膨らます動きがこれにあたる。

■ コンビネーションジャム
〔combination：組み合わせ〕

コンビネーションジャムには、体の部位を単体で使うものと、複数使うものがある。

- **単体で使う**：使う体の部位をクラックに入れ、前述のテクニックを2つ以上同時に行なう。これによってジャムがより強固になる場合がある。例としては、順手のハンドジャムで力を入れて手を膨らまし、ここにねじりを加えるというもの（3-1-5参照）。

- **複数使う**：クラックの中の空間を体の部位ひとつでは埋めきれない場合に、複数のジャムを組み合わせて使う。前述したジャムのどれでも、パッシブとアクティブとを問わず、体の部位を複数使うことで組み合わせることができる。ギアで例えると、スライダーナッツがこれにあたり、ジャミングでは、さまざまな組み合わせのハンドスタックがこれにあたる。

覚えておきたい、よくある失敗
- パッシブなジャムを優先して探さない。
- ツイスティングジャムの引く方向が間違っている。
- ツイスティングジャムを、エクスパンションジャムのように360度すべての方向へ引こうとしている。
- ローテーショナルジャムで、回転の支点となる部分に力をかけている。
- エクスパンションジャムで、片方のクラックの内壁に接している部分が少ない。
- ジャムを組み合わせて使う場面で、ひとつひとつを個別に動かし、ジャム同士が噛み合っていない。

鉄則 3　クラックの線に合わせる

　ジャミングで使う体の部位はすべて、ムーヴを起こす前に、クラックが描く線と平行になるようにねじって方向を合わせるべきだ。このことを次のように考えてみよう。

　クラックを登る動きを、ハシゴを登る動きのようにイメージしてほしい。簡単だ！　ハシゴの支柱はクラックの縁、ハシゴの段はジャムを表わしている。では、ハシゴを登っているときに、自分の手足と体が支柱と平行になっている状態を思い浮かべてみよう。肘は下を向き、これが腕で体を引き上げるのに最適な力を生んでいる。膝は上を向き、これによって脚は体を押し上げるのに最適な力を込められる。もしも、肘や膝を横方向にねじると、引き上げたり押し上げたりする動きに影響が出る。たちまち力が横に逃げるように感じられ、クライミングの効率がぐんと落ちてしまう。まったく同じことが、クラックを登る動きにもあてはまるのだ。つまり、肘は下向きに、膝は上向きにするのが望ましい。すべてがクラックの線に合えば、ジャミングがうまく効くようになる。体のあちこちがクラックの線に合っていないと、効率よく下に引いたり押したりすることができない。クラックを登るのは、ハシゴを登るようなものなのだ。

覚えておきたい、よくある失敗

• クラックをエレベーターのドアをこじ開けるように引いてしまう。これをすると肘が上がり、横に向いてしまう。これではクラックの線に合わない。

• 足をクラックの内壁にスメアリングするように押し当ててしまう。これをすると膝が横に向いてしまい、これもまたクラックの線に合わない。

• 体を縮こまらせる。手と足が近くなりすぎると、肘と膝の両方が横を向きがちで、クラックの線に合わせにくくなる。

鉄則 4　力よりも骨組みを使う

あらゆるクラックを登るうえで、岩に張りつくために、体の「骨組み」を利用するようにしたい。関節、靭帯、そして骨。これらをクラックにうまくはめ込み、筋肉や靭帯をほとんど、あるいはまったく収縮させずにぶら下がることを目指そう。

自分の体にまったく柔らかい部位がなく、骨格とそれをつなぐ靭帯だけでできていると想像してほしい。この骨格のどこかを、ねじったり、回したり、広げたりすれば、いわゆる「保持力」を出すための筋肉や腱がなくても、クラックに挟まって効かせるための形をつくることができる。これが、クラックの中で体を使ってやるべきことだ。

体はクラックの中に**はめ込む**のであって、岩の表面に**しがみつく**のではない。

- **関節**はねじったり、回したり、曲げたり、あるいは伸ばしたりして使う。こうした動きをクラックのサイズに合わせて正しく行なえば、自動的にロックされ、保持力をほとんど使わなくて済む。岩につかまって体を支えるためではなく、あくまではめ込むために関節を動かすこと。

- **靭帯**は骨と関節をつなぎとめる役割をしている。関節を使ってぶら下がるということは、同時に靭帯も使っているということだ。関節と靭帯を使ってぶら下がると、筋肉と腱の組み合わせよりも使う力がずっと少なくて済む。鉄棒に片手でぶら下がっているところを想像してみよう。腕を伸ばして（骨と関節で）ぶら下がるほうが、腕を曲げて（筋肉と腱で）ぶら下がるよりもはるかに長く耐えられるだろう。このことから言えるのは、力よりも体の骨組みを利用したほうが、岩に取り付いていられるということだ。

便利な道具は進んで使うようにしよう。

- **骨**にはさまざまな長さや幅がある。それらを適切なサイズのクラックにあてがえば、力をまったく使わなくてもぶら下がることができる。岩に力でしがみつくよりも、そこにはまる大きさの骨を探して使おう。

- **皮膚**は岩に直接触れる場所だ。岩と皮膚との接触は、登るのに必要なフリクションを生む。他のどのクライミングスタイルよりも岩と皮膚との接触が多いという点で、フリクションはジャミングをするうえで欠かせない要素なのだ。手や腕、ふくらはぎ、胴などどこであれ、クラックを登るときにはそれらが岩に擦れることになる。ジャムはクラックから吐き出されないためにフリクションを必要とする。フリクションが大きくなれば、より少ない力で取り付いていられる。そのため、岩とのフリクションがより大きくなるように体を使いたい。滑るか滑らないかの「臨界点」*がわかっていれば、ルートをその境界ぎりぎりで、つまりフリクションを最大限に利用して、より少ない力で登ることができる。力よりも骨組み、というわけだ！

覚えておきたい、よくある失敗

- 岩にしがみついている感じがする。

- クラックの中や縁で、クリンプなどの指を使ったホールディングをしてしまう。通常のクライミングのようなホールディングをしていると感じたら、それはつまり体をはめ込むよりもしがみつくように使ってしまっているということだ。

- 手足を曲げて縮こまった状態のままで登ってしまう。手足が曲がったままでは、骨組みよりもはるかに筋力を使わなければならなくなる。

---

*　臨界点とは？
ジャムが効いて体を引き上げられるところと、効かずにスリップしてしまうところの境目のこと。このスリップは、パンプや疲れ、あるいは別の肉体的な要因によるものではなく、ねじりや膨らみ、回転などが十分に加えられず、そのためにクラックにとどまるだけの摩擦が生み出せなかったことでジャムそのものが滑ってしまうことを言う。

鉄則5　岩に触れる面積を広くする

岩に触れている面積が大きいほど、ジャミングの感触はよくなる。岩の形状に対して正しくジャムを入れることで、ジャムが岩に触れる面積は大きくなり、そのおかげでより安定する。このことを次のように考えてみよう。

クライミングのパートナーがジャム・サンドイッチを作ってくれたとしよう。二切れの食パンの間には、イチゴジャムの層がある。しかしサンドイッチをもらって嚙みついてみると、食パンの端までジャムが塗り広げられておらず、口に入ったのは食パンだけだった。どうやらジャムが塗られているのは食パンの真ん中だけで、ジャムがついていない部分が多いらしい。なんともがっかりだ。ジャムを端から端まで全部塗ってくれるように頼んで、もう一度食べてみる。今度は口いっぱいにイチゴジャムが広がり、**おいしいジャム**サンドイッチになった。

このイチゴジャムのサイドイッチの話を、ク

ラッククライミングにあてはめてみよう。食パンはクラックの内壁で、イチゴジャムは体の部位を使ったジャミングということになる。クラックにジャムを決めるとき、皮膚と岩が触れている部分が小さければ、イチゴジャムのサンドイッチのように、結果は残念、ということになる。しかし、ジャムがクラックの内壁に触れる面積が大きくできれば、しっかりイチゴジャムを塗り広げたサンドイッチのように、うまくいくというわけだ。

皮膚と岩がどれだけ接触しているかが、ジャミングの良し悪しを決める。

覚えておきたい、よくある失敗
- 体のどちら側を使うか（右か左か）が間違っている。
- コンビネーションジャムが使えるときに、パッシブとアクティブのジャムのみを使う（例：カッピングとねじりが使えるハンドジャムで、カッピングの動きのみを使う）。

まとめ　5つの鉄則

1 空間をうまく埋める
ジャミングをする前に、体の部位をできる
かぎりクラックに差し込む。

2 体をジャミングの道具として使う
人の体にはさまざまなサイズや形の部位が
あり、それぞれ異なる動き方、膨らみ方を
する。これらをねじ込み、ねじり、回し、膨
らませて、ジャムを効かせるための「道具」
として使う。

3 クラックの線に合わせる
クラックを登るのは、ハシゴを登るような
ものとイメージする。

4 力よりも骨組みを使う
関節、靭帯、骨を使ってぶら下がる。岩の中
に体をはめ込むのであって、岩の表面にし
がみつくのではない。

5 岩に触れる面積を広くする
岩の形状と体の形を合わせることで、体と
岩の接触を最大限にし、より大きなフリク
ションが生じることでジャムの効きが増
す。

カナダ・スコーミッシュのタンタロス・ウォール（Tantalus Wall
5.11c）でのジャスミン・ケイトン　© Andrew Burr

ベス・ロッデン

ベスはアメリカ国内最難のクラックを数多く登り、トップクライマーの一人としての地位を確立した。2008年には、次なるステップとしてヨセミテでメルトダウン（The Meltdown 5.14c）を初登。このルートはその後10年間再登を拒み続け、第2登したカルロ・トラベルシが「クライミング史に残る金字塔」とコメントしたことからも、その難しさがうかがえる。

■一番好きなクラックのエリアは？

クラッククライミングと言えば、まず思い浮かぶのはヨセミテ。私がクラックを学んだ場所でもある。ヨセミテでの最初の数年間は、2ドアの車で、ヨセミテロッジの駐車場に寝泊まりしてた。毎朝、誰かこのやせっぽちの小柄なスポートクライマーと登ってくれないか、って探したものだった。水をあまり飲まなくて、文句も言わないと約束してくれる人がいいな、なんてね。ヨセミテはグレードについては控えめなエリアで、どんなレベルのクライマーでも5.8のルートで挫けそうになることがあると何度となく思い知らされた。でも、そんな一面があっても、とても楽しいクライミングができる。ヨセミテの花崗岩はとても厳しくて、技術も力も高められる最高の岩だと思う。ヨセミテでこの20年登ってきたけど、百回登ったルートを登るときも、まだ触ったことのないルートを登るときも、あの完璧な花崗岩を登って冒険するのは最高に楽しい。

■一番好きなクラックは？

ヨセミテのフィーニックス（The Phoenix 5.13a）は私のオールタイムベストのひとつ。2002年にフラッシュしたの。真っ向勝負のフィンガークラックからシンハンドジャムまで、クラックのすべてが詰まったルート。少しオーバーハングしていて、頭が真っ白になるくらいパンプして、クライマーがクラックに求めるすべてがある。カスケードフォールのすぐ隣で、下の谷の美しい眺めを楽しめるというロケーションも最高！　パンプを味わいたいとか、追い込みたい気分になったときに、何度か登り直して、そのたびに登ってよかったと感じられた。これぞ名作！

■クラックでの印象的な体験談は？

ヨセミテにあるエイハブ（Ahab）というルートをレッドポイントしようと、ずっとトライしてるの。エル・キャ

ピタンの麓にある、私の宿題。ワイドクラックは苦手だけど、チャレンジすることは大好きだから。いつだったか、トップロープならすんなり登れるんじゃないかと思ったことがあった。体に力がみなぎっている感じがしてたし、前の週に行ったときにどうやったかも覚えていて、思いどおりにいきそうだった。登るポジションに入ってから、身をよじって、唸って呻いて、でも順調に進んでいるだろうと思ってた。肩は焼けるように痛んで、膝もヒリヒリして、足首は血だらけ。そろそろ難しいパートの終わりが近いはずと思って、下を見てみたら、スタートのレッジから1、2mしか登ってなかった。残念だけど、ワイドの登りはいまだに自分のものにできてない。ランディ（・プロ）がやってきて、私が敗退した後にあっさりフラッシュしてしまったけど、あれは今まで見たなかで一番感心した登りのひとつだった。

■アドバイス

ヨセミテではやさしいクラックから始めて、基礎を固めること。クライミングジムでハードなルートが登れる人には、高難度ルートは簡単に感じるかもしれないけれど、長いルートへ行けば必ず、ヨセミテのクライミングの神髄に触れることになる。ジムや普通の岩場ではまったくお目にかからないようなタイプのね。だからそういうものが、「まぁそう悪くないかな」という程度には登れるようになっておくこと。私はいまだに修行中だけど！

Pop Quiz　どちらが好き？

1. フィンガークラックとオフウィズス？　フィンガークラック
2. ステミングとルーフクラック？　ステミング
3. ハンドジャムとハンドスタック？　ハンドジャム
4. ニーロックとチキンウィング？　どっちもイヤ！強いて言うならニーロック
5. テーピングはする？　しない？　テーピングする
6. カムとナッツ？　ナッツ
7. クラックなら砂岩？　花崗岩？　花崗岩
8. 短くてハードなルートと、長くて持久系なルート？　長くて持久系なルート
9. 痣と擦り傷、つくるなら？　擦り傷
10. 思わぬ失敗に備えてクライミングパンツを選ぶなら、赤と茶色どっち？　赤
〔10は、流血するのとお漏らしするのと、どちらがマシかを尋ねる問い〕

カリフォルニア、ヨセミテ国立公園のメルトダウン（The Meltdown）を登るベス・ロッデン　© Corey Rich／Cavan Images

FINGER CRACKS
2　フィンガークラック

　フィンガークラックは、クラックの小さな変化や指の太さで難しさに大きな差が生まれやすい、最も繊細なサイズのクラックのひとつだ。わずか1mmの太さの違いで、ムーヴがやさしくなったり、あるいは不可能に感じられたりする。

　1本のシンクラック〔細いクラック〕があるとする。これを登りにきたクライマーが二人いる。一人はバレリーナで、もう一人はきこりだ。バレリーナは紙のように薄い手と、マッチのように細い指をしている。きこりはというと、木の幹ほどもある分厚い手と、ソーセージのような指だ。バレリーナはすんなりとフィンガーロック（2-1-1参照）とフィンガージャムを決めて踊るように登っていった。一方きこりは、ソーセージ指がさっぱりクラックにはまらず、切り倒された木のようにひっくり返ってしまうのだった。だがここで、もしもクラックの幅が数ミリ広くなって、またこの二人に登らせてみたとしたら、バレリーナの指は

クラックの中でバタバタと動いてしまい、彼女はなんとかジャミングを効かせるためにもっと難しいテクニックを使わなければならなくなる。一方で我らがきこりの指は、ぴったりはまって簡単にロックやジャミングが決まる。フィンガーサイズのクラックでは、ほんのわずかな変化が大きな違いを生むのだ。

　人の体で最も細い部位である指を、普通曲げない向きに曲げながらクラックにねじ込んで、しかもそれで体重を支えるのだ。そう考えると吐き気がして、あからさまにこのタイプのクライミングを嫌がる人もいる。無理もないだろう！　しかし、正しいテクニックがあれば、フィンガークラックは比較的楽に登ることができるのだ。

　本章では、指先がわずかしか入らないサイズから、親指と他の指とを組み合わせて使うが指の付け根までは入らないサイズのクラックについて取り上げる。

インディアンクリークのクラシックルート、スウェディン-リングル（Swedin-Ringle 5.12-）を登るマイク・ホランド　© Drew Smith

2-1　手のテクニック

2-1-1　効きのよいフィンガークラック

　理想的なフィンガージャムとは、クラックに指が深く入り、中で安定し、ねじると鍵をカチッとしめるように決まる〔効きのよいフィンガージャムをフィンガーロックという〕。指は付け根まで入り、ジャムの感触もいい。

■逆手 [サムダウン]：人差し指のジャム
強、アクティブ・ツイスティングジャム

　逆手のフィンガージャムはねじりを加えるアクティブなジャムで、狭まりのほとんどない（落とし込みだけでは効かない）スプリッタークラックなどで非常に有効だ（ジャムは、まずパッシブに決められる狭まりを探すのが大前提であることは1章で述べたとおり）。

1　手は親指を下に向ける（人差し指と親指が地面側、小指が空側）。このとき肘は体の中心に対して横側を指す。手の甲が自分のほうを向いて、敬礼するような格好になる。

2　手首を曲げ、指先をクラックに向ける。曲げる

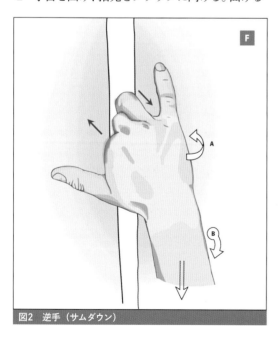

図2　逆手（サムダウン）

のは指の付け根ではなく手首で、指は力を抜いて自由に動くようにしておく。指はできるだけ幅が狭くなる状態にする〔伸ばして脱力させる〕。

3　指を付け根までクラックに入れる。親指はクラックの外に出しておく。

4　手のひらと前腕を平らにして、フェイスに向ける。こうすることで指の付け根の肉が小さく盛り上がる。

5　前腕から手首にかけて金属の棒が入っているとイメージしてほしい（それによって手首を曲げることができない状態）。手首から前腕にかけて硬さを保ちながら、肘と前腕を下へ向けて回し、クラックの線に合わせる。ここで、手のひらと前腕を岩に近い状態で保つことが大切。もし岩から離れてしまうと、ジャムを下ではなく外向きに引いてしまうことになる。外向きに引くとジャムは効かず、例のエレベーターのドアをこじ開けるようなつらい動きになる（クラックの縁をガストンで持っている状態）。

6　肘を回すと、指もクラックの中でねじれ始める（右手でジャミングしている場合は時計回り、左手の場合は反時計回り）。

• 人差し指が岩に食い込む。
• 中指も若干弱めながら岩に食い込む。
• 薬指は岩に擦れつつ、回転しながらクラックからはみ出しそうになるが、そうならないように人差し指と中指の上に掛ける形を保つようにする。
• 小指はクラックから出して外側の壁につける。

7　手と前腕の向きがクラックと平行になり、ジャムに力をかけられるようになる。引きつけるときには、手のひらと前腕が岩から離れないように注意する。ジャムは外ではなく、下に引く（図2）。

■逆手：中指のジャム
強、アクティブ・ツイスティングジャム

逆手のフィンガージャムは、人差し指をクラックから出して中指がジャムの一番下になるかたちでもできる。これは次のような場合に有効。

- クラックが人差し指を食い込ませるには微妙に細い（人差し指が中指よりも太い人もいる）場合。
- 人差し指のジャムを繰り返し使って、人差し指が次第に痛くなってきた場合。

■順手［ピンキーダウン］：小指のジャム
強、アクティブ・ツイスティングジャム

これはねじりを加えるアクティブなジャムだが、クラックの狭まりを見つけてパッシブに決めると、はるかに効きがよくなる。順手のジャムは、逆手のジャムほど強くはねじらないため、狭まりがない場合は効きが不安定になって外れそうになり、その分大いに力を使うこともある。しかし、決める場所を選べば、逆手のジャムよりも力を抜くことができ、巨大なジャグ〔ガバ〕を持つよりも楽に感じるほど効くことしばしばだ。

1 手は小指を下に向ける（小指が地面側、人差し指と親指が空側）。指先は真っすぐクラックへ向け、手の力は抜く。腕はクラックの線に合わせ、肘が下を指すようにする。この腕の形を保つことが重要だ。

2 指を、可能なら付け根までクラックに入れる。小指がパッシブに効くように、小指の幅よりもクラックが狭まっているところを探すようにしよう。小指が食い込むまで、指を狭まりへ落とし込む。

3 人差し指をクラックに入れるか外に出すかは、指がどれだけ深くクラックに入っているか、そしてジャムがどれだけパッシブに効いているかによる。目安としては、指が3本以上付け根まで入っていたら、人差し指はクラックに入れたままにする。ジャムがパッシブに効かせられる場合もねじりが少なくて済むので（次項参照）、人差し指はクラックに入れたままで差し支えない。付け根まで入る指が2本以下の場合は、人差し指はクラックの外に出しておく。ジャムがパッシブに効かせら

エンバンクメントルート2・エリミネート（Embankment Route 2 Eliminate E1 5c）で、スペイン人クライマーのルーベン・マーティンはこの石切り場跡に走るクラックに爪先をねじ込みながら、もっと硬いシューズを履いてくればよかったと思っている。ピーク・ディストリクトのミルストーン・エッジ　© Mike Hutton

れない場合は、手首をより大きく回すことになるので、人差し指は自然にクラックから外れる。ただし、これは目安であり、自分の感覚に従って選んでほしい。

4 次に、ジャムを効かせるためにごくわずかなねじりを加える。順手のフィンガージャムでは繊細な動作がカギになる。開けにくい鍵穴に鍵を差し込むところを想像してほしい。力まかせにねじっても、うまくはいかない。鍵がカチッとはまるまで、優しく、そして軽く、感覚を頼りに一番よい場所を探すべきだ。このジャムも強引に力を加えたり、ねじりすぎたりせず、ジャムが据わるまで辛抱強く探ろう。

- 手のひらを平らにして岩につけ（このとき親指はクラックの外側にある）、下方向に回す。このジャムの場合、腕ではなく手首から回すのが重要。前腕はすでにクラックの線に合っているはずなので、動かす必要はない。
- 手首から先を回すことで、指がクラックにねじ込まれ、決まる。右手でジャミングする場合、指は反時計回りにねじれ、左手ならばその逆になる（図3）。

■順手：薬指のジャム
強、アクティブ・ツイスティングジャム

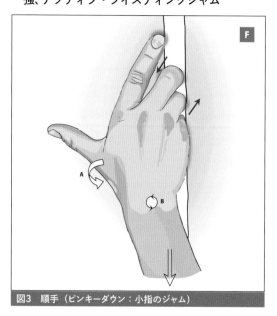

図3　順手（ピンキーダウン：小指のジャム）

順手のジャムは、薬指をジャムの一番下にする形でも決められる（図4）。使うテクニックは小指のジャムと同様で、クラックの狭まりに食い込ませるのが薬指である点だけが異なる。小指はクラックの中に残しても（パッシブに効かせるには細すぎるのであまり役に立たない）、外に出してもいい。小指を外に出すと、薬指に加わるねじりを強くすることができる。このテクニックは次のような場合に有効。

- クラックの幅が広く、小指でジャムをしようとしても滑ってしまう。
- 小指のジャムを繰り返し使って、小指が痛くなってきた。

2-1-2　幅広のフィンガークラック

効きのよいフィンガーロックとリングロック（2-1-5参照）の間は、ジャミングが難しいサイズだ。指を回転させてクラックの内壁にしっかりと押し当てるにはその分強いねじりが必要で、そのためには相当な力を使うことになる。これはとても扱いにくいサイズで、包み隠さず言えば、強いねじりによって関節と皮膚に負担がかかる。

■逆手
強、アクティブ・ツイスティングジャム

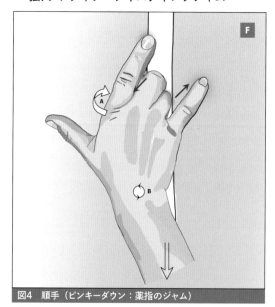

図4　順手（ピンキーダウン：薬指のジャム）

通常の逆手のフィンガーロック（2-1-1参照）と同じ要領で決めるが、クラックの幅が少し広いため、ジャムが岩に触れる面積は小さくなる。この状態でできることは次の2つだ。

- クラックの内壁に触れている部分にさらに力をかける。そのために、前腕を強く回して指に加わるねじりを強くする。
- クラックの内壁に触れる面積を増やす。そのためには、親指をクラックに入れ、人差し指の下から上向きに差し込む。親指の腹と甲側とで逆向きに圧力をかけ、クラックの内壁に押し広げる力を加えることができる。他の指を親指の上に当ててもよい（図5、6）。

■順手
強、アクティブ・ツイスティングジャム

このジャムにも強くねじる力がいる。順手で決める際には、指の付け根の関節が伸ばされ痛みが生じたり怪我につながったりすることもあるので細心の注意が必要だ。

通常の順手のフィンガーロック（2-1-1参照）と同じ要領で決めていくが、ジャムを効かせるために、最後の手首のねじりを強くする必要がある。人差し指・中指の腹がクラックの片側に当たり、反対側に当たっている薬指・小指の甲側とで逆向

きの圧力を生じさせるのが普通だ。クラックにオフセットした部分があれば、薬指や小指の付け根の関節を当てて圧力をかけることもできる。

- 左手でジャミングする場合、手首を時計回りに強くねじる。
- 右手でジャミングする場合、手首を反時計回りに強くねじる（図7）。

■幅広のフィンガーコーナークラック
弱、アクティブ・エクスパンションジャム

クラックがコーナー形状になっていて、通常の

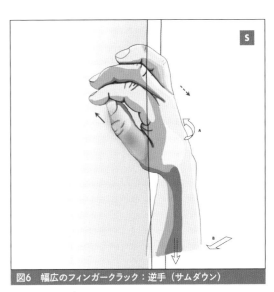

図6　幅広のフィンガークラック：逆手（サムダウン）

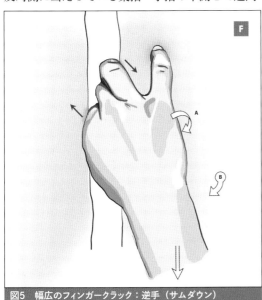

図5　幅広のフィンガークラック：逆手（サムダウン）

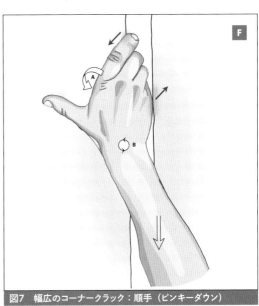

図7　幅広のコーナークラック：順手（ピンキーダウン）

幅広のフィンガージャムが使えない場合は、コーナーの壁を活用するとよい。

サイズ1（細めの場合）

1 通常の逆手のフィンガージャムをするときと同様に指をクラックに入れる。

2 肘を下げて指をねじる代わりに、人差し指の下にある空間に親指を渡すように入れる。クラックの幅が細い場合、親指の先がクラックの縁、関節がコーナーの壁に当たる。親指の形は、リングロック（2-1-5 参照）をする最初と似た形になる。

3 ここで同時に、親指以外の指の甲側をクラックとコーナーの壁に押し当てる（クラックの幅の関係で、指の腹の部分が反対側のクラックの内壁に当たることはほぼない）。そして親指の先をクラックの縁に押し当て、反対方向への力をかける（図8）。

4 親指をクラックの縁に押し当てる際は、手前の方向、かつ下向きに押す。これによって親指の関節が上向きに回り、コーナーの壁にさらに強く押し当てられる。

5 このテクニックでの親指の使い方は、コーナーの形状で通常の幅広のフィンガージャムをする場合（肘を下げ、指をアクティブにねじ込む場合）にも応用できる。ジャムが滑っていると感じるときに、親指を使うことでいくらか安定感が増す。他の指を親指の先に乗せてもよい。こうする場合は実質、非常に狭いリングロックをしていることになる。

サイズ2（太めの場合）

これは前述のテクニックのバリエーションで、少し広めのサイズに使う。

- テクニックの原理とジャミングの形は同じだが、親指を渡すにはクラックの幅が広すぎるため、親指の先と他の指の甲側のみを使って、クラックの縁とコーナーの壁に反対向きの力をかける。

- オマケとして、（親指に加えて）小指をクラックの縁に押し当てるのがコツだ。これは小指が短いとやりやすい。

- 最終的に、人差し指・中指・薬指の3本の甲側がコーナーの壁に、親指と小指の腹がクラックの縁に、それぞれ押し当てられる形になる（図9）。

2-1-3 ティップフィンガークラック

〔tip:先端〕

このジャム〔ティップジャム〕では、指の第一関節の前後くらいまでが岩に当たる。岩との接点が最小限であるため、指先でのジャムはフィンガージャムのなかでも最も効きが悪い。使いどころを間違えると非常にしんどく感じるが、ちょっとし

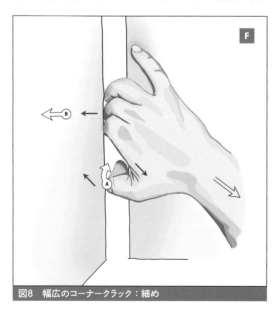

図8　幅広のコーナークラック：細め

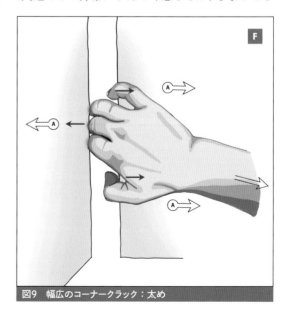

図9　幅広のコーナークラック：太め

た技によって不可能が可能になることもある。この手のクラックは非常に細く、数ミクロンの違いが成否を分けるので、指のタコをヤスリで削り、指をノミの切っ先のように整えておこう。

順手でも逆手でも、手の形は通常のフィンガージャムと同じである。

■逆手
中、コンビネーションジャム（アクティブ・ツイスティング＋クリンピング〔カチ持ち〕）

初めは通常の逆手のフィンガージャム（2-1-1参照）と同じ形をとる。クラックはとても細く、掛かりをよくするために全部の指をクラックに入れたくなるところだが、指を3本も4本も入れると、ジャムを効かせるのに欠かせないねじる動きが正しくできなくなってしまう。結果、クラックの縁をクリンプで持ったり、引きつけたりして、ジャミングをしようとする意味がなくなってしまうわけだ。このジャムでは、人差し指と中指だけでジャムをして、他はクラックから出しておく（図10）。他の指はなにもしないわけではなく、手がしっかり掛かるようにする秘密兵器として、それぞれ違った使い方ができる。

• 親指を、クリンプで持つのと同じように、ジャムをしている2本の指にかぶせる（図11）。

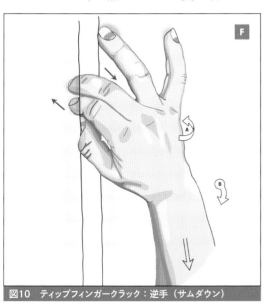

図10　ティップフィンガークラック：逆手（サムダウン）

• フィンガージャムがしっかり効いていれば、ジャムをしている指を土台として他の指で補強する。つまり、薬指と小指をジャムしている指の上にかぶせ、ハーフクリンプの形にする。上にかぶせる指を立てて力をかけられるくらいジャムが効いていれば、この形で全体が強くなり、より体重を預けられる。ジャムが非常によく効いていれば、このテクニックを前述したも

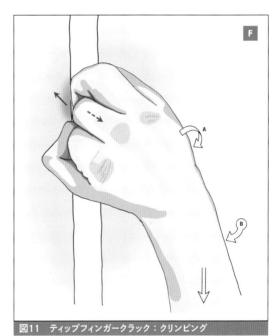

図11　ティップフィンガークラック：クリンピング

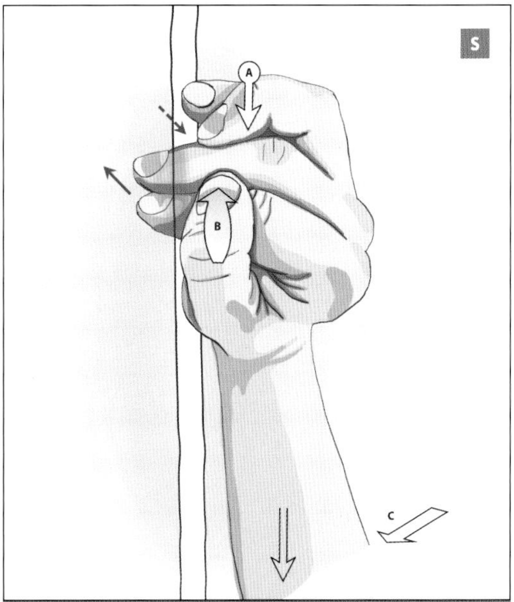

図12　ティップフィンガークラック：クリンピング

のと組み合わせて、親指をジャムしている指の上に重ねて、下に引く力を強くすることも可能だ。最終的には指を立てたフィンガージャムができあがり、うまく効かせられれば非常に効果的だ（図12）。

- ジャムの効きが悪い場合は、むしろ親指のほうを土台として使う。つまり、親指を横向きにして、ジャムしている指の下のクラックの縁に当て、他の指を親指の先に乗せる形になる（図10）。

■順手

中、コンビネーションジャム
（アクティブ・ツイスティング＋クリンピング）

初めは通常の順手のフィンガージャム（2-1-1参照）をするのと同じ形をとるが、小指と薬指だけをクラックに入れ、中指と人差し指、親指は外に出す。逆手の場合と同様に、クラックの外にある指はジャムの補助として使う。それぞれ1本ずつで使うこともできるし、組み合わせて使うこともできる。

- 中指：中指はクラックの縁に当てるか、クラックの外に結晶や凹凸があればそこに掛ける。
- 人差し指：結晶、凹凸、岩の粒子が粗い場所など、なにかしら指が掛かるものを探し、ハーフクリンプもしくはタンデュの形で掛けることで安定感が増す。
- 親指：人差し指と同じく、掛かる形状を探す。ただし、クラックに入っている指と向き合うように力をかけ、ピンチの形でクラックの方向に引く力をかけられるように使う。ピンチするように使う場合は、ジャムしている指はクラックの中でねじり、ジャムが単なるピンチにならないように注意。

2-1-4 コーナーでのティップフィンガー

コーナーやオフセットした極細のクラックでは、他にも使えるテクニックがある。クラックだけでなく、コーナーやオフセットではその突き出た壁をさまざまな方法で利用して、ジャムを補強

することができる。

■逆手：サム・スプラグ [sprag：輪留め]
弱、アクティブ・エクスパンションジャム

筆者はジャムの効きが悪いときにサム・スプラグをよく使う。やり方はシンプルで、親指の腹をコーナーあるいはオフセットの壁の、ジャムをしているすぐ下のあたりに当てて、強く押すだけだ（図13）。

このテクニックのよさは、親指の腹が当たるだけの小さなオフセットさえあれば使える点だ。これは、クラックの微妙なフレアから完全なコーナークラックまで広く適用できるということだ。

親指を一方の壁に押し当てると、クラックに入っている指はもう一方の壁に幾分強く押し当てられることになる。これが、効きが微妙なジャムには大きな違いを生む。

サム・スプラグは、ティップジャムが効かずクラックの縁に指を立てて持つような場合にも、組み合わせて使うことができる（例えば、クラックが浅すぎたり、フレアしすぎている場合）。クラックの縁に指を立て、親指はオフセットした壁に当てて押す。

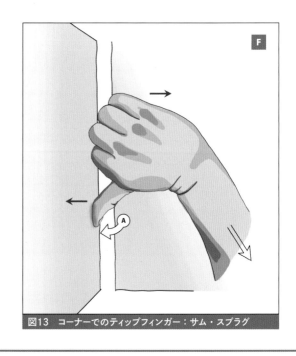

図13　コーナーでのティップフィンガー：サム・スプラグ

■順手

中、アクティブ・ツイスティングジャム

コーナーで順手のティップジャムを決める場合も、通常の順手のティップジャムをするのと同じ原則があてはまる。例えば、4本指とクラックから出している親指の働きはそれぞれ同じだ。しかし、ここで異なるのは、コーナーの壁を使ってフリクションが得られるということだ。

以下のテクニックは、ジャムを決める際に、手もしくは指の甲側がコーナーの壁に当たっている状況でのみ使うことができる。

- まず、通常の順手のティップジャム（2-1-3参照）の手順を、4番目の手首をねじる動作まで行なう（入れる指以外は通常のフィンガージャムと同様）。

- 順手のフィンガージャムは、どのサイズであっても、最後に手首をねじることでジャムの形ができあがって安定する。しかし、コーナー形状の中でこの動きをすると、手の側面（小指の付け根の下のあたり）がコーナーの壁に当たる。これを利用しよう。コーナーの壁にこの部分を押し当てて力をかけ、皮膚が岩に触れているところからフリクションを得ることができるというわけだ（図14）。

- 場合によっては、前腕もコーナーの壁に当てられるので、ここからもフリクションを得ることができる。

- 手の側面を壁に当ててフリクションを得るこの方法は、逆手のジャムにも応用できる（手、もしくは指の甲側をコーナーの壁に向ける）。ただしこの場合、コーナーの壁に押し当てるのは親指の付け根の下のあたりになる。

■タイトなコーナー：順手・逆手

中、アクティブ・ツイスティングジャム

このテクニックは、コーナーの角度が小さくなっているところにフィンガージャムをする場面なら、サイズの大小を問わず使うことができるが、特にティップジャムをするような極細サイズで有

効だ。これを使うことで、効きのよくないサイズでのジャミングがもう少し安定したものになる。

目安として、このテクニックが活用できるのは、角度が90度以下のコーナーだ。角度が小さくなればなるほど、このテクニックはより有効になる。

- まず、逆手でのティップジャムを通常の手順どおりに行なう（2-1-3参照）。クラックの幅が広

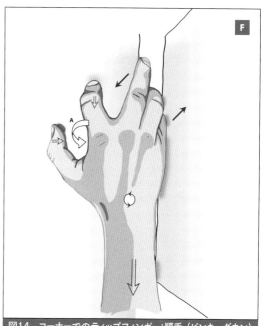

図14　コーナーでのティップフィンガー:順手（ピンキーダウン）

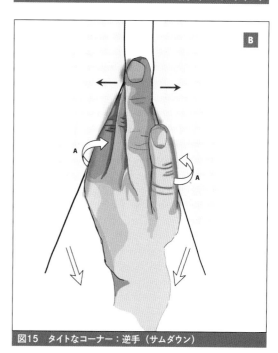

図15　タイトなコーナー：逆手（サムダウン）

い場合は、広いサイズでのフィンガージャムを手順どおり行なう。

- 前腕を回して下へ引き下げ、指をクラックの中へねじ込むときに、手の側面が角度の小さいコーナーの形状に当たるようにする。
- 右手を時計回りにねじってジャムをしている場合は、親指と人差し指の付け根（甲側）が左側の壁に、小指と薬指の側面（もしくは手のひら側）が右側の壁に当たって、ここからもフリクションが得られる。
- 親指を、通常の逆手のハンドジャムと同じように使うこともできる（3-1-1参照）。親指を手のひら側へ曲げ、小指のほうに押しつけるようにすると、人差し指の付け根が盛り上がってクラックの内壁により強く押し当てられる。
- 手全体の形は、大きくフレアした形状での逆手のハンドジャムに似た形になるが、このときクラックの奥に指先が効いている（図15）。
- 手をねじる動きの関係で、このテクニックは逆手〔親指が下〕のほうがよく効く。順手〔小指が下〕でも使えるが、若干効かせにくい。

■クリンプ・サム・ブリッジ：順手・逆手

クラックの縁を、通常のホールドと同じように指を立ててクリンプで持つ。クリンプをした状態で、親指の関節と他の指の第二関節がコーナーもしくはオフセットの壁に当たり、ここでフリクションが得られる。このテクニックは順手、逆手のどちらでも使える（図16）。

2-1-5　リングロック

リングロックは難しいジャムで、完璧に決められるようになるには練習が必要だ。これは、ジャムを効かせるために2種類の異なるジャム（エクスパンションジャムとツイスティングジャム）をかけ合わせて使う必要があるからだ。

リングロックを使うのはフィンガージャムを決めるには広すぎ、指を強くねじっても中で滑ってしまうようなサイズのクラックだ。しかし手のひらを入れるにはまだ細すぎる。そこで、違った角度から考える必要がある。つまり、4本指と親指を一緒に使ってジャムを効かせる、ということだ。

リングロックは親指を下にして決める。クラックの幅に応じて、決め方は2種類ある。

■サイズ1：細い場合
強、コンビネーションジャム（アクティブ・エクスパンション＋ツイスティング）

1　親指を、一番幅が小さくなる向きでクラックに入れる。これはつまり、親指の爪がクラックの片側、親指の腹がもう片側に向いていて、親指の先は空を指している状態だ。

2　親指の関節を曲げ、親指の腹が一方のクラックの内壁、関節とその下の部分〔指の甲〕がもう一方の壁に当たるようにする。親指を当てるのはクラックの中で、縁に近い位置だ。この後の動作が行ないにくくなるので、親指を奥に入れすぎないように注意（図17）。

3　親指の位置がずれないよう、関節を曲げて親指の腹をクラックの内壁に強く押し当てることを意識する。こうすることで、クラックの両方の内

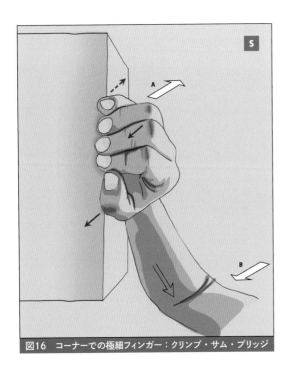

図16　コーナーでの極細フィンガー：クリンプ・サム・ブリッジ

壁に対して力をかけられる。親指は硬くなり、膨らむ力（エクスパンション）でクラックに詰まって効く。

4 ジャミングの仕上げとして、通常の逆手のフィンガージャムの形をとる（2-1-1参照）。ただし、4本の指を親指の上にかぶせる形になる。親指はクラックを横切るように入っており、岩との間にV字形状ができている。これをV字のクラック形状だとイメージして、ここに通常のフィンガージャムと同じようにパッシブに指を入れる。指が正しいポジションに入るように、肘も合わせて横に回転させて持ち上げる。指をクラックに入れて肘を上げているときに、親指をクラックの奥へと押し込んでしまいそうになるが、こうならないように注意（実際、指を正しいポジションに入れるのは難しい）。指が入ったら、通常のフィンガージャムと同様のねじる動きを加える。指をねじってジャミングを決めると、親指の先と甲がそれぞれクラックの内壁に強く押しつけられるのが感じ取れるだろう。この状態が理想ではあるが、しばらくすると親指が疲れて痛くなることもある（図18）。

人差し指と中指だけを使うか、薬指まで使うかはクラックのサイズによって異なる。薬指まで使

う場合は、指がクラックの中で折り重なる。ねじる動き（肘を下方向へ回す）がリングロックでは非常に重要で、これによって親指がねじ込まれ、上に重ねた指が安定するための土台となる。次のように意識してみよう。（クラックの内壁に）親指を押しつけて、（親指の上から）指を引き下ろし、（親指に圧力をかけ続けるように）前腕を下方向へ回して、さらに岩に向けて押しつけるようにする。

5 リングロックでは、肘を常に下向きに保ち、前腕を岩に近づけることで、ジャムに体重を乗せて下方向へ力をかけ続けることが重要だ。クラックのなるべく上のほうに手を入れて、前腕が自然と岩に近づくようにするか、体の近くでジャムをする場合は、前腕を岩のほうへ押しつけるように意識するとよい。外向きに引いてしまうと、このジャムはどんどん効かなくなる。ジャムが体に近すぎたり、体をのけ反らせたりすると、この外向きの力がかかるので注意。

6 このやり方のリングロックは、クラックの幅に合わせて調整できる。図17では親指を45度に曲げているが、クラックがこれより少し広い場合は親指を90度に曲げ、親指の腹ではなく指先がクラックの内壁に当たるようにする。この場合、

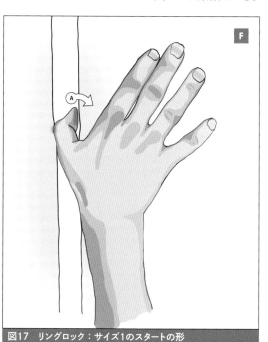

図17　リングロック：サイズ1のスタートの形

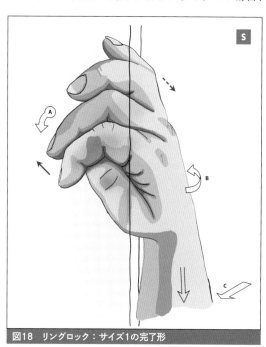

図18　リングロック：サイズ1の完了形

親指の上で人差し指と中指でのドーナッツジャム
（2-1-7参照）を決めるのが効果的だ。

■サイズ2：太い場合
中、コンビネーションジャム（アクティブ・エクスパンション＋ツイスティング）

クラックが太くなれば、シンハンドジャム（3-

カムズ・ザ・ダービシュ（Comes the Dervish E3 5c）のプ
ロテクションがよく効く滑らかなスレートのフィンガークラックを楽し
むダン・パークス。北ウェールズ・スノードニアのビビアン採石場
で　©Mike Hutton

1-3参照）を使うことができる。しかし、クラック
の奥行きが十分でなかったり、ジャムが決められ
る部分が手の長さよりも短かったりして、シンハ
ンドジャムが決められない場合もある。こうした
状況の奥の手として、このテクニックを覚えてお
くといいだろう。サイズ1の、クラックが細い場
合と同じ原則がこのジャムにもあてはまるが、親
指の入れ方が異なる。

1　親指の関節と腹をクラックの内壁に当てる代

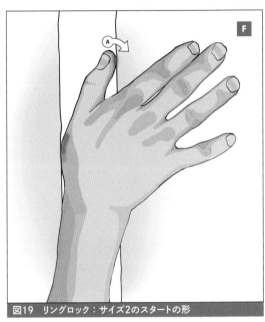

図19　リングロック：サイズ2のスタートの形

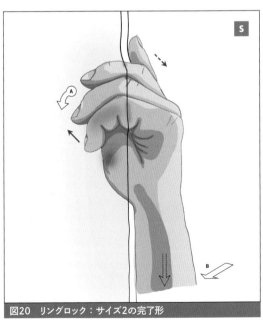

図20　リングロック：サイズ2の完了形

わりに、親指の付け根と腹をそれぞれ反対側の壁に当てる。付け根を使うことで、より太いクラックの幅でも親指を押し当てることができる（**図19**）。

2 次に、人差し指から薬指までを使って、サイズ1の細いリングロックと同じように逆手のフィンガージャムをつくる。すなわち、親指と岩の間にできたV字形状をクラックの狭まりのように使うわけだ（**図20**）。

■その他のバリエーション

リングロックを決める際は、逆手〔親指が下〕の向きで人差し指と中指、もしくは人差し指から薬指の3本を使うのが基本だ。しかし、これとは違う指の組み合わせでジャムの効きがよくなる場合もある。オンサイトトライをしているときに、そうしたイレギュラーな指の使い方をすることは滅多にないが、ひとつのルートに何度もトライしてジャムをあれこれ試す時間があるときには、指の組み合わせを変えることで完璧なジャムになりうる。ジャミングをするときには、常に創意工夫を凝らすことを心がけよう。次に紹介するうち、最初の2つは人差し指をクラックから外して決める。

1 中指と薬指でのリングロック。

2 中指から小指までの3本でのリングロック。

3 1本指のリングロック。人差し指が最もよく効くが、中指を使ってもよい。このテクニックは、クラックが1本指でなければリングロックを決められないくらい細い、という限られた条件でしか使われない。ただしそうした場合は通常のフィンガージャムやティップジャムを使うことのほうが多い。

2-1-6　フィンガーバー

フィンガーバーは、リングロックをするサイズのクラック（幅広のフィンガークラックより太いが、手の甲までは入らないサイズ）で使えるテクニックだ。このジャムはリングロックほど強く力をかけられないが、クラックの形状によってリングロックを決められない場合、例えばオフセット

やフレアによってリングロックができないという場合に役立つ。

フィンガーバーは、指を不自然な方向に曲げることで効かせる技術なので、手が痛む。自分の手を道路に置いて、指は縁石の斜めになった部分に乗せている、という図を想像してほしい。その指の上を、自転車が通ったらどうだろうか。これは痛い！　さすがに極端な例えだが、ここでのポイントは、フィンガーバーは正しく決めてもいくらかは痛い、ということだ。しかし少し痛いのを我慢して練習すれば、フィンガーバーはリングロックができないときに有効なテクニックになる。

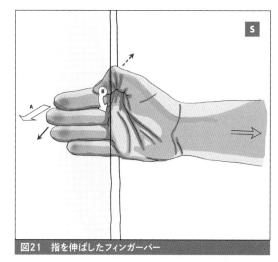

図21　指を伸ばしたフィンガーバー

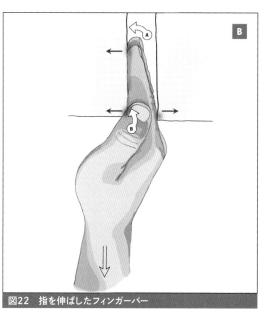

図22　指を伸ばしたフィンガーバー

フィンガーバーは順手で決めるのがよい。その
ため、手の向きは親指が上、指先はクラックへ向
けて、指の付け根までクラックに入れる。ここか
らの動きは次の2種類がある。

■指を伸ばしたフィンガーバー
中、アクティブ・エクスパンションジャム

クラックに入れた指は真っすぐに保ち、指の腹
を片方のクラックの内壁に強く押し当てる。この
動きによって、指の甲側(付け根よりも少し先の
部分)がクラックの縁に当たり、反対向きの力が
かかる(図21、22)。

■指を立てたフィンガーバー
中、アクティブ・エクスパンションジャム

指を真っすぐ保つ代わりに第二関節を曲げて、
クラックの中で指先を立てる。指先が片方のク
ラックの内壁に押し当てられ、第二関節と指の付
け根の間の部分がもう片方のクラックの内壁に当
たって、反対向きの力がかかる(図23)。このテク
ニックは、指を伸ばして一点で支えるフィンガー
バーよりも力がかかる面積が広いので、特に縁の
鋭いクラックで有効だ。

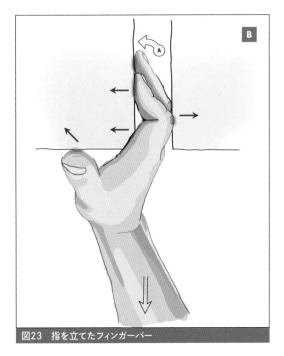

図23　指を立てたフィンガーバー

■親指の使い方

フィンガーバーを決める際に、親指は使っても
使わなくてもよい。使うのであれば、折り曲げて
クラックに入れ(このとき爪が空を向く)、人差し
指の上に乗せて、他の指が押しているのと同じほ
うのクラックの内壁に当てる。押し当てることで、
クラックの内壁にかける力が大きくなる(図22)。

あるいは、クラックの外側になにかしらの形状
がある場合は、そこに親指を押しつけてもよい。
なお、この形状に親指を掛けて引いてしまうと、
指の甲側がクラックの内壁にうまく当たらなく
なり、クラックの縁をピンチで持つような格好に
なってしまうので注意すること。クラックに入っ
ている指の甲側がクラックの内壁により強く押し
当てられるように、親指の腹で形状を押すように
するとよい(図23)。

2-1-7　ドーナッツジャム
強、アクティブ・エクスパンションジャム

クラックが浅く、指が十分に入れられない場合、
仮にクラックの縁や、その内側にかすかな狭まり
が数多くあれば、独特なテクニックが使える。こ
れはドーナッツジャムと呼ばれるが、ジャムのつ
いたドーナッツとは特に関係はない。この名前
は、ジャムを決めるときに指が丸いドーナッツに
似た形になることからきている。このテクニック
は、DVD『First Ascent』〔2006年アメリカ制作〕
に登場したディディエ・ベルトーによって有名に
なった。この映像作品では、ディディエがカナダ・
スコーミッシュにあるコブラクラックの初登を目
指す様子が取り上げられており、そのなかで135
度の前傾クラックに下から突き上げるように中指
を差し込むシークエンスが出てくる。

ドーナッツジャムは1本指か2本指、もしくは
3本指でも決めることができる(4本指で決める
と、これはフィストジャムに近いものになる。4章
参照)。指の本数はどうであれ、基本の部分は同じ

である。

■ 1本指のドーナッツジャム

1 ドーナッツジャムには、「クラックに入れる前に、使う体の部位をできるだけ細くする」という原則があてはまらない。クラックの幅に合わせてちょうどいい指を選び、指の側面がクラックの内壁に当たるようにしてクラックに入れる。このとき指の腹は上、爪は下を向く。

2 指をクラックに入れるときには、できるだけ真っすぐに保つことが重要だ。関節は曲げるとその部分が膨らんでしまうので注意。クラックがとても浅い場合は、指先がクラックの行き止まりに当たらないように、指を傾けて差し込むようにする。

3 指がクラックのちょうどよい位置に収まったら、アクティブ・エクスパンションジャムの原理を使ってジャムを効かせる。それには、入れた指の付け根から第二関節までを硬く保ち、指先をクラックの縁のほうへ曲げてくる。第二関節の周りの柔らかい組織が膨らみ、クラックの内壁に対して圧力がかかってジャムが効く、という仕組みだ（図24）。指の関節でできる膨らみは小さいので、このジャムは不意にクラックから抜けてしまうことがある。強く引いているときにこうなると、自分の顔にパンチを入れてしまいかねない。これを避けるためには、

- 指が包みこまれるような、クラックの縁が狭まっているところを探す。
- 親指を使って、クラックに入れた指の爪を手のひらへ押し込み、関節の膨らみを大きくする。

4 指の膨らみだけでジャムが効いているので、指を入れたときに前腕はすでにクラックの線に合った状態になっている。ジャムを決めるときにはこの状態を保つことが重要だ。なお、クラッククライミングの鉄則2で紹介したように（1章参照）、アクティブ・エクスパンションジャムはジャムを支点に上にも下にも、外側にも、360度どの方向にも引くことができる。これはつまり、フィンガーロックやリングロックが引く方向の兼ね合

いでうまく使えない場合に、ドーナッツジャムが選択肢になりうるということだ。

■ 2本指のドーナッツジャム

2本指のドーナッツジャムは、少し幅が広く、通常ならリングロックを決める幅のクラックで使われる。人差し指と中指、中指と薬指、もしくは薬指と小指の組み合わせが可能だ。これらの組み合わせはクラックの幅の微妙な違いに合わせて使い分ける。例えば、クラックがオフセットしていて中指と薬指(または薬指と小指)の組み合わせではうまくジャムができないときに、人差し指と中指の組み合わせならぴったり決まる、といったことが考えられる。

■ 3本指のドーナッツジャム

3本指のドーナッツジャムが合うのは、通常シンハンドジャム（3-1-3参照）を使うサイズなので、これが使われることは滅多にない。しかし、他のジャムと同じように、岩の形状やムーヴによってシンハンドジャムよりもこのジャムのほうがよい場合があるかもしれないので、自分のジャミングの引き出しを多くしておくに越したことはない。3本指のドーナッツジャムは、1本指や2本

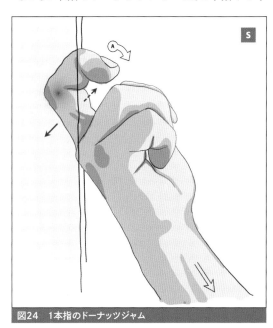

図24　1本指のドーナッツジャム

指のドーナッツジャムとまったく同じやり方で決め、人差し指から薬指、もしくは中指から小指の組み合わせができる。

■リバース・ドーナッツジャム

指の腹が上、爪が下を向くようにクラックに入れる代わりに、上下を逆にして、指の腹が下を向くように入れる。この向きでも、1本指、2本指、3本指でのジャムができ、指の組み合わせも前に述べたのと同じものが可能だ。

2-1-8　ピンスカー

ピンスカー〔ピトンスカーとも言う〕は、エイドクライマーがシーム〔岩の継ぎ目〕や極細のシンクラックにピトン（ハーケン）を打ち込んでできた、人工的な岩の形状のことだ。長年にわたって何度もピトンを打ち込まれた岩は削れ、シームやクラックは広がり、そこにフリークライマーの太い指でも入るようになる。たいていのピンスカーは縁が丸く、奥行きは浅く、フィンガーロックほどしっかりと手が掛からないことが多い。ピンスカーを使うフリークライミングは、ヨセミテで特によく見られる。ヨセミテの花崗岩では、エイド

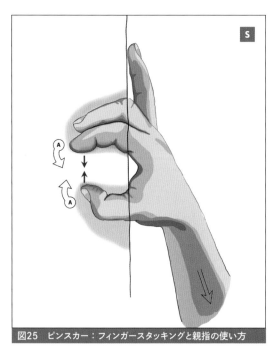

図25　ピンスカー：フィンガースタッキングと親指の使い方

とフリー、どちらのクライミングも盛んで、多くのフリールートが古いエイドルートのラインをたどっているのだ。

ピンスカーの形状には、通常のフィンガージャムがまず使われるが、ここでいくつかそれに加えて役に立つテクニックを紹介しよう。

■フィンガースタッキング
パッシブ・チョックジャム

役立つテクニックのひとつに、フィンガースタッキングがある。このテクニックはポケットを保持するのと似ているので、ある程度の指の強さ（保持力）が必要になる。

1　人差し指を、腹が下を向くようにしてピンスカーに入れる。指の腹はピンスカーの底部の狭まりや、もしくは閉じている部分に収まる。ここに、ポケットを持つのと同じように力をかける。ジャミングで使うねじる動きではなく、（狭まりは役に立つが）普通のクライミングでするように指の力を使って保持する。

2　このジャムの効きを強くするために、人差し指の上に中指を重ね、2本の指の力が合わさるようにする（図25）。

3　ポケットを保持するのが得意であれば、このジャムはやさしく感じるだろう。しかし、ポケットを保持するのと同じように指に力が入っているので、前腕はジャミングよりも疲れやすい。

フィンガースタッキングは、ピンスカーの幅や大きさによってさまざまな指の組み合わせができ、どの指を重ねるかも場合によって異なる。クライマーが違えば、やりやすい指の重ね方も違うのだ。

ここでいくつか指の組み合わせ方を紹介するが、自分の指の柔軟性と強さ、そして岩の形状を考慮して、ベストなものを選んでほしい。

• 人差し指をピンスカーに掛け、中指を重ねる（図25）。

• 人差し指をピンスカーに掛け、中指を重ね、さらにその上に薬指を重ねる。

- 中指をピンスカーに掛け、薬指を重ねる。
- 薬指をピンスカーに掛け、中指を重ねる。
- 小指をピンスカーに掛け、薬指を重ねる。

　フィンガースタッキングにはねじる動きがないため、フィンガージャムほどの安定感はないが、通常のフィンガークラックにも応用できる。この場合、指はパッシブに効かせる必要があり、そのためにクラックが狭まっているところでしかできないが、ねじり続けて指が痛くなったときには有効だ。

■ピンスカーでの親指の使い方

　一般的なクライミングと同じように、ジャミングをする場合も親指の使い方が成否を分け、不可能だったものが簡単になることさえある。ピンスカーでの親指の使い方も同じで、ジャムやフィンガースタッキングの効きがはるかによくなることがあるのだ。

　ピンスカーの底部にはすでに別の指が入っているので、親指は別のピンスカーに掛ける。このように親指が使えるのは、親指が届く範囲にピンスカーが並んでいる場合に限られる。このテクニックにはよく似たものが2種類あり、微妙な違いがある。

　ひとつ目は、下のピンスカーの上部が上向きに狭まっている場合に有効なテクニックだ。上のピンスカーにフィンガースタッキングを決め、下のピンスカーに親指を入れる。親指はできるだけ幅が細くなるように、腹と爪がピンスカーの内壁にそれぞれ向くようにして入れる。次に親指を付け根から人差し指のほうへ向けてねじり、ピンスカーの狭まりに食い込ませる。こうすることで、親指の関節がこの形状にパッシブに効かせられる。

　2つ目は、下のピンスカーの上部が狭まっておらず、丸くなっている場合に有効なテクニックだ。上のピンスカーにフィンガースタッキングを決め、親指は下のピンスカーに入れるが、このとき親指の腹が上、爪が下を向くようにする。そして、上下のピンスカーの間を挟むように持つ（図25）。このテクニックには力がいるが、ピンチが得意な

クライマーにはやさしく感じるだろう。このテクニックばかりは強いスポートクライマーやボルダラーに敵うところではないかもしれないが、悪しからず！

クラシックなフィンガークラック、リージェントストリート（Regent Street E2 5c）に取り組む熟練のトラッドクライマー、デビー・バーチ。ピーク・ディストリクトのミルストーンエッジ　© Mike Hutton

リン・ヒル

リンはクライミングの歴史上最も影響力のあるクライマーの一人だ。女性のクライミングの水準を押し上げただけでなく、先駆者であり、当時の男女問わず、すべてのクライマーに人間の持つ可能性を示した人物でもある。1993年のノーズ（The Nose 5.14a）のフリー化は、新たな境地を開く偉業と言える。「登れるよ、男性諸君！」

■一番好きなクラックのエリアは？

もちろん、ヨセミテが人生最高のクラッククライミングエリア！ ヨセミテの圧倒的な美しさも、歴史も、はてしない冒険の可能性も、すべてが好き。誰もがヨセミテに一度は行ってみるべきだと思う。クライマーでも、ハイカーでもランナーでも、あるいはそうでなくても、この素晴らしい自然の楽園を楽しめる人なら誰でもね。

■一番好きなクラックは？

ヨセミテにある、アストロマン（Astroman 5.11c）というマルチピッチルートが一番。10ピッチのルートで、いろいろなサイズのクラックやチムニーが出てきて、頂上近くでは面白いフェイスクライミングもある。1959年にウォレン・ハーディングとグレン・デニー、チャック・プラットが初登して、1975年にジョン・バーカー、ロン・コーク、ジョン・ロングがフリー化したルート。

■クラックでの印象的な体験談は？

友人のロイ・マクレナハンとジョシュアツリーで登った日のことはよく覚えている。それは、プロテクションをしっかり決めることの大切さを学ぶ、いい教訓になった。比較的やさしいハンドクラックを登り始めて、ふと気がつくと、最後に取ったプロテクションからかなり離れてしまっていてね。私はヘックス（昔ながらのプロテクション）を決めようとしたんだけれど、クラックに思うようにうまく決まらなかった。何とかしようとしているうちに疲れてきて、もうそのプロテクションはそのままにして、もう少し上のセットしやすそうなところまで登ることにした。クライミングの動きとしては簡単だったから、実質フリーソロをしているんだということは考えないようにして、トップまで登った。ふたを開けてみ

れば、次に取ったプロテクションも効きがよくなかったから、フリーソロで登ったのと変わらなかったな。わかったのは、ギアのセットひとつひとつに注意しないとその代償は命で払うことになりかねない、ということ。今はもう、ギアは飾りじゃないんだってことはわかってる。ギアは墜落を止めてくれるものでないとね！

■アドバイス

ジャミングについて私ができるアドバイスは、最初に持った印象で委縮しないで、ということ。痛みはあるけれど、ジャミングはそれほど直感的なものじゃない。目指すべきは、クラックにどう手を入れたら一番痛みが少なくて、一番効率的かを見いだすこと。私は一度クラックに手を入れたら、そのポジションを変えない。体が上に動いていって、手や手首の角度を変えなければいけなくなったら、もう片方の手のジャムに体を預けて、下の手にかかっている荷重を抜いて手早くポジションを調整するようにしてる。

Pop Quiz どちらが好き？

1. フィンガークラックとオフウィズス？ フィンガークラック
2. ステミングとルーフクラック？ ステミング
3. ハンドジャムとハンドスタック？ ハンドジャム
4. ニーロックとチキンウィング？ チキンウィング 強いて言うならニーロック
5. テーピングはする？ しない？ インディアンクリークではするけれど、ヨセミテではしない
6. カムとナッツ？ 両方
7. クラックなら砂岩？ 花崗岩？ 花崗岩
8. 短くてハードなルートと、長くて持久系ルート？ 長くて持久系ルート
9. 痣と擦り傷、つくるなら？ 擦り傷
10. 思わぬ失敗に備えてクライミングパンツを選ぶなら、赤と茶色どっち？ バム生活のときは、茶色が合ってるかな

ユタのワサッチ山脈、リトルコットンウッドキャニオンのパッジーガンビーズ（Pudgy Gumbies 5.11+）を登るリン・ヒル © Andrew Burr

2-2　足のテクニック

シンクラックの初登にまつわる話には面白い
ものがあって、足を薄くするためにクライミング
シューズの端に穴を開けただとか、あるいは爪先
がクラックに入りやすいようにシューズを履かず
裸足にテーピングをして登ったとかいうものもあ
る。これらは極端でほとんどマゾ的な例だが、ク
ラッククライミングの水準はこうした工夫によっ
て押し上げられてきたのだ。

フィンガークラックを登る際にしばしば最も難
しい問題となるのは足の使い方だ。クライミング
シューズを履くと、爪先と足は手の指よりもずっ
と太くなってしまい、手が入ったところに必ずし
も足を入れられるというわけではない。普通のク
ライミングでは、手で持つには小さなホールドで
も十分なフットホールドになることが多く、これ
とはまったく逆のケースだ。こうした理由から、
何か他のやり方を考えなくてはならなくなるとい
うわけだ。

ここで紹介するフィンガークラックの足の使い
方に優劣はない。さまざまな場面に応じて適切な
テクニックを使い分けられることが重要だ。

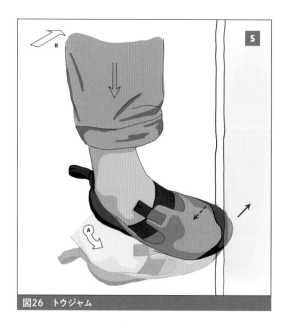

図26　トウジャム

2-2-1 スプリッタークラックでの足使い

スプリッタークラックでは、シューズのラバー
がほんの少ししかクラックに入れられないため、
足使いが非常に難しい。しかし、意識するべきポ
イントやテクニックはたくさんある。まずここで
取り上げるのは基本的なトウジャムだ。続けて、ト
ウジャムをするうえで使えるテクニックとちょっ
とした技をいくつか紹介する。

■ トウジャム
強、アクティブ・ツイスティングジャム

クラッククライミングの原則は、手だけではな
く足にもあてはまる。つまり、クラッククライミ
ングの5つの鉄則を守ることが大切だ（1章参照）。

1　初めに、足を最も幅がない向きにする必要が
ある。足の縦の幅（厚み）は足の横幅よりも短いの
で、ここで使うべきなのは縦の幅だ。足の裏と甲の
部分を、クラックの内壁と平行になるようにする。

- 足を正しい向きにするために、まず足首を内側
に曲げ、足の裏と甲の部分がクラックの内壁と
平行に動くようにする（足の親指側が空、小指
側が地面）。これで足がおおよそ正しい向きにな
るが、人の足首はその動きだけで足を完璧に正
しい向きにできるほど柔らかくはないので、次
のステップが必要だ。

- 次に、足首を曲げたまま足を真上に持ち上げる。
これで膝がクラックの正面から外れ、体の中心
に対して外側に向く。この、足を持ち上げて膝
が外を向くようにする動きで、足が正しい向き
になる。足の裏と甲の部分がクラックの内壁と
平行になり、ジャムをするために重要な「最も
幅がない状態」になるわけだ。

2　他のジャムと同様に、使う体の部位はクラッ
クに入れる前に力を抜くことが重要だ。そのた
め、爪先は平たく真っすぐにして、シューズの中

で脱力させる。足の指が曲がったり力が入っていたりすると、足の厚みが増してしまい、クラックに入りにくくなる。攻撃的なダウントウシューズはそうなりがちなので、爪先がフラットなシューズを選ぶとよい。膝から下の筋肉を緊張させると、これも爪先が硬くなる原因になるので、ここもリラックスさせておくのがポイントだ。

3 足を正しい向きにしてリラックスさせたら、次はいよいよクラックに差し込む。差し込むときには、足を上下左右に揺り動かして、爪先をできるだけ奥までねじ込むようにする。履いているシューズはラバーでできているので、力を加えれば形が変わる。この特性を活かして、クラックの形に合うようにシューズのラバーを変形させてしまおう。

4 爪先の親指側は、他の部分に比べて少し厚みがあるので、ここを最初にクラックに入れる。そして、踵を少しだけ下に落とし、シューズのアウトサイドエッジ（小指側のエッジ）がクラックに触れるようにする。アウトサイドエッジは先端（つまり親指側）に比べて厚みがないため、よりしっかりとクラックに入る。これは小さな動きだが、フィンガークラックは足に対して細いので大きな違いを生む（**図26のA**）。

5 爪先がクラックに入ったので、次はこれをジャミングの道具として使う。ここで使うのは、アクティブ・ツイスティングジャムだ。足の膝から下を梃子のように使い、爪先をクラックにねじ込んでいく。膝は最初、クラックを正面に見た状態で体の中心に対して外側を向いているが、ここから上に向けて回し、脛の骨がクラックの線に合うようにする（**図26のB**）。右足でジャムをする場合は、膝は反時計回りに動く。左足の場合は時計回りになる。

6 このねじる動きを強めるために、足首からねじってもよい。この場合、踵の骨が真下を向くようになる。このジャムでは、クラックに入っているのは爪先だけなので、足の指の付け根が少し痛くなる。ねじる動きが強すぎたり、無理にねじったりすると、爪先がクラックから吐き出されてし

まうので注意。

■フェイスにホールドを探す

フィンガークラックを登るときには、クラックの両脇のフェイスにエッジやフットホールドを探すようにしよう。トウジャムは必ずしも効きがよくないため、小さなエッジや出っ張り、普通のクライミングで使うようなフェイスのホールドが、クラックの形状よりもずっとよいフットホールドになることは多い。

■ポッドを探す

他に探すべき形状として、ポッド（クラックが広がっているところ）がある。完全なスプリッタークラックであっても、他と比べて広がっている部分は見つかるものだ。広がっているとはいっても、ミリ単位の微妙な違いしかないこともあるので、クラックをよく観察する必要がある。ポッド、もしくは他よりも広がっているところは、クラックの縁が欠けていたり、脆い部分が崩れたり、岩が薄く剥がれたりしてできることもある。近くに寄ってよく探せば、広いところは見つかるはずだ。

ルートをオンサイトで登っているときは、そうした形状を正確に見いだすのは難しい。そのため、岩質への慣れと総合的な経験が大きく物を言うことになる。しかしレッドポイントの場合は、小さなポッドを探し出して活用することができるはずだ。

■フレアや丸い縁を探す

クラックがフレアしていたり、あるいはクラックの縁が丸くなっていたりすると、フィンガージャムを決めるクラックの内側よりも外側のほうが広がっていることが多い。足使いとしてはより広いサイズのクラックと同じようになるが、クラックのフレアや丸い縁は、足を入れるうえでは都合がいい。つまり、より痛みが少なく、登りやすくなるというわけだ。ただし、クラックは下から上までずっとフレアしていたり縁が丸かったりするわけではない。ある一部だけ、もしくはフット

ホールドひとつ分だけということもある。

■オフセットを探す

　オフセットは、ラバーと岩との触れ合う面積を大きくしてフリクションを増すことができるので、あると助かる形状だ。オフセットというと、四角くすっぱり切れたものを探してしまいがちだが、フレアや丸い縁でわかりにくくなっているものもある。クラックの縁が丸くなっていると、片方がどれほど突きだしているか見極めにくいことも少なくないため、細かいところまで注意深く見る必要がある。

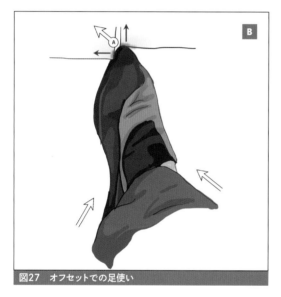

図27　オフセットでの足使い

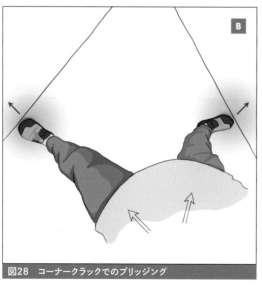

図28　コーナークラックでのブリッジング

　オフセットを足で使うときに重要なのは、使う足を間違えるとオフセットがない場合と比べてもトウジャムの効きが悪くなることだ。オフセットに対してシューズのソールが当たるほうの足を使うようにしよう。

- クラックの左側が突き出してオフセットしている場合は、右足を使う（図27）。
- クラックの右側が突き出してオフセットしている場合は、左足を使う。

2-2-2　コーナークラックでの足使い

　コーナークラック（もしくは大きなオフセット）を登る場合は、さらにいくつか足の使い方がある。これらは正対とレイバックに分類できる。

■正対で登る場合

ステミング／ブリッジング

　コーナーをまたぐように足を開き、コーナーの両壁にエッジングやスメアリングで立つ（図28）。どのようなコーナーでも使えるが、他のテクニックが使えないような広く開いたコーナーでは特に有効。

プラットフォーム・パーチェイス

〔足を水平に置く、の意〕

　強、パッシブ・エクスパンションジャム

　足を水平に（足裏が地面を向くように）して、コーナーに対して真っすぐに入れる。このとき爪先の親指側がクラックの縁に当たるようにする。シューズのインサイドとアウトサイド両方のエッジに、コーナーの壁からの圧力がかかる（図29）。コーナーの角度が小さい（90度以下）ときに有効。

オフウィズス・フット

　強、パッシブ・エクスパンションジャム

　コーナーと交差するように片足を入れて、オフウィズスの端にいるような格好（5-4-2-2参照）になる。踵の外側と爪先が、それぞれコーナーの壁に当たる（図30）。

コーナー・フットジャム

強、アクティブ・ツイスティングジャム

コーナーの形状を幅広のフットジャムと同じように使う。フットジャムを入れるのと同じ要領でコーナーに足を入れる（3-2-1参照）。足の甲と裏とが、それぞれコーナーの壁に当たる（**図31**）。コーナーが狭ければ狭いほど、このテクニックはよく効く。

- 右足：反時計回りにねじる。
- 左足：時計回りにねじる。

■レイバックで登る場合

以下は、単体でも、組み合わせて使ってもよい。単体で使う場合は、もう片方の足でエッジングかスメアリングができるところを常に探すようにしよう。

ピンキー・トウジャム

クラックをレイバックで登るときに、シューズのアウトサイドエッジ（小指側）をクラックに食い込ませる。ソールはクラックの内壁に押し当ててスメアリングする（**図32**）。

ビッグ・トウジャム

クラックをレイバックで登るときに、シューズのインサイドエッジ（親指側）をクラックに食い込ませる。ソールはクラックの内壁に押し当ててスメアリングする。

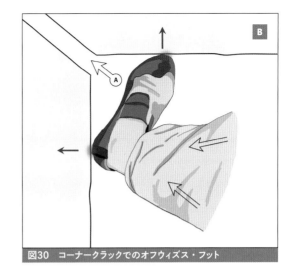
図30 コーナークラックでのオフウィズス・フット

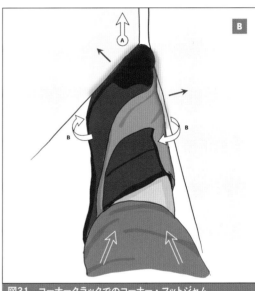
図31 コーナークラックでのコーナー・フットジャム

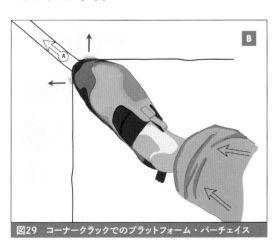
図29 コーナークラックでのプラットフォーム・パーチェイス

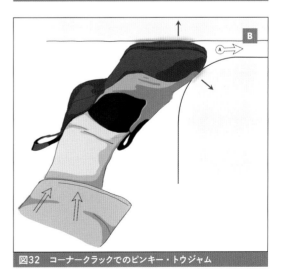
図32 コーナークラックでのピンキー・トウジャム

2-3 ポジショニング

　ここまででフィンガージャムのテクニックと
そのやり方が理解できたかと思う。次に重要なの
は、それをクライミングのなかでいつ使うかとい
うことだ。すべてのフィンガークラックはそれぞ
れに少しずつ違いがあり、「このテクニックをこの
クラックで使え」とか「あのテクニックはあのク
ラックで使え」と言いきることはできない。ここ
で紹介するポジショニングのテクニックは決まり
きったものではなく、自分が登ろうとしている
ルートにあてはめて考え、取捨選択し、よりよい
かたちに発展させるためのガイドラインとして考
えてほしい。

2-3-1 フェイスクラック

■直上するクラックでのポジショニング

　直上する（バーティカル）クラックとは、フェ
イスの下から上へ真っすぐ走るクラックのこと
だ。バーティカルとは、岩の傾斜ではなく、クラッ
クの傾きを指す。そのため、直上するクラックは、

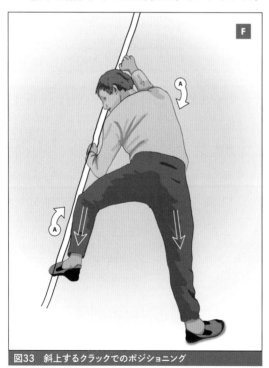

図33　斜上するクラックでのポジショニング

オーバーハングしているものもあるし、スラブに
あるものも、もちろん垂壁に走るものもある。

手：クラックが完全なスプリッターであれば、逆
手〔サムダウン〕のジャミングのみで動くことが多
い。クラックが下から上までずっと同じテクニッ
クで登らなければならないような割れ方をしてい
ることはあまりないが、ルートによっては平行に
すっぱり割れたクラックが長く続くこともある。
平行に割れたクラックで逆手にするべきなのは、
ジャムをするときにねじる力を強くかけられるか
らだ。順手〔ピンキーダウン〕のジャムを効かせよう
とすると、苦労する場合がほとんどだ。クラック
にポッドや狭まりがあれば、逆手と順手のフィン
ガージャムを組み合わせて使うのがベストだろう。

足：直上するクラックで、足でクラックだけを
使って登ろうとした場合、2通りのポジショニン
グが考えられる。

1　基本的なトゥジャムを決める（2-2-1参照）。
足を高いところまで上げすぎず、体ができるだけ
真っすぐになるように心がける。また逆に、足が
伸びきってしまうのも避けたい。トゥジャムは効
きが悪いことが多く、足が遠すぎる位置にあると
滑ってしまう。

2　いわゆる「カエル足」の体勢を取る。これは
「クラックの線に合わせる」という鉄則に反する
が、トゥジャムのねじる動きがうまくできないと
きには非常に有効だ。例えば、クラックが細すぎ
たり縁が丸くなかったりする場合はねじりにく
い。両足を膝の高さ（もしくはさらに少し上）まで
上げて、膝は外側へ向ける。右足の爪先の裏は
クラックの左の内壁か縁に当て、左足はその逆にな
るようにする。左右の足は互いに近い距離を保ち、
クラックに対してそれぞれ外側へ力をかけて押
す。高い位置に上げた状態で、同時に相反する方
向へ力をかけることで、足が滑らないというわけ
だ。体勢としては、膝がそれぞれ外側を向き、腰が

壁に近づいて、足が高く上がった状態になっている。ねじったり膨らませたり回したりする代わりに、相反する方向に力をかけることで足が滑らずに止まるという仕組みだ。ただし、クラックによっては、足を少しねじると掛かりがよりよくなることはある。

■斜上するクラックでのポジショニング

斜上するクラックとは、フェイスを真っすぐ上に延びているのではなく、斜めに横切るように走っているクラックのことだ。以下の解説では、クラックが壁の左下から右上に向けて走っているものと考えてほしい。

手：基本的には直上するクラックを登るときと同じ。クラックが完全なスプリッターであれば、ほとんどの場合、逆手のジャミングが有効。ポッドやクラックの狭まりがあれば、逆手と順手を組み合わせて使ってもよい。斜上するクラックを登るときに非常に重要なのは、ジャミングのねじる動きをしたときに、肘の位置がクラックの線に合うようにすることだ。ここでクラックの線に合わせていないと、ねじりが足りず、ジャミングをする代わりにクラックの縁にぶら下がるような格好になってしまう。

足：クラックが大きく傾いている場合は、クラックに両足を入れて登るのは難しい。ここで考えられる登り方は2つある。

1 もしクラックの下のフェイスによいホールドがあれば、それに足を乗せて登るのがいちばん楽だ。

2 フェイスにちょうどいいホールドがない場合は、

• 片足をクラックに入れ、通常のトウジャムをする（2-2-1参照）。足をクラックに入れることで、腕にかかる負担を軽くできる（このとき脛がクラックの線に合うようにすること）。

• もう片方の足は、クラックの下のフェイスに置いてエッジングかスメアリングで踏ん張る（**図33**）。下になっている足をフェイスに置くことで全身に力が入り、体が回転してクラックから

剝がされるのを防ぐ。下の足が支柱となって、体の他の部分の動きを下から支えているというイメージだ。傾斜の緩い壁でフットホールドがほとんどないようなときには、足を横向きにして足の裏全体を壁につける（踵が左で爪先が右、もしくはその逆。上下には向けない）のが大事なコツだ。こうすると、爪先を使ってスメアリングするよりも楽になることがある。足の裏を壁にべったりつけることで、ラバーと岩との接する面積が大きくなるからだ。

■オフセットクラックでのポジショニング

オフセットクラックにはよい面と悪い面がある。ジャムと体の動きが噛み合えば、オフセットの形状ではジャムが岩と接する面積が広くなるため、ずっと登りやすく感じるだろう。しかし2つがうまく噛み合わないと、ジャミングはガタついて痛むばかりで、さっぱり効かなくなってしまう。

手：オフセットにジャムを決めるときは、その形状に合わせて手の向きを見極めるのが重要だ。指や手の甲側がオフセットに当たるようにすれば、ねじる動きはやりやすく、手のひらを平らにして壁につけることもできる。ポジショニングで心がけるべきことは、

• クラックの右側が突き出しているオフセットで

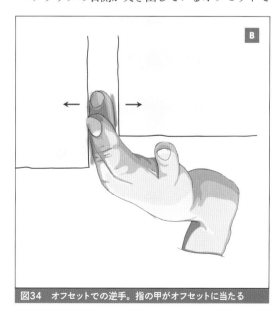

図34　オフセットでの逆手。指の甲がオフセットに当たる

は、右手は順手、左手は逆手。

- クラックの左側が突き出しているオフセットでは、右手が逆手（図34）、左手が順手。

場合によっては、手の向きがこのパターン（手の甲がオフセットに当たる）にあてはまらないこともある。順手でジャムをしたときに小指が効かないとか、手順によってあえて手の向きを逆にすることも考えられる。手のひらがオフセットに当たる場合のテクニックには、次のようなものがある。

- 逆手で手のひらがオフセットに当たる場合：親指をオフセットに押しつける。これによって、4本指の甲側がクラックの縁に押し当てられる。もしくは、クラックに親指を入れてもよい。こうすると、十分にねじることができないジャムでも支えられ、フリクションも生じやすくなる。
- 順手で手のひらがオフセットに当たる場合：この場合はフィンガージャムよりもフィンガーバー（2-1-6参照）に近い形になる。これはつらい！　オフセットの張り出しが大きく、小さなコーナーのようになっていれば、その形状にハンドジャムを使うのが筆者の好みだ（ただしこのとき、クラックに入っているのは指だけだ）。こうすると、4本指の甲側がより強くクラックの縁に押し当てられ、力をかけられるようになる。言うなれば"ハンドジャムもどき"だ。

足：オフセットの形状では、足の運び方は手と似ていて、クラックのどちら側が突き出しているかによる。岩と接する面積が大きくなるため、足裏を突き出ているほうの縁に当てるようにしたい。通常のやり方（2-2-1参照）でトウジャムを決めるが、オフセットが足裏に当たっているので、足を強くねじってもクラックから吐き出される心配はしなくてよい。そのため、踵が真下を向くくらいまでねじるようにする。

ルートのなかでオフセットが長く続くセクションが出てくることがあるが、こうした場合はさまざまな足の使い方ができる。オフセットの形状に合わせてどちらの足を使うかを決め、そのセク

ションでは同じ足の使い方で通してしまうことを強く勧める。そのために、もう一方の足はエッジングやスメアリングできる形状を探し、クラックに入れているほうの足は跳ね上げるように運んでいく。これを必要なだけ繰り返す。

オフセットの張り出しが足の長さ〔爪先から踵まで〕よりも大きいときは、この形状を小さなコーナーと捉えていいだろう。この場合、オフセットの形状が足をねじる動きを妨げてしまうため、甲が当たるほうの足でトウジャムを決めるとよい（足裏はオフセットとは反対を向いている。このとき、強くねじりすぎて足がクラックから吐き出されないように注意する）。

足裏はオフセットと反対に向けたほうがジャムを決めやすいというわけだ。

足は上の例と同じように、跳ね上げるようにして運んでいく。

2-3-2　コーナークラック

ポジショニングに関して、コーナークラックは他のクラックとはまったく違う側面が加わる。コーナークラックの登り方は、主に次の3種類だ。

1　ジャムをしながらレイバックの体勢で登る：ここで解説するのはこの登り方だ。体勢がレイバックだからといってジャミングできないということはない、と覚えておこう。

2　コーナーに正対して登る：フェイスに走るクラックを登るときと同じポジショニングになる（2-3-1参照）。

3　レイバックで登る：スタンダードなレイバックのテクニックを使う。

■手のテクニック

次の解説は、手の甲がコーナーの壁に向いており、手のひらがクラックの縁にかかる入れ方を想定している。

ティップフィンガークラック：このサイズのクラックでは長く止まっていられないので、できるだけ動き続けて困難なパートは素早く抜け、レス

トとギアのセットは掛かりのいいホールドでするのが肝心だ。たいていの場合、上の手は逆手にする。この形状では、サム・スプラグやクリンプ・サム・ブリッジ（2-1-4 参照）が大いに役立つ。下の手は順手にする。筆者は個人的に、手順の関係で必要がある場合を除いては、上下の手を入れ替えない。ただし、そういう状況がしばしばあるのも事実だが。指がほとんど入らないようなクラックでは、どちらの手をどこに入れるかという選択肢がかなり限られてくるからだ。

フィンガーロック（効きのよいフィンガークラック）：このサイズのクラックでのポジショニングと動き方は、ジャムの効きがよいこと以外はティップフィンガークラックとほとんど同じだ。上の手は逆手、下の手は順手にし、手順の関係で必要なときにだけ上下を入れ替える。クラックが完全なスプリッターで、下の手の小指を効かせるのが難しいときは、順手で薬指を効かせるとよい。この他に効きのよいサイズのフィンガークラックで役立つテクニックとして、次のアシストジャムがある。

アシストジャム：これは、効きのよいジャムを掛かりの悪いジャムの補助として使う、というものだ。まず、どちらか片方の手で効きのよいジャムを決める（とにかく効きがよいことが前提）。上の手の効きがよい場合は、下の手をクロスして上の手に重ねる形でクラックに入れる。これはあくまで効きのよいジャムの上に乗せているだけだ（そのため、手と手が触れあっている状態になっている）。下の手の効きがよい場合にも、上の手を下の手の上に重ねるだけで、同じテクニックを使うことができる。アシストジャムはフィンガークラックに限らず、あらゆるサイズ、あらゆる傾斜のクラックで使うことができる。レストや大きなムーヴのための中継として、このテクニックは非常に便利だ。これを使えば事実上ホールドがひとつ増えるというわけだ！

リングロックのクラック：リングロックのコーナークラックは、レイバックの体勢ではジャミングが決めにくく、純粋なレイバックで登ってしまったほうが簡単になることが多い。しかしもしリングロックが効果的な状況ならば、上の手を逆手にして通常のリングロック（2-1-5 参照）を決めるとよい。下の手は順手でフィンガーバー（2-1-6 参照）を決める。フィンガーバーは効きがよくないことが多いため、リングロックのサイズでもアシストジャムを使う場面は多い。

■足について

足のポジショニングを解説する前に、「内側の足」と「外側の足」という便宜上の区別について、以下、説明しておく。

- **内側の足**：レイバックの体勢でジャムをしながら登っているときに、クラックに近いほうにある足。体の左側がフェイスに当たっているときには、左足が内側の足ということになる。

- **外側の足**：レイバックの体勢でジャムをしながら登っているときに、クラックから遠いほうにある足。体の左側がフェイスに当たっているときには、右足が外側の足ということになる。

ティップフィンガークラックからリングロックに至るまで、使うテクニックは同じだが、より大きいサイズのほうが足の掛かりはよい。基本的なテクニックが4つ、ポジショニングが3つある。

足のテクニック

1　ピンキー・ランド・スメア：シューズの小指側（アウトサイドエッジ）のランド〔シューズの側面のラバー部分〕をクラックに当てる。足を置くときには常に左右に揺するようにして押し当て、ランドができるかぎり奥までねじ込まれるようにする。クラックに入っていない部分のソールは、コーナーの壁（クラックのすぐ外側）に押し当ててスメアリング（後述）し、踵は下に落とす。このテクニックは、形としてはクラックにサポートされたスメアリングになっている。

2　ビッグトウ・ランド・スメア：やり方はピンキー・ランド・スメアとほぼ同じだが、爪先の親

指側（インサイドエッジ）をクラックに入れる。

3　スメアリング：普通のクライミングの足使いのひとつで、明瞭なフットホールドがないときに使う（**図35**）。足に体重をかけることで岩との間にフリクションが生じて、シューズのソールが岩をとらえる。スメアリングで立つためのポイントは2つある。

- 爪先のソールが岩と接する面積をできるだけ広くすること。そのためには踵を低く落とす必要がある。スメアリングに荷重をかけて立ち上がる際にも、踵はできるだけ低い位置にとどめ、ソールと岩の接地面積を保つことが重要だ。アキレス腱を柔らかくし、爪先を曲げるとよい。

- 足に一定の力をかけ続けること。スメアリングは体重が乗らないとうまく効かないため、足の掛かりを信用してしっかり荷重することがカギになる。荷重はできるかぎり一定にするとよい。爪先を小刻みに動かすと荷重が抜け、足全体が動いてスリップしてしまう。「体重が乗った足は滑らない」と覚えておこう。

4　エッジング：これも普通のクライミングの足使いのひとつだ（**図36**）。エッジングは岩の形状にシューズのエッジを使って立つことをいう。エッジングには、フロントポインティング、インサイドエッジング、アウトサイドエッジングと、いくつか種類がある。解説をわかりやすくするために、ここでは親指側の爪先の先端で乗るフロントポインティング

をエッジングと呼ぶことにする。エッジングでうまく立つためのポイントは主に次の2つだ。

- 爪先とエッジが触れる面積をできるだけ広くすること。そのために、シューズのソールはエッジの角度と平行になるように置く。例えば、壁から90度に突き出したエッジに乗るときは、足は完全に水平にする。エッジが手前に傾斜しているときは、踵を下げて爪先を上げるように足首を曲げる。

- 足全体をできるだけ硬く保つこと。こうすることで、爪先がエッジから浮いたり滑り落ちたりしにくくなる。足を硬くすればするほど、足に体重をかけやすくなる。爪先から踵まで、足の中に鉄の棒が入っているとイメージしよう。足の先まで気を抜かないこと！

■いろいろな足のポジショニング

1　内側の足はピンキー・ランド・スメア、外側の足はスメアリングかエッジングにする。これはクラックの幅が微妙に広く、フェイスにフットホールドがある場合に有効。

2　内側の足はピンキー・ランド・スメア、外側の足はビッグトウ・ランド・スメアにする。フェイスにホールドがほとんどない場合に有効。

3　両足ともエッジングかスメアリングにする。フェイスに掛かりのよいホールドがある場合に有効。

図35　スメアリング

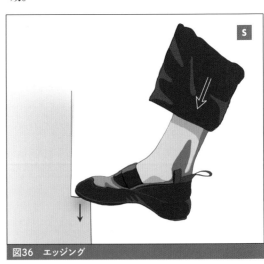

図36　エッジング

2-4　動き方

さて、さまざまな場面でのフィンガージャムの決め方と、基本的な体のポジショニングについては理解できただろうか。では、いよいよ動いてみよう！　なんだかんだと言っても、ジャムからジャムへと動かなければ、ルートは登りきれない。

章の冒頭で述べたように、フィンガークラックというのは繊細微妙なサイズのクラックで、登り方（シークエンス）が重要になる。このことを念頭に置いて、ここからはフィンガークラックでの一般的な動き方の指針を解説する。これをもとに、実際のルートで自分のクライミングに応用してほしい。

■ペース

フィンガークラックの動きは、クラックのなかで最もスポートルートのそれに近い。そのため、難しいセクションは早く切り抜け、レストできるところで止まって息を整える、というスポートルートと同じアプローチがよい。難しそうに見えるセクションは、地面から、もしくはレストポイントから見上げて、手順をよく読むようにしたい。

■動き方のポイント

手と足の距離：手順や足運びにあまり注意しなくてもいいセクション（すなわち核心部以外のセクション）では、足運びを手の動きに合わせるようにする。つまり、一手ずつの動きが小さければ足運びも小さく、一手一手大きな動きをするのであれば足運びも大きくする。

足運び：フィンガークラックを足で使うのは難しい。常にクラックの周りにホールドやエッジがないか探すようにしたい。効きの悪いトウジャムをするよりも、小さなエッジに足を置いたほうが、体を押し上げやすくなるはずだ。

■大きなムーヴ：手の動き

- 遠くまで手を伸ばしたいときには、下の手は順手で決め、次の手を出すようにする（図37）。逆手のジャムから大きなムーヴをする（図38）ほうが難しい。大きく動く場合は、ダイナミックに手を出す必要があるが、逆手では手首が進みたい方向に曲がらず、前腕が岩から離れてしまうので、ジャミングを引く方向が外向きになりやすい。

- 順手のジャムから大きなムーヴをするときには、小指を押し込み、ジャムが外れないようにする。指は動かさないまま、手首だけを曲げる。

- 逆手のジャムから大きなムーヴをするときには、前腕をクラックの線に合わせたまま保つ。ねじる動きによってジャムは効くので、ジャムを引きつけるときに、肘が上がったり体の正面から脇にはみ出たりしないように気をつけたい。より遠くまで手を伸ばす場合は、肘を上げると動きやすくなることもある。しかし、この動きはジャムの効きを悪くし、ジャミングというよりも単なる引きつけでクラックにしがみつく格好になってしまうので注意が必要だ。

- ジャミングを中継に使うと、大きな動きがしやすくなる。次のジャムへ手を出す前に、それよりも手前に一度ジャムを決めて中継をすることで体を安定させることができるので、逆手のジャムから大きな動きをするときには特に役立つ。微妙なティップジャムであっても、大いに違いが出ることもある。いろいろなムーヴを試してみることが重要だ。

■大きなムーヴ：足の動き

手で引きつけるときには、反対の足を使って体を押し上げるようにする。つまり、左手で引きつける場合には右足で押し上げる、という具合だ。これは普通のクライミングのセオリーだが、クラッククライミングにもあてはまる。もちろん、大きなムーヴで常にこの動きができるわけではないが、この動きができれば少ない力でより遠くま

で手を伸ばすことができる。

■効きの悪いジャムからのムーヴ

　効きの悪いフィンガージャムから手を出すときは、よりダイナミックに動くようにする。ゆっくりスタティックに動くよりも、足で体を押し上げて勢いをつけることを意識しよう。

　効きの悪いジャミングは常に手とは限らない。傾斜の強いフィンガークラックでは、フィンガージャムの効きがよく足の効きが悪いこともある。一方、足に意識を集中することは常に重要だ。どのようなスタイルのクライミングであれ、足が滑ると、途端にムーヴの選択肢はぐっと狭くなる。足には体重を正しく分散してかけ、必要なところで滑ってしまわないように心がけたい。そのためにはムーヴを起こす際、岩と接している体の他の部位（1カ所であれ、2～3カ所であれ）にさらに体重をかけるようにする。この部位というのは、手であることが多い。足よりも手に体重をかけるというのは、クライミングのセオリーに反するように感じるかもしれないが、そうすることで足が

滑りにくくなるのであれば、その後のムーヴにはプラスに働くだろう。両足が滑ると、腕には一気に大きな荷重がかかり、フィンガージャムはその重さに負け、クライミングのリズムが狂ってしまう。効きの悪いジャムが滑るか滑らないか、その「臨界点」（1章参照）を見極めて最大限に活かしたいが、効きの悪いジャムに対して、どこにどれだけ、どのように体重をかければ滑ることなく最大限有効活用できるか。その境目はとても微妙なもので、これについては練習を重ねて勘をつかむしかない。

■効きの悪いジャムへのムーヴ

・効きの悪いジャムを決めにいく場合は、スタティックに動いて正確に指を入れるように心がけよう。体重をかける前に、ジャムができるかぎり安定するように指の位置を調整すること。

・手前で中継をして、効きの悪いジャムへのムーヴを小さくスタティックにする。

・効きの悪いジャムに体重をかけるときには、それを決める前に中継で使ったところに下の手で

図37　順手からは大きなムーヴが可能

図38　逆手からは小さなムーヴとなる

ジャムを決める。こうすることで、効きの悪い上の手のジャムにかかる負荷を減らすことができる。

■ジャムからジャムへの流れ

次にジャムを決めるまでの流れをスムーズにするには、クラックとその周りの形状をよく読み、どのタイプのフィンガージャムを決めるかを選ぶことが必要だ。逆手にするか順手にするか、もしくは小指を外して薬指を効かせるか、それともフィンガースタッキングにするのか、などなど……。

正確に読む力を身につけるには時間がかかる（岩の形状を読む力と同じだ）。「ここにはこのジャムが効く」とか「あそこにはあのジャムがいい」という明確なルールはない。しかし、あくまで大まかな目安だが、岩の形状と有効なジャムのタイプの組み合わせをいくつか紹介しておこう。岩の形状は多彩で、クライマーがそれに合わせて考え、観察力と感覚を頼りに登り方を選ぶのがベストだということを念頭に置いて読んでほしい。

コーナー

コーナーやオフセットは、クラックの縁から手前に突き出している形状に手のひらが当たるため、フィンガージャムを効かせる形がつくりにくい。ここで忘れてはいけないのは、フィンガージャムを決めるときには手のひらを平らにして岩につける、ということだ。そうするために、コーナーの壁やオフセットには指の甲側が当たるようにし、手のひらはクラックの縁にかぶせる。これはつまり、長いコーナークラックでは片手を逆手、一方は順手にして登るのがベスト、ということだ。

- 左向きのコーナー（左肩を奥に入れて登る場合）：左手は順手、右手は逆手（図39）。
- 左向きのコーナー（右肩を奥に入れて登る場合）：左手は逆手、右手は順手（図40）。
- 右向きのコーナー（右肩を奥に入れて登る場合）：左手は逆手、右手は順手（図41）。
- 右向きのコーナー（左肩を奥に入れて登る場合）：左手は順手、右手は逆手（図42）。

縁が丸いクラック

クラックの片方の縁が丸くなっている場合（図43）は、丸い縁に手のひらがかぶさるようにするとよい（岩との間に生じるフリクションが大きくなり、痛みが少ない）。指の甲側は縁が尖っているほうの壁に当てる。見た目にはわかりにくいが、このような形状は尖っているほうの縁がオフセットと同じ働きをし、そのため指の甲側を当てたほうがよい感触を得られるのだ（前項の「コーナー」参照）。

クラックの角度

クラックの角度が壁面に対して直角でない場合（例えば、大きなフレークのように、クラックが壁面に対して斜めに割れており、一方の縁が鋭角、もう一方の縁が鈍角になっているもの）、鋭いほうの縁に手のひらがかぶさるようにすると感触がよくなることが多い。これによって鋭いクラックの縁が持ちやすくなり、レイバックをしやすい体勢になるが、フィンガージャムを決めることもできる。

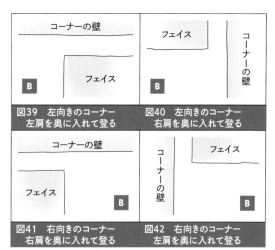

図39 左向きのコーナー 左肩を奥に入れて登る
図40 左向きのコーナー 右肩を奥に入れて登る
図41 右向きのコーナー 右肩を奥に入れて登る
図42 右向きのコーナー 左肩を奥に入れて登る

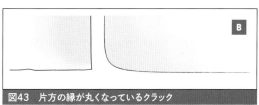

図43 片方の縁が丸くなっているクラック

ジェリー・モファット

ジェリーはトラッド、スポーツ、ボルダー、コンペティションのすべてで抜きんでた力を発揮し、当時のトップクライマーのなかでもあらゆる分野で最強のクライマーとして知られた。彼が80〜90年代にかけて初登したルートの数々は、今日でもハードなテストピースとして知られ、再登はごく少ない。彼は1983年、若干20歳で、ジョシュアツリーにあるイクイノクス（Equinox 5.12c）のフラッシュを含めてアメリカ国内の最難ルートを4本手中に収めた。翌年、彼は再び渡米し、ヨセミテでフィーニックス（The Phoenix 5.13a）の初のオンサイトを成し遂げた。このグレードのオンサイトは、これが世界初だった。

■一番好きなクラックのエリアは？

僕の知るかぎり、クラッククライミングの聖地といえばヨセミテだよ。僕にとって歴史というのはとても重要なもので、なかでもヨセミテの歴史は特に長い。氷河に削られた完璧な花崗岩で、ツルっとして手がかりがあまりないんだ。オーバーハングした壁を断ち割るようにクラックが走っていて、そういうルートの存在感は素晴らしいよ。過去に名だたるクライマーたちがヨセミテを訪れて、グレードとクライミングの世界そのものの水準を押し上げてきたというところも、僕は好きだね。

■一番好きなクラックは？

ピーク・ディストリクトのミルストーン・エッジにあるロンドンウォール（London Wall E5 6a/5.12a）は素晴らしいルートだ。1975年にまだ16歳のジョン・アレンが初登したルートなんだ。ルートの出だしで一度落ちただけで登るという偉業だった。おそらく当時のイギリスでは最難のルートだったしね。クラックが走るヘッドウォールには右にも左にも他のルートはなくて、岩場のなかでも特に目を引くラインだよ。最後に決めたナッツのはるか上で昔のピンスカーにフィンガージャムをする核心が、ルートの最後の最後に出てくる。僕がクライミングを始めた当時、スティーブ・バンクロフトがこのルートにトライする様子を映したテレビ番組があった。何度も何度も観たよ。いつかトライしてみたいと憧れていたけれど、実際に登れる日が来るとは思ってもみなかった。1982年に初のオンサイトに成功したよ。

■クラックでの印象的な体験談は？

1982年にアメリカ東海岸のシャワンガンクスで、スーパークラック（Super Crack 5.12c）をオンサイトしたのはとても思い出深い。そのルートのオンサイトを目標に、その前の1年間懸命にトレーニングしたからね。地上6mのところにオーバーハングがあるバットレスに走るフィンガークラックをたどる、素晴らしいラインだよ。もう少しで登れるというところまで来たらプレッシャーも感じたけれど、でもここで落ちることはもうありえないと確信して最高の気分だった。僕は19歳で、アメリカに来たのは初めてだったし、なにもかもが新鮮で刺激的だった。スーパークラックは当時まだ数人しか登っていない東海岸の最難ルートだった。自分の名前が歴史に刻まれた瞬間だったね。

■アドバイス

誰かクラックが得意な人を見つけて、その人がどうやってテーピングをしているかを真似ること。テーピングの仕方をいろいろ試してみるのも大事だ。

ジャムを決めたら、動く前にきちんと安定させること。うまく効いていないまま登ると、ジャムがどんどん悪くなるものだから。どれだけパンプしていても、これはやったほうがいい。

もしも登りたいクラックの目標があるのなら、それと似たサイズのクラックを見つけること。そしてトッププロープを張って嫌というほど練習することだね。

Pop Quiz　どちらが好き？

1. フィンガークラックとオフウィズス？　フィンガー
2. ステミングとルーフクラック？　ステミング
3. ハンドジャムとハンドスタック？　ハンドジャム
4. ニーロックとチキンウィング？　ニーロック
5. テーピングはする？　しない？　テーピングするよ
6. カムとナッツ？　カム
7. クラックなら砂岩？　花崗岩？　花崗岩
8. 短くてハードなルートと、長くて持久系なルート？　持久系なルート
9. 痣と擦り傷、つくるなら？　擦り傷
10. 思わぬ失敗に備えてクライミングパンツを選ぶなら、赤と茶色どっち？　悪いけど、履くなら真っ白な空手パンツじゃなきゃね！

カリフォルニア、ジョシュアツリー国立公園のイクイノクス（5.12c）をフラッシュした直後のジェリー・モファット　© John Bachar

HAND CRACKS
3　ハンドクラック

　ハンドクラックのテクニックは、クラッククライマーの主食と言っていい。クラックを登るわけでなくても、ハンドジャムはすべてのクライマーが学んでおくべきテクニックだ。なぜならハンドジャムができることでレストやギアのセットを楽にしたり、力をそれほど使わずに難しいセクションを切り抜けたりできるからだ。

　これは、ハンドジャムで登るクラックではパンプしない、ということではない。ハンドジャムを何度も決め続けると、親指が今にも根元から弾け飛んでしまいそうに感じることもある。親指が限界までパンプしていると、カムのトリガーを引いたりカラビナにクリップしたりする動作でさえもものすごくしんどく感じられるものだ。

　しかし、ハンドジャムは多くのジャミングの基礎となるテクニックで、だからこそ学ぶべき重要な技術だと言える。延々と続くスプリッターでパンプと戦っているときでも、ハンドホールドの代わりにハンドジャムを決めているときでも、このテクニックを詳細まで理解していればきっと役立つはずだ。

　ハンドジャムは使えるサイズの幅が広く、決め方もさまざまだ。リングロック（2-1-5 参照）には広すぎるサイズから、フィストジャムが決められるサイズまでが、その範囲となる。

ノルウェー、イェッシングフィヨルドのロニー・メーデルスヴェンソン
（Ronny Medelsvensson　ノルウェーグレード9 F8b trad）を
登るマリ・オーガスタ・サルベセン　©Øyvind Salvesen

3-1　手のテクニック

3-1-1　基本的なハンドクラック

■順手

強、アクティブ・エクスパンションジャム

　最もシンプルで、基本的な順手でのハンドジャム。誰もがジャミングの方法として最初に教わるテクニックだ。これが正しく決められれば、大きなジャグ〔ガバ〕を持っているよりも楽に感じられるだろう。

1　スタートの形1（L字をつくる）：人差し指と親指でL字をつくる。こうすることで、親指が手のひらから離れた形になり、親指の付け根の筋肉の力を抜いて厚みをなくすことができる。他の指は人差し指と同様、真っすぐにしておくこと（**図44**）。

2　スタートの形2（手の向き）：手と指を正しい形にしたら、クラックに対して手が一番薄い状態になるように、向きを調整する。親指はクラックが延びる方向へ、つまりこれから登っていく方向へ向ける。手のひらと手の甲は、それぞれクラックの内壁に向き合う形になる。

3　スタートの形3：指は互いにくっつかないようにする。指同士がくっつくと、指の付け根の筋肉が微妙に膨らむ。クラックに入れる前に手を膨らませてしまうと、クラックの奥まで十分に差し込むことができず、ジャムの効きが悪くなる。このことは非常に効きのいいハンドジャムではあまり気にならないが、シンハンドジャム（3-1-3参照）ではミリ単位の違いが成否を分ける。そのため、指は真っすぐに、かつ力を抜いた状態にすることが重要だ。

4　スタートの形4（差し込む）：指先、もしくは手の側面（この場合は小指側）からクラックに差し込む。どのようなジャムであれ、まずはパッシブに決められる場所を探したほうがよい。そのため、クラックに使えそうな狭まりがないかを探す

こと（1章の**図1**参照）。

5　親指の動き：この動きがハンドジャムで最も重要なところだ。親指を手のひらの中心へ曲げる（このとき親指はクラックと平行に動く）。小指は動かさず、親指の先が小指の付け根に触れるように意識する。大抵の場合、親指が小指に触れるほどのスペースはなく、クラックが比較的細い場合は手のひらの中心までも届かないが、いずれにしても、小指のほうへ向けて親指に力を込めること。親指をこのように動かすと、親指の付け根の肉がクラックの内壁のほうへ膨らみ、ジャムが効く。親指をできるかぎり小指のほうへ近づけるためには、カッピング（次項）をする前にこの動きをすることが重要（**図45**）。カッピングを先にすると、この動きが制限されてしまう。

6　カッピング：手をパッシブに決めた場合でも、ジャムを安定させるために手を膨らませるべきだ。4本の指を真っすぐに保ったまま、指先と手のひらの下の部分〔掌底〕を一方のクラックの内壁へ、手の甲と指の付け根の関節を反対側のクラックの内壁へ、それぞれ押し当てる。手でカップの

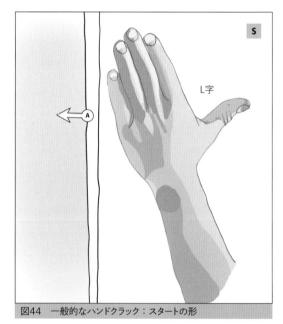

図44　一般的なハンドクラック：スタートの形

ような形をつくり、指先、掌底、指の付け根もしくは手の甲の3点がクラックの内壁に当たっている状態ができる（図46）。

7　順手のジャムをしているので、前腕はクラックの線にぴったりと合っている。他の部分を線に合わせるために腕を動かす必要はない。

8　手の膨らむ力と、クラックに沿って下向きに引く力が合わさって、ジャムを強固にする。これはカムが効く原理に似ている。

9　1章で述べた鉄則の例外として、ハンドジャムでレストをする場合には体の部位すべてをクラックの線に合わせる必要はない。体をクラックの線からずらして傾けると、手首の内側（もしくは外側）がクラックの縁に当たる。これによって手のひら（もしくは手の甲）がクラックの内壁により強く当たって効き、親指の筋肉を緩めることができる。

▓逆手

強、コンビネーションジャム（アクティブ・エクスパンション＋ツイスト）

アクティブ・エクスパンションとツイストのテクニックを組み合わせたコンビネーションジャム。2つのアクティブなジャムを効かせられるの

で、疲れたときには非常に役立つ。手を膨らませ続けて親指がパンプしてきたら、ジャムに加えるねじりを強くして、親指の筋肉にかかる圧力を和らげることができる。

1　**スタートの形**：逆手のハンドジャムでとるスタートの形は、順手のハンドジャムと同じになる。そのため、順手のステップ1〜4をまず行なう。ここで、手の向きだけが異なる。手は親指が地面側を指し（逆手）、クラックと平行になるように向ける。

2　親指が下を向く逆手の形になっているので、前腕はクラックとは平行にならずに少し外側へはみ出し、肘は体の中心に対して横側を指す格好になるだろう（図47）。この段階ではこのことを気にする必要はない。続けて、順手のハンドジャムのステップ5〜6（親指の動きとカッピング）を行なう。

クラックに手を入れ、アクティブ・エクスパンションジャム（親指の動きとカッピング）を効かせるうえで、重要なステップがもうひとつある。

3　**肘の動き**：肘が体の中心に対して横側ではなく地面を指すように、前腕を下向きに回す。このとき、前腕はできるだけクラックの線に合わせるようにする。手首が相当に柔らかくないかぎり、

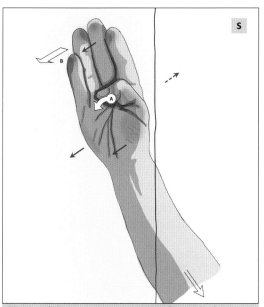

図45　一般的なハンドクラック：順手のジャミングの完了形

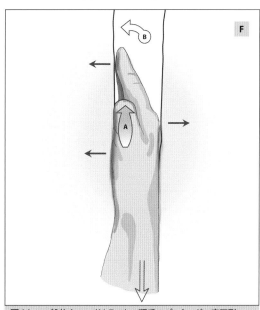

図46　一般的なハンドクラック：順手のジャミングの完了形

前腕がクラックと完全に平行になることはない
が、この前腕を回して肘を下へ向ける動きが重要
だ。これはボルトをレンチで締めたり緩めたりす
るのと同じ動きになる。前腕がレバーの役目を果
たし、手がクラックの中にねじ込まれていく（図
48）。このねじる動きをするときに、アクティブ・
エクスパンションジャム（このジャムの前半部分）
をしていることを忘れないようにしたい。2つを
合わせて使うことで、ジャムの効きがよりよくな
る。

4 ねじる動きが正しくできているかどうかは、
「カッピングギャップ」を見るとわかる。カッピン
グギャップとは、カッピングをしたときに小指の
付け根の側面が盛り上がってできる小さな段差の
ことで、これがクラックの内壁に接して見えなく
なっていれば、しっかりねじ込めている。

5 逆手のジャムを決める位置が頭よりも高けれ
ば高いほど、前腕はクラックの線に合わせやすく
なる。こうした場合には、前腕は少し回すだけで
よく、手首も微妙に曲げるだけで手には十分なね
じりがかかる。手首の甲側がクラックの外側を向
いていれば、正しい動きができていると考えてい
いだろう。

〔crimp：カチ持ち、握り込み〕

強、アクティブ・エクスパンションジャム
　クリンプハンドジャムは、指を伸ばした基本的
なハンドジャムと同じように使うことができ、順
手でも逆手でも決めることができる。基本的なハ
ンドジャムの代わりに使うのは勧めないが、状況
によっては役に立つことがある。

- クラックに手を入れる動きが雑になってしま
い、手のひら全体がしっかり据わっていないと
きに、指をクラックの中で立てて引っかけるよ
うにしてから、基本的なハンドジャムにパッと
切り替える。

- ハンドクラックが長く続くセクションでは、親
指の筋肉がパンプして疲れてくる。クリンプ
ハンドジャムを使うと、指先により強く力をか
けられ、親指の負担を減らすことができる。こ
のテクニックの極意をマスターすれば、手のひ
らのほうへ折り込んでいる親指を伸ばして、ク
ラックから出さずに少しだけシェイクすること
もできる。誰にも知られず、こっそりレストで
きるわけだ！　筆者は、長くてパンプするルー
フクラックでこのテクニックを使うようにして

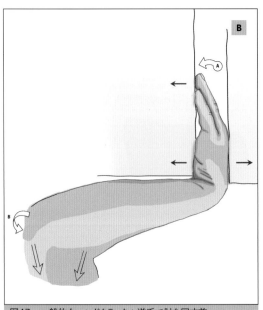

図47　一般的なハンドクラック：逆手で肘を回す前

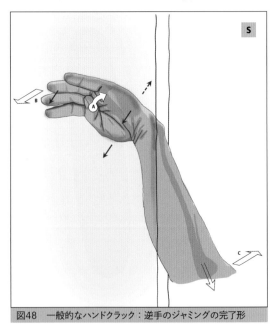

図48　一般的なハンドクラック：逆手のジャミングの完了形

いる。正しく使えば、強い傾斜にも問題なく対応できるはずだ。

基本的な順手と逆手のハンドジャムの感覚がつかめていれば、このテクニックを使うのは簡単だ。

1 基本的なハンドジャムを決めるのと同じやり方でクラックに手を入れ、形をつくる。最後の段階で、通常は伸ばした指をクラックの内壁に押しつけるところ、ここではその代わりに指を立てる。つまり、指先と手のひらの手前側〔掌底〕が片側のクラックの内壁につき（基本的なハンドジャムと同じ）、手の甲、指の付け根、指の甲側（第二関節まで）が反対側の壁につく形になる。

2 先に基本的なハンドジャムをしてから指を立てることが重要だ。クラックに手を入れる前に指を立てた形をつくると、クラックの奥まで十分に入れることができず、効きの悪いジャムになってしまう。ジャムを決め、それから指を立てること。

3 指を立てているときには、指先でクラックの内壁を引きつけるようにすることが重要（小さなエッジを持って引きつけるのと同じ要領だ）。こうすることで指の甲側が反対側の壁に強く押し当てられ、ジャムの効きがよくなり親指を休めやすくなる（図49）。

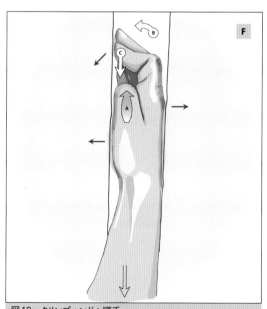

図49　クリンプハンド：順手

3-1-3　シンハンド

〔thin：薄い〕

強、アクティブ・エクスパンションジャム

ある人にとってのシンハンドジャムが、他の人には理想的なジャムになることはある。しかし、クラックが広くなれば立場は変わるものなので、手が大きいからといって嘆かないこと！　シンハンドは効きが悪く感じることも多いが、ジャムを信用することと、フリクションを最大にすることが成功のカギだ。シンハンドは、クラックのサイズがリングロックをするには大きく、手全体を差し込むには小さいときに必要になる。順手と逆手、どちらでも決めることが可能だ。

■逆手

シンハンドクラックを登るときには、手の向きは逆手にするのが一般的だ。なぜなら、どのタイプのハンドジャムも、重要なのは親指とその周りの筋肉がクラックの中に入るようにすることだからだ。手の向きを逆手〔親指が下〕にすることで、手のこの部分を最初にクラックに入れることができるわけだ。

1 **スタートの形1**：クラックに入れる前の手の形は、基本的な逆手のハンドジャムを決めるときと同じだ（3-1-1参照）。手の力を抜き、人差し指と親指でL字をつくる。

2 **スタートの形2**：シンハンドジャムでは、クラックへ正確に手を入れることが重要。チョップするような動きを意識するとよい。

3 **スタートの形3**：親指の付け根から手首にかけての部分をクラックの入り口に当てる。このとき、手の甲と手のひらはそれぞれクラックの内壁に向いている。この形は順手のハンドジャムに似ているが、4本指は斜め上、クラックの反対側を指している。

4 **チョップ**：親指を上からクラックに入れ、4本指は回転してその上に重ねるようにして入れる（図50）。ものすごくゆっくり手を振ってバイバイ

3

HAND CRACKS

CHAPTER 3　ハンドクラック　**3-1** 手のテクニック　63

をするイメージだ。最初に手首を回せるだけ回し、次に肘を持ち上げながら力を込めて、手と岩の接地面積が増えるようにクラックに押し込むことが重要だ。

5 親指の動き、カッピング、肘の動き：手をできるかぎりクラックに差し込んだら、次は他のハンドジャムと同じく、親指の動き（基本的なハンドジャム）、カッピング、そして肘の動き（基本的な逆手のハンドジャム）だ。手をクラックに押し込むために肘を一度持ち上げているので、これは必ず下げるようにすること。体はクラックの線に合わせ、ジャムを外向きではなく下向きに引くようにする必要があるからだ。

■順手

順手のシンハンドジャムは、逆手で決めるよりも効きが悪くなることが多い。これは親指の筋肉、つまり手の膨らみを生み出す部位をクラックに入れにくくなるからだ。そのため、順手でのジャムは4本指での保持力に頼るところが大きくなる。しかしこのテクニックは、コーナークラックやルーフクラック、逆手でのジャムが決められないところで役に立つ。

1 スタートの形1：基本的なハンドジャムです

るように、手でL字をつくる。このとき親指は登っていく方向を向いている。手のひらと手の甲はそれぞれクラックの内壁に向いており、指先はクラックの奥へ向ける。

2 スタートの形2：手を指先からクラックへ差し込む。指はクラックの縁に対して90度に入れる。

3 スタートの形3：クラックの縁が手のひらの先のほうに当たるところまで手を差し込んだら、手を小刻みに動かしてさらに奥まで押し込む。このジャムではフリクション、すなわち手と岩が触れている部分の大きさが感触のよさを左右する、と覚えておこう。

4 親指の動き：手をできるかぎり奥まで差し込んだら、親指を上からクラックに入れて人差し指の上に重ね、人差し指とクラックの内壁の間の小さな隙間に力のかぎり押し込む（クラックの内壁に押しつけるようなイメージで）。親指の筋肉がすべてクラックの中に入っていなくても、そこを動かして膨らますことでクラックに入った部分が効く。親指のクラックに入っていない部分はクラックの縁に当たり、ここにも微妙にフリクションが生じる。

5 カッピング：基本的なハンドジャムと同じよ

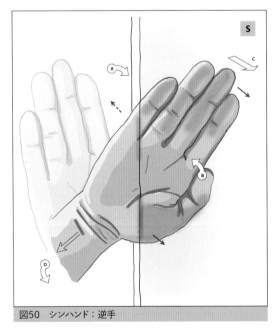

図50　シンハンド：逆手

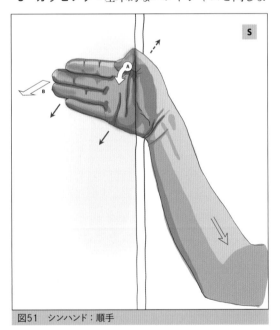

図51　シンハンド：順手

うに、指先を一方のクラックの内壁に、指の甲側をもう一方の内壁に押しつける。指先を使って、クラックの内壁に圧力をかける（図51）。

このジャムで重要なポイントは、指をクラックの縁に対して90度に入れることだ。小指の側面からクラックに入れてその上に他の指を重ねる、という入れ方をすると、親指の筋肉がまったくクラックに入らず、フィンガーバー（2-1-6参照）をするような格好になってしまう。これを避けるために、チョップの動きをするとよい（図50）。ただし、この場合は下から上にチョップする。つまり、下から上へ指先と親指を回すという動きになる。これはジャムの位置が胸よりも下になる場合に便利な方法だ。胸よりも上の位置でうまく決めるには、手首がものすごく柔軟でなければならない。

3-1-4　カップハンド

強、アクティブ・エクスパンションジャム

カップハンドは、完璧なハンドジャムと効きのよいフィストジャムの間の決めにくいサイズで使うが、比較的広い範囲をカバーする。

テクニックとしては単純だが、岩との小さな接

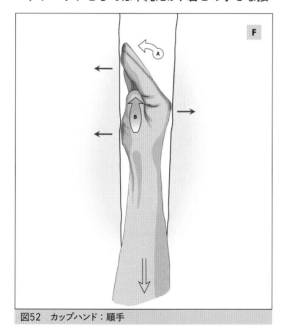

図52　カップハンド：順手

地面に強い圧力がかかるため、痛くなりやすい。自分の手の甲の上に人が立っているところを想像してほしい。その痛みは相当なものだろうが、ここでさらに、その人が指の付け根の関節だけに体重をかけているとしたら……ああ、痛い！

覚悟を決めてもらったところで、実践に移ろう。

1　スタートの形：やることは簡単で、基本的なハンドジャムを手順どおりに行なう（3-1-1の1～5ステップ参照）。ただし、このハンドジャムに関してだけは、親指を動かす前にカッピングをすることをお勧めする。カップハンドは幅が広く、先にカッピングをしてクラックの内壁との間にフリクションを生じさせたほうがよい。そうすると、曲げた手のひらのほうへ親指が収まりやすい。

2　カッピング：カッピングをする段階になると、指の先端と掌底、そして指の付け根の関節の先だけがクラックの内壁に触れていることがわかるだろう。岩に触れているところが少ないため、これらの部分により強く外向きの力をかけるよう意識することが重要だ。少し痛く感じるが、それによってその場にとどまることができるわけだ。代償なくして手に入るものはない。

3　親指の動き：親指の動きは、他のハンドジャムとまったく同じで、親指を小指に向けて曲げる。ただし、手をカッピングしているので、親指は手のひらの中央まで曲がり、場合によっては小指の付け根まで届く（図52）。親指が手のひらを横切っているので、親指の筋肉があっという間に強烈にパンプするのが普通だ。

4　このサイズのクラックでは手の効きが悪くなる一方、クラックの幅が広いため足の効きはよくなる（3-2参照）。足を活かした登りを心がけよう。

3-1-5　カップ・アンド・ツイスト

強、コンビネーションジャム（アクティブ・
エクスパンション＋ツイスト）

これはカップハンドのバリエーションで、カッピングしたときの手のひらの曲がりがあまりにも大きいとき、すなわちほとんどフィストジャムが

決まりそうだ、というときに使う。アクティブ・エクスパンションとツイストを組み合わせることで、悪かったジャムの効きがよくなるという仕組みだ。

1 スタートの形：基本的なカップハンドを決める。

2 鍵穴に差し込んだ鍵を回すように、手を回す。人差し指と小指が回転して岩に当たり、かかる圧力が増すのがわかるはずだ（図53）。手をねじる方向としては、筆者の経験上、以下が最善だ。

• 右手（順手でも逆手でも）：時計回りにねじる。
• 左手（順手でも逆手でも）：反時計回りにねじる。

3-1-6 その他のテクニック

■フォアアームジャム

定／中、パッシブ・エクスパンションジャム

このテクニックはパッシブ・エクスパンションジャムで、動くときよりもレストするときに役立つ。決め方はシンプルで、技術よりも皮膚の擦れに対する忍耐力が問われる。幸い、このテクニックは登っていて疲れたときに使うことが多く、疲れているときには痛みを感じにくくなっているも

のだ。岩のフリクションがよく、クラックがカップハンドのサイズである場合には特に有効だ。

1 通常と同じ手順で基本的なハンドジャム（3-1-1参照）、もしくはカップハンド（3-1-4参照）の形をつくる。

2 手をクラックの奥までできるかぎり深く、前腕が狭くてつかえるところまで入れる。他のパッシブ・エクスパンションジャムと同様に、押し込まれた前腕が元の形に戻ろうとして、クラックの内壁に圧力がかかることでジャムが効く（図54）。

3 このジャムを決めていれば、親指やその他の指は振って休ませることもできる。このとき、腕をクラックの中へ押し込み続けることが重要。

■フォアアームレバー

強、アクティブ・エクスパンションジャム

このテクニックは、フェイスに走るクラックでも使えるが、特にコーナークラックをレイバックの体勢でジャミングしながら登るときに役立つ。ハンドジャムの効きが悪かったり、疲れてきていたりするときに、ジャミングの補助として働いてくれる。

1 基本的なハンドジャムと同じ手順で手を入れ

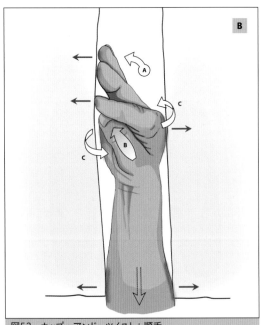

図53 カップ・アンド・ツイスト：順手

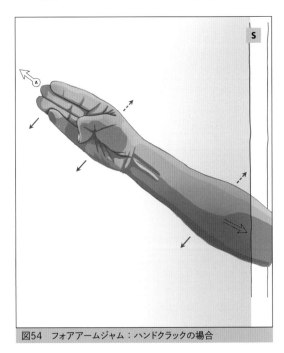

図54 フォアアームジャム：ハンドクラックの場合

ていく（前述）。手をクラックに入れるときに、できるかぎり奥まで入れるようにする。

2　ちょうどいい位置まで手が入ったら、基本的なハンドジャムを決める。

3　次に、前腕をクラックの縁に押し当てる。前腕の外側と内側、どちらをクラックの縁に当ててもよいが、内側を当てるほうが自然に感じることが多いだろう。そのため、右手で順手のジャミングをしている場合は、前腕の内側はクラックの左の縁に当たる（図55）。右手で逆手のジャミングをしている場合は、前腕の内側はクラックの右の縁に当たる。左腕だと逆だ。

4　体のポジションを利用して、このテクニックをさらに快適にすることもできる。上半身を傾けてクラックの線から外し、体重をかけて前腕がより強くクラックの縁に押し当てられるようにする。これはレストするときに有効。

5　フォアアームレバーは、前腕のどの部分を使っても決めることができる。クラックの縁が手首から肘の近くまで、どの部分に当たっていてもよい。

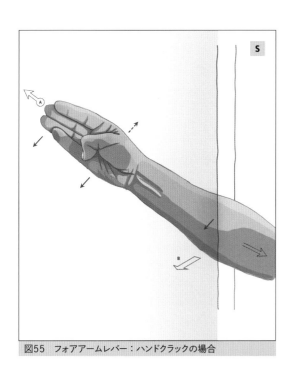

図55　フォアアームレバー：ハンドクラックの場合

インディアンクリークのウィンゲート・サンドストーンにあるスカーフェイス（Scarface 5.11a）で、美しいのシンハンド／フィンガークラックを登るマーティン・コチシュ　© Mike Hutton

3-2　足のテクニック

3-2-1　フットジャム

強、アクティブ・ツイスティングジャム

ハンドサイズのクラックにおけるフットジャムは、レッジに立っているかのように完璧な効きになるはずだ。スラブでフットジャムを決められれば、簡単にノーハンドで立つことができる。それくらいによく効けば、正しく決められていると自信が持てるだろう。

1　ハンドクラックにおけるフットジャムのスタートの形と決め方は、基本的なトウジャムとまったく同じである（2-2-1 参照）。ただし、クラックに入れる足の部位だけが異なる。爪先だけをクラックに入れるのではなく、足の先4分の1までクラックに差し込むことができる（図56、57）。

2　基本的な決め方をする以外で注意すべきなのは、ジャミングをするときに爪先を下向きにして入れないようにする、ということだ。親指部分の爪先をクラックの奥へ向けて真っすぐに入れる。そうすると、シューズと岩との接地面が大きくなり、ねじる動きがしやすくなる。

3　膝を回してクラックの線に合わせているときには、膝から下がクラックの入り口をふさいでし

まうので、もう片方の足をそのすぐ上に入れるのは難しい。次のフットジャムを決める場所を確保するためには、立ち上がって脚を伸ばし、膝から下をクラックの入り口から離せるようにするとよい（このときにも、脚はクラックの線に合わせたままにする）。脚がクラックの入り口から離れれば、岩と脚の間に空間ができ、そこにもう片方の足を入れることができる。立ち上がって脚を伸ばして固定し、クラックから離れるという動きが、次のフットジャムを決めるスペースを空けるためのカギになる。スペースを空けないと、もう片方の足を入れようとしたときに膝が外を向いて、クラックの線からずれてしまい、足に十分なねじりが加えられずフットジャムの効きが悪くなる。

4　シンハンドクラックを登るときには、シューズをできるかぎり奥まで差し込むことが重要だ。足をクラックに押し込むときは、上下に小刻みに動かすとよい。

5　カップハンドのクラックは、最も足を入れやすいサイズのクラックだ。基本的なフットジャムを決めてもよいし、ヒールダウンのテクニックを使うのもよい（4-2 参照）。

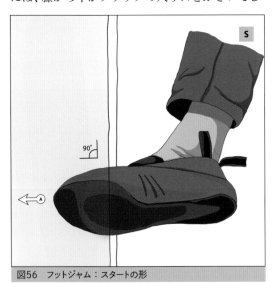

図56　フットジャム：スタートの形

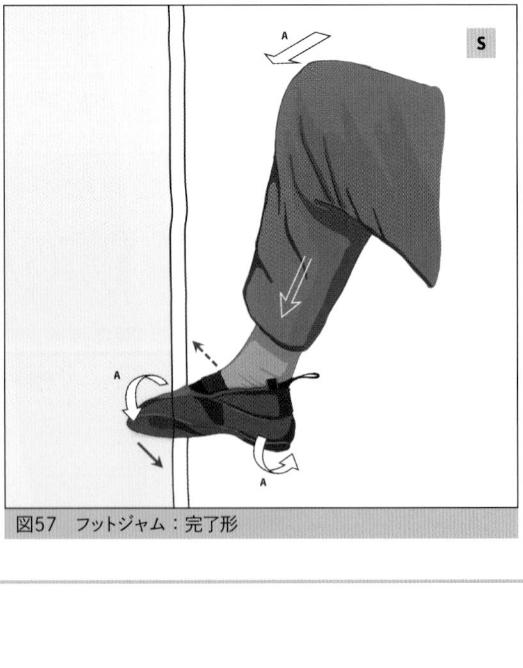

図57　フットジャム：完了形

3-3 ポジショニング

ハンドクラックでのポジショニングは、ジャムを順手で決めるか逆手で決めるかが、すべてだ。登るクラックのタイプに合わせて正しい体勢を選べば、ルートがまったく別物のように簡単に感じられるだろう。

3-3-1 フェイスクラック

■直上するクラックでのポジショニング
（直上するクラックの定義は 2-3-1 参照）

完璧なハンドジャム：クラックが下から上まで極めて効きのよいハンドジャムで登れる場合は、順手と逆手を組み合わせて使うとよい。どちらのジャムも有用だが、筆者は普段、ひとつのテクニック（例えば順手）で疲れを感じるまで登り、それからレストをしてもう一方のテクニック（逆手）に切り替え、また疲れるまで登る。手の向きを切り替えることで完全にパンプするのを避け、より長く登り続けられるようになるというわけだ。

シンハンド：前述したように、シンハンドクラックでは逆手のジャムが最もよく効く。親指の筋肉全体をクラックに入れることができ、それによってジャムの感触がよりしっかりしたものになる。そのため、可能であれば両手ともに逆手のジャムにするのがよい。

カップハンド：両手とも順手でカップ・アンド・ツイストのジャムを決めるのがベストだ。ただしカップハンドのクラックは非常にパンプしやすく、そのため完璧なハンドジャムと同様、順手と逆手を切り替えながら登り、親指を適度に休めることが重要だ。

■斜上するクラックでのポジショニング
（斜上するクラックの定義は 2-3-1 参照）

完璧なハンドジャムとカップハンド：一般的に、上の手（右手）は逆手、下の手（左手）は順手で登る。

シンハンド：クラックの傾きがあまり大きくない〔直上に近い〕場合は、両手とも逆手にして登るのがベスト。必ず肘を下げ、前腕をクラックの線に合わせることを忘れずに。クラックの傾きが大きい〔トラバースに近い〕場合、特にフットホールドが乏しいときには、両手で逆手のジャムを決めると体勢が悪くなってしまう。その代わりに、上の手（右手）は逆手、下の手（左手）は順手で登る。これらはあくまで目安であり、登るクラックによって登りやすいポジションを探し出すようにしてほしい。筆者個人の感覚としては、体勢が不自然になり、バランスを取るために力を使うようになってきたら、他にもっと楽な体勢があるかもしれないということだ。クラッククライミングでは、常にバランスを保ち、力を使うのはムーヴを起こすときだけにするべきだ。

足：足のポジショニングはフィンガージャムのそれと同じだ（2-3-1 参照）。ただし、トウジャムではなくフットジャム（3-2-1 参照）を使うこと。

　斜上するクラックに足を入れた状態で使うテクニックは他にもある。まず基本的なフットジャムと同じように足をクラックに入れる。次に、膝を回してクラックの線に合わせるのではなく、踵を下に落として足の甲（シューズの紐が通っている部分）が上のクラックの内壁に押しつけられるようにする。これはクラックの傾きが強く、上に登るというよりもトラバースに近い場合にとても有効なテクニックだ。

3-3-2　コーナークラック

　ハンドサイズのコーナークラックでは、手と足それぞれにさまざまなポジショニングがあり、それによって登り方も変わる。ここからは手足の使い方と、それを用いてどのように登るかを、いくつか選んで紹介する。どのポジションがよいか悪いかということはなく、状況に合わせて適切なものを選択してほしい。疲れているか？　速く登る必要があるか？　慎重に登るほうがよいか？　登っているコーナーの角度にはどの登り方がベストか？　こうした要素を考え合わせて、最適なポジションを導き出すようにしよう。

■手について

　手のポジショニングを解説する前に、「内側の手」と「外側の手」という便宜上の区別について説明する。コーナークラックの種類については、2章4図39〜42を参照。

- 内側の手：コーナークラックにジャムをして登るところ（フェイスクラックを登るように）を想像してほしい。体の左側がコーナーの壁に擦れている場合は、左手が内側の手ということになる（図40、41）。
- 外側の手：コーナークラックにジャムをして登るところ（フェイスクラックを登るように）を想像してほしい。体の右側がコーナーの壁から離れている場合は、右手が外側の手ということになる（図40、41）。

　以降の解説では、左右の区別は上の例を想定している。

組み合わせ1：外側の手が逆手（上の手）、内側の手が順手（下の手）

　これは、クラックをレイバックの体勢でジャミングを使ってより安定させながら登るものだ（図58）。このポジションは速く登っていきたいときに便利だ。この体勢で登るときには、次のポイントも押さえておくとよい。

- 手首を使う：上体を傾けてクラックから離すときには、手首をクラックの縁に当ててここにフリクションが生じるようにするとよい。十分にフリクションが得られれば、親指の負担を軽くして、消耗を抑えられる。
- 前腕を使う：ジャミングがカップハンドの場合、前腕を深くまで入れてもよい。クラックに入れた前腕にもフリクションが生じ、そこに体を預ければパンプや手の疲れを大いに和らげることができる。

組み合わせ2：外側の手が順手（上、もしくは下の手）、内側の手が順手（上、もしくは下の手）（図59）。

　これは、コーナークラックに正対して登る体勢になる。クラックに入れたジャミングが見えている状態で、体がコーナーの壁に当たってそこにもフリクションが生じている。これを活かせば腕の負担が減る。このポジションは、コーナーの中に体を入れて安定させつつも、登るペースは崩したくない、というときに便利だ。

図58　コーナークラックでのポジショニング：組み合わせ1

組み合わせ3：外側の手が順手（下の手）、内側の手が逆手（上の手）（図60）。

このポジションでは、体がコーナーの壁のほうに振られて当たり、そこからフリクションを得ることができる。このポジションを取るとずるずるとした登りで動きは遅くなるが、一手一手確実に登ることができる。コーナーの壁（体が当たっている壁）の傾斜が緩くスラブになっていて、かつパンプや疲れでレストが必要だと感じるときには、このポジションを選ぶとよい。

■ 足について

ハンドサイズのコーナークラックでは、足の使い方にはさまざまな選択肢がある。コーナークラックに正対して登る場合（前述の組み合わせ2、3）には基本的なフットジャムを決めるのがベストだ。しかし、レイバックの体勢でジャミングをして登る場合（前述の組み合わせ1）には、さまざまな足使いが考えられる。

足のポジショニングを解説する前に、「内側の足」と「外側の足」という便宜上の区別について説明する。

- **内側の足**：レイバックの体勢でジャムをしながら登っているときに、クラックに近いほうにある足。体の右側が岩に当たっているときには、右足が内側の足ということになる。
- **外側の足**：レイバックの体勢でジャムをしながら登っているときに、クラックから遠いほうにある足。体の右側が岩に当たっているときには、左足が外側の足ということになる。

組み合わせ1：内側の足はピンキー・ランド・スメア（2-3-2参照）をするが、爪先はできるだけクラックの中へ入れる。外側の足は、クラックの外側の壁にスメアリング、もしくはエッジングする。このテクニックは速く登っていきたいときに便利で、両足をスメアリングにするよりも安定する。

組み合わせ2：内側の足は組み合わせ1と同様、クラックに入れる。外側の足は内側の足よりも上に置き、ビッグトウ・ランド・スメア（2-3-2参照）をするが、爪先はできるだけクラックに入れる。組み合わせ1よりもさらに安定するが、登るペースは遅くなりがちだ。

図59　コーナークラックでのポジショニング：組み合わせ2

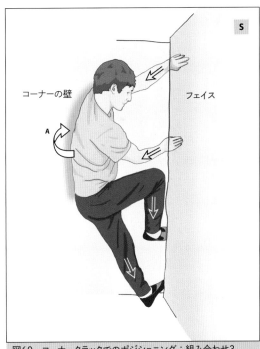

図60　コーナークラックでのポジショニング：組み合わせ3

組み合わせ3：内側の足は組み合わせ1と同様、クラックに入れる。外側の足は基本的なフットジャムを決める（筆者は内側の足よりも上に決めることが多い）。これはレストをするのに適したポジションで、両足がクラックにねじ込まれているためさらに安定感がある。

組み合わせ4：両足をクラックの外に出し、スメアリングもしくはエッジングで立つ。これは速く登りたいときに便利だが、フットホールドが乏しい場合は持久力が必要になる。一方、よいフットホールドがあればレストしやすいポジションだ。

3-4　動き方

ハンドクラックには、フィンガークラックのような明確なシークエンスに従わなくてもよいことが多い。ジャムはあまり場所を選ばず、場合によってはどこにでも決められる。決まったシークエンスがないわけではないが、普通は登るなかで取ったポジションや起こした動きがシークエンスだといっていいだろう。ここでは一般的な動き方のルールと、動き方のテクニックをいくつか紹介する。

図61　よいポジション：クラックの線に合わせたハンドジャム

（図中）クラックの線に合わせる

■一般的な動き方のルール

ハンドクラックでの一般的な動き方には、いくつか基本的なルールがある。これを守ることでパンプしにくくなり、効率よく、安定した登りができる。手と足のテクニックが完璧でも、ここを疎かにすれば、クライミングが必要以上に難しくなってしまうだろう。

1　動かないときにはよいポジションを保つ：関節や靭帯、骨、そしてジャムをしている部分のフリクションを利用してぶら下がる。腱や筋肉を使ったり、腕を曲げた状態でぶら下がろうとしないこと。上の手は頭よりもある程度上にジャムを決めるようにしよう。こうすることで、体を壁に近づけて足にしっかりと体重を乗せられ、壁から離れる方向に力がかかりにくくなり、腕の負担は軽くなる。ありがちな失敗は、ジャムを胸や目の高さに決めてしまうことだ。こうすると、壁に体を近づけるのに腕で引きつけるしかなくなり、力を入れ続けなければならない。腕を曲げてぶら下がる格好になり、肘はクラックの線に合わせられず外側に飛び出してしまう。クラックを登るときのポジションとしては、最も不必要な力が入った状態になってしまうわけだ。

2　動くときにもよいポジションを保つ：上に向かって登るときには、筋肉と腱を使って引く。関節を回したり、手足を伸ばしきったりはしない。肘を真っすぐにしたまま肩の関節を支点に体を上へ動かそうとすると、体が横に傾いてレイバックの体勢になり、クラックの線から外れていってし

まう。まるでカカシがクライミングをしているような状態だ。そうではなく、体の軸をクラックの線に合わせた状態で肘を曲げて、体を引き上げていく（図61）。真っすぐな線に沿って引きつけたり押し上げたりするように心がけ、関節はむやみに動かさないこと。

3　体を縮めすぎない：手と足が近くなりすぎると、体の重心は壁から外に吐き出され、1番目のルール（上述）を破るも同然になる。片方の足をもう一方の足の上に上げようとすると、膝も体の軸に対して外側を向いてしまう。膝がクラックの線から外れてしまうと、フットジャムの効きが必然的に悪くなるので注意。

4　体を伸ばしすぎない：体を伸ばしすぎると、重心が壁に近くなって真下に荷重することができる（これは体が縮こまっているときよりは、はるかに力を使わない）が、基本的なジャミングのテクニックを使うことができなくなる。クラックを登りながら体を伸ばしきると、体の部位をクラックに入れにくくなってしまい、ジャムの効きが悪くなる。また、体を伸ばしきると、下の足がクラックの中で下を向いてしまう。フットジャムをするときには足をクラックに対して90度に保つようにしたい。

5　足の動きについて：普通のクライミングの原則を応用する。互いに逆側の手足を使って登ると、より効率のいい動きになる。例えば、左手を引きつけながら右足で体を押し上げる。この原則は、クラッククライミングでも基本となる。左手で引いて右足で押す、もしくはその逆だ。この動きは使う力が少なく、ドアのように体が回って岩から剥がされるのを防ぎ、引き上げる際には体の左右両側に荷重を分散させることができる（図62）。

　手と足の動きは、シークエンスの関係上、常に可能とはかぎらないものの、できるだけ同じ距離で行なうようにしたい。遠い一手を繰り出すのであれば、足はハイステップをしてそれに合わせる。手の動きが小さければ足の動きも小さくする。こうすることで、体を縮めすぎたり伸ばしすぎたり

北ウェールズ・アングルシー島、ゴガース上段のザ・ストランド（The Strand E2 5b）の最初のセクションをレイバックで登るリチャード・コナーズ。この43mの長大なクラックでは、大量のトラッドギアが必要になる　© Mike Hutton

せずに登ることができる。

■ペース

　スプリッタークラックではペースを一定に保つようにしよう。リズムよく登っていくことでパンプしにくくなる。例えば、一定の手数登ってギアを決め、一定の回数それぞれの手をシェイクする、というのを繰り返す。こうすることで登りによいリズムが生まれ、レストしすぎたり、逆にレストしなさすぎたりしてパンプしてしまうことがなくなる。

■ハンド・オーバー・ハンド

[左右交互に手を出す]

　左右交互に手を出していくのが、ハンドクラックの登り方としては一般的だ。これは下の手をクラックから抜いて上の手よりもさらに高い位置にジャムを決めて登る、というものだ。順手と逆手の組み合わせは、ジャムの種類、傾斜、クラックの角度などによって変える。

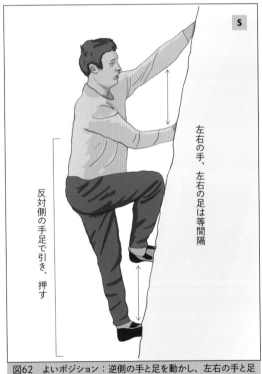

図62　よいポジション：逆側の手と足を動かし、左右の手と足は等間隔に

（図中）S
左右の手、左右の足は等間隔
反対側の手足で引き、押す

- 左右交互、順手：クライミングの体勢が楽で、速く登りたいときによく使う組み合わせ。速く登りたい場合は、一手一手大きく動くとよい（大きなムーヴで距離を稼ぐことで、登る時間を短くする）。後述の「大きなムーヴ」を参照。
- 左右交互、逆手：細いサイズのクラックでよく使う組み合わせ。逆手にすることでジャムの効きがよくなるが、動きは小さくなる。
- 左右交互、一方が順手、もう一方が逆手：この組み合わせはバランスが崩れやすいので使うことは少ないが、クラックが大きく斜上していて、かつ壁の傾斜が緩い場合は、下の手（順手）を上の手（逆手）の上からクロスして出していくと速く登ることができる。手のポジショニングだけ見るとスイミング（次項）と同じだが、手をクロスさせる分手数が少なくなる。

■スイミング

　一般的な動き方のテクニックにもうひとつ、スイミングがある。この方法では手をクロスさせず、クラックから抜くこともない。上の手は上のまま、下の手は下のままだ。両手の距離を近づけたり離したりと、カニ歩きのように動かして登る。登りは幾分ゆっくりになり、動きも小さくなる。このテクニックは基本的なハンドジャムからフィストジャムまでの、大きめのサイズのハンドクラックで有効だ。

　主に次のような場面で、スイミングは役に立つ。

- クラックから手を抜いて、上に伸ばすのがしんどくなってきたとき。疲れているときには、あまりパンプしていないほうの手を先行させるとよい。上の手（先行させている手）にかかる荷重が大きくなるため、下の手を休めやすくなる。時折上下の手を入れ替えて、下の手を休ませながら登り続けることもできる。
- ジャムの効きが悪く、左右交互に手を出すのが難しいとき。
- ジャムの効くところがクラックのかなり奥にあり、深くまで手を入れなければならない場合。

スイミングの場合、手の組み合わせ方は次の3種類がある。

- 上の手が逆手、下の手が順手（これが最も一般的）。これはクラックがフェイスを斜上しているときや、手首や前腕をクラックの縁に効かせたいときに有効。
- 上の手が順手、下の手も順手。
- 上の手が逆手、下の手も逆手（細いクラックに有効）。

クラックが細く、手全体が入れられないときには、少し違った応用もできる。スイミングの動き（両手を近づけたり離したり）で登るが、手をクラックの中でずらすのではなく、クラックの縁を使ってジャムを決めるために手を引き抜く。手を動かすときに一度引き抜くことで、シンハンドジャムをしっかりと決め直すようにするわけだが、手の動きがひとつひとつ小さくクロスすることもないため、安心感がある。

■大きなムーヴ：ジャムからのムーヴ

順手のジャムからのムーヴ：大きなムーヴは順手のジャムから起こすようにしよう。というのは、手首と前腕の向きが正しいまま、クラックの線に合わせた状態で動くことができるからだ（**図63**）。大きなムーヴをするときには、ジャムをしている手のひらの中心にピンが通っていて、このピンを軸に手と腕が回る、とイメージしよう。起こすムーヴが特に大きいときには、最終的に4本指が下を指し、親指がクラックの奥に向くこともある。

逆手のジャムからのムーヴ：時には、逆手のジャムから大きなムーヴを起こさなければならないこともある。大きなムーヴを起こすために逆手のジャムを引きつけると、肘がクラックの線から外れ、クラックの縁をつかんでレイバックするような格好になりやすい。これを防ぐために、次のテクニックが役立つ。

1 前述した順手のジャムのように、手のひらの中心にピンが通っているとイメージする。腕は真っすぐに保ち、このピンを中心にして回る。そうすると体と肩をハンドジャムよりも上まで動かせる。こうすることで体をクラックの線に合わせたまま動くことができるが、この動きは体を一度岩から離すので肩と体幹の力が必要になる。体を岩から離すときには、背筋を伸ばすために足に力を強めにかけ続けるようにする。ジャムで引きつけるのではなく、ジャムを支点に体を回すというわけだ。この動きは疲れやすいため、垂直以下の緩い傾斜のクラックで使うのがベストだ。傾斜の強い壁でこれをするには、鋼のような腹筋と肩が必要だ！　動いたときの最終的なポジションは、

- 4本指は下を指す。
- 親指はクラックの入り口に向く。
- 肘、肩、腕は真っすぐにして固める。
- 上体は手よりも上の位置にある。

2 ダイナミックに動いて、難しいポジション（肘が外を向いてクラックの縁をレイバックする体勢）で耐えなくていいようにする。このポジションでダイナミックに動くことで、つらい体勢は避けられるが、次のジャムは正確に決める必要がある。

図63　大きなムーヴ：順手のジャムからのムーヴ

■大きなムーヴ：ジャムへのムーヴ

逆手のジャムを決めにいく：可能であれば、大きな動きをするときには逆手のジャムを決めるほうがよい。遠くまで手を伸ばすと、4本指はクラックの内側ではなく上方を向く。決めるのが逆手のジャムであれば、ハンドジャムで最も重要な役割を果たす親指の筋肉を最初にクラックに入れることができる。

順手のジャムを決めにいく：順手のジャムを決めにいくときには、できるかぎりすぐに親指の筋肉がクラックに入れられるように心がける。

■大きなムーヴ：ジャムの切り替え

逆手のジャムを決めたものの、さらにそこから大きなムーヴを繰り出さなければならない、というときには、ジャムを順手に切り替えるとよい。通常、次のような流れでジャムを切り替える。

1　順手のジャムから大きなムーヴで逆手のジャムを決めにいく。

2　上の手のすぐそばに逆手のジャムを決める。

3　上の手のジャムを逆手から順手に切り替える。

4　次の大きなムーヴを起こす。

■効きの悪いジャムから、効きの悪いジャムへのムーヴ

フィンガージャムと同じ（2-4参照）。

■ジャムからジャムへの流れ

順手と逆手どちらでもジャムが決められるというのは幸運なケースだが、ハンドジャムではそれが可能なので、両方を使い分けていくのがいいだろう。順手と逆手を切り替えたほうがよいという

事例をいくつか紹介する。

- **疲れ**：順手でジャミングをすると親指の筋肉がパンプしやすく、逆手でジャミングをすると手首と前腕がパンプしやすい。2つを使い分けることで、使う筋肉を切り替えて休ませることが可能だ。

- **クラックの形状**：クラックの形状によって、どちらの向きでジャムを決めるかが限定されることがある。例えば、クラックの縁の一方がフレアしていたりオフセットしていたりする場合がそれだ。大まかなルールとして、クラックがオフセットしている場合は、突き出しているほうの壁に手のひらを向けるようにする（特に、クラックが細い場合）。これは親指の肉と手のひらが岩に触れる面積が増えるためだ。クラックがフレアしている場合は、親指の付け根あたりの肉をクラックに入れられるとジャムの効きがよくなるため、逆手のジャムにするのがよい（シンハンドジャムも同様。3-1-3参照）。

- **クラックの太さ**：クラックの太さによって、どのようなジャムをするべきかを決めることもできる。大まかなルールとしては、太めのクラックにはカップハンドやカップ・アンド・ツイストがしやすい順手のジャムがよく効く。しかし、このサイズのクラックで順手のジャムばかりを決めていると、親指がとにかくパンプするので、多少効きが悪くても逆手のジャムを織り交ぜることを考えたほうがいいだろう（3-3-1参照）。細いクラックには、シンハンドジャムの解説（3-1-3参照）で述べたように、親指の肉を先に入れることができる逆手のジャムがよく効く。

バーバラ・ツァンガール

バーバラ（バブシ）は女性として最高のオールラウンダーであり、クラッククライミングにおいても実力者だ。ビッグウォールから奮闘的なシングルピッチのルートに至るまで、その活動は幅広い。また、自身でもイタリア北部のオッソラ渓谷でゴンドークラック（Gondo Crack 8c/5.14b R）など多くのルートを初登、2017年にはヤコポ・ラルケルとエルキャプのマジックマッシュルーム（Magic Mashroom 5.14a）の第2登に成功した。

■一番好きなクラックのエリアは？

オッソラにある岩場！ スイスとの国境に近い北部イタリアのカダレゼという村の周りで、切り立った花崗岩と片麻岩の素晴らしい岩壁がたくさんある。ブナの森に隠れるように岩場があって、硬い花崗岩のフレークやクラックに落ち葉の色が映えてきれい。岩は比較的小さくて、粗い花崗岩に完璧なクラックが走っている。私の家から最も近いクラックのエリアで、何度も登りに行ってる。もしイギリスやアメリカにあったら、ボルトが一本もない岩場になっていただろうけど、ここはヨーロッパの真ん中だから、美しいクラックの横にボルトがあって、トラッドクライマーが見たら泣くかもね。最近ではボルトが人知れず抜かれたルートも多い。クラッククライマーの逆襲ってところ。地元クライマーによってとても価値のある岩場に生まれ変わっていると思う。

クライミングだけじゃなくて、オッソラの人々や家族経営レストランだけでも、ここに来る価値は十分にある。コーヒーも最高だし、イタリアだから食べ物ももちろんおいしいしね！

■一番好きなクラックは？

カダレゼにあるザ・ドアーズ（The Doors 8b/5.13d）は存在感があって、クラックのサイズが途中で変わったり多彩な要素が詰まった最高のルート。初めてトライしたときには、クラックの経験がほとんどなくて、トライすること自体が大きなチャレンジだった。ずっとレイバックで登ってすごくパンプして。クラックのすぐ横にフットホールドがあったのがラッキーだったわ……このルートを登れたことは素晴らしい経験になった。間違いなく5つ星！

■クラックでの印象的な体験談は？

ヨセミテのジェネレータークラック（Generator Crack 5.10c）が、初めてトライしたオフウィズスだった。2010年に、経験の浅かったオフウィズスのクライミングの技量を試そうと思って、ハンスヨルグ・アウアーと登りに行ったの。8mのクラックだけど、エルキャプに行く前に腕試しをしよう、って感じでね。

3時間トライしてボロボロになっても、地団太踏むだけでどうしようもなかった。やれることは全部やったのにまったくわからない、ってそのときは思った。今となっては笑い話だけどね。これじゃあ自分たちにエルキャプは登れないだろうとも考えた。膝と肘の怪我が治るのに3日かかった。

結局そのときのトリップは、ハンスヨルグがワシントンコラムのクァンタムメカニック（Quantum Mechanic 5.13a）の最上部近くのハードなピッチで20mの大フォールをして終わった。もちろんそのピッチもオフウィズスだった。彼が手首を骨折して、帰るしかなかった。エルキャプは登りきれなかったけど、ヨセミテで過ごした時間は楽しかったし、あの谷にある素晴らしい壁を登ることができてよかったと思う。

■アドバイス

大きめのサイズのシューズを履くことにこだわらないこと。オッソラは特にそうだけど、クラックに足を入れずに小さなフットホールドに立つのなら、タイトなシューズも必要。それと、何日も登り続けたいならテーピングすること。

Pop Quiz　どちらが好き？

1. フィンガークラックとオフウィズス？　フィンガークラック
2. ステミングとルーフクラック？　ステミング
3. ハンドジャムとハンドスタック？　ハンドジャム
4. ニーロックとチキンウィング？　これはどっちもイヤ！
5. テーピングはする？しない？　何日も登りたいときはする
6. カムとナッツ？　カム
7. クラックなら砂岩？ 花崗岩？　花崗岩
8. 短くてハードなルートと、長くて持久系ルート？　短くてハードなルート
9. 痣と擦り傷、つくるなら？　擦り傷
10. 思わぬ失敗に備えてクライミングパンツを選ぶなら、赤と茶色どっち？　茶色

カリフォルニア、ヨセミテ国立公園のセパレートリアリティ（Separate Reality 5.12a）を登るバーバラ・ツァンガール ©François Lebeau

ミート・ザ・マスター　バーバラ・ツァンガール　79

4　フィストクラック

　フィストクラックを嫌うクライマーの、なんと多いことだろうか。しかしそれは、フィストジャムを効かせるのに苦労するクライマーが多いからだと筆者は考えている。その理由は、このジャムの特性にある。フィストジャムをするとき、拳で生み出せる膨らみはごくわずかで、そのためにパラレル〔平行〕なクラックではジャムの効きが不安定になり、今にも抜けそうに感じてしまうのだ。そういった、フィストジャムが滑ってしまって仕方ないと恐れる人は、今ここでネガティブな印象を変えてしまおう。

　確かに、フィストジャムは滑りそうに感じるかもしれない。だがそれで結構！　なぜかというと、フィストジャムはフリクションに大きく左右されるものだからだ。フリクションに左右されるということは、ジャムを決めるのに力を使う必要がない、ということだ。力が必要ないということは、ジャムを決めるためには感覚とフリクションが重要、ということだ。そして感覚が重要ということは、誰にでもできる、ということなのだ。1章の、クラッククライミングの鉄則4を思い出してほしい。「力よりも骨組みを使う」とは、この場合、肌のフリクションを使うということになる。

　他にも、フィストジャムのよいところは、最も痛みが少ないジャムのひとつだという点だ。フィストジャムでは手の骨ばった部分よりも肉の厚い部分を使うので、まるで羽毛のクッションの間にジャミングをしているように感じられる……というのは言い過ぎかもしれないが、イメージはしてもらえるだろう。

　さて、フィストジャムは力もいらなければ痛みも少ないということがわかってもらえただろうか。それでは早速、フィストジャムの決め方について掘り下げていこう。

ラビリンスキャニオンのウィローバットレスにあるウィロー（Willow 5.11+）をフィストジャムで登るロブ・パイゼム。ユタのグリーンリバーキャニオン　© Andrew Burr

4-1　手のテクニック

4-1-1　基本的なフィストクラック

　冒頭で述べたように、フィストジャムで生まれる膨らみはハンドジャムなどに比べて小さい。そのため、どのようなフィストジャムでもまずはパッシブに決めてみよう。これはつまり、拳を膨らませることに頼るよりも、拳がはまるようなクラックの狭まりを探そう、ということだ。これはほとんどすべてのジャムに言えることだが、フィストジャムについては特に意識すべきだ。最優先事項だと言ってもいい。岩をよく見て、しっかりと効かせられるちょうどいいところを見つけよう。

　フィストジャムの仕組みやテクニックを解説する前に、フィストジャムを決めるときにまず探すべき岩の形状を紹介する。これらはすべてのジャムに言えることだが、フィストジャムに関しては特に重要だ。

- **クラックの狭まりを探す。** クラックの幅が上から下へ徐々に狭くなっていき、拳が抜けない幅

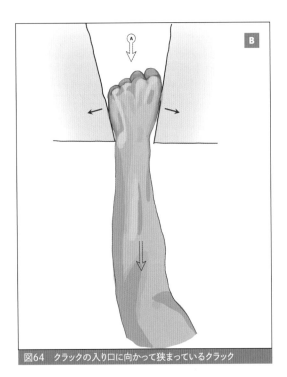

図64　クラックの入り口に向かって狭まっているクラック

まで狭まっているものがベスト。クラックの狭まりによってジャムがパッシブに効き、手でそれほど膨らみをつくる必要がない。クラックの幅が拳の幅より狭くなくても、一切狭まっていないよりはよい。

- **クラックが入り口に向けて狭まっているところを探す。** クラックには内側で広がっているものもあり、そのため上から下へ狭くなっているところと同じように、クラックが入り口に向けて狭まっていてジャムがパッシブに決められるところを探すようにしよう（**図64**）。例えば、入り口に向けて狭まっているクラックにハンドジャムの形（**図44**）で手を入れ、広くなっている内側で拳を握って手前に引く。手のひらの厚みの幅を拳が通り抜けることはできないので、クラックの内側で拳を握ってしまえば抜けることはない。

- **クラックの内側に凹凸や角を探す。** これらは小さな狭まりと同じ働きをして、ジャムが滑るのを防ぐ。微妙なエッジや凹凸でも、クラックの内側に変化を生み、それがジャムの助けになるわけだ。

- **結晶や礫を探す。** これらも小さな狭まりと同じ働きをするが、フィストジャムをするときに拳の側面にできる指の隙間を当てるようにしてもよい。こうすると指を何かに巻きつける形になり、ジャムが安定しやすい。

- **岩のフリクションがある（ざらざらしている）ところを探す。** フィストジャムを決めるには岩とのフリクションがとても重要だ。岩の表面にざらついている部分を見つけられれば、フィストジャムは効かせやすくなる。岩を見たときに、磨かれていかにも滑りそうなところはまず除外して、それから肌の感覚を頼りに表面の微妙な違いを見つけだそう。

- **クラックの縁が尖っているところを探す。** ク

ラックの縁が尖っていれば、そこが食い込むように手首や前腕を当てて、ジャムの助けとすることができる。

■順手［手のひらが下向き］のフィストジャム

強、アクティブ・エクスパンションジャム

フィストジャムとして最も一般的なものがこれだ。ジャムを決めたときには、手のひらがクラックの中で下を向く形になる（図65）。

1　スタートの形1（手の向き）：クラックに手を入れる前に、手のひらが下、手の甲が上を向くように回してクラックの向きに合わせる。指は真っすぐに伸ばし（このとき、指の甲側が自分のほうを向いている）、クラックの奥を指す。

2　スタートの形2（親指の動き）：手をこの向きのままクラックに入れる。手を差し込みやすくするために、まず手の横幅をできるだけ細くする必要がある。そのためには、親指を曲げて手のひらの中心に収め、小指のほうへ押しつけるようにする（3-1-1「基本的なハンドクラック」の「親指の動き」参照）。

この動きによって、手のひらの厚みは増すが、人差し指と小指の付け根が手のひらの中心に向かって丸まり、手の横幅は細くなる。親指を小指のほうへ曲げると、手全体が丸くなって横幅が細くなり、クラックに入れやすくなる。このとき4本の指は力を抜いてリラックスさせておくこと。

3　拳をつくる：手をクラック内の目当ての場所に差し込んだら、4本指を手のひらのほうへ折って親指をかぶせる。4本指の先は親指の筋肉のすぐ上あたりに当て、親指は他の指（通常、人差し指と中指）の第一関節の上に重ねる。何かにパンチを喰らわせるときの拳をつくるイメージだ。

4　拳を握り締める：フィストジャムを正しく効かせるには、拳の必要な部分に力を入れることが重要だ。こう書くと非常に単純に思えるし、実際そうなのだが、それがうまくできずにフィストジャムが効かないという人がいるのも事実だ。岩に触れているのは手の側面、人差し指と小指の付け根あたりの軟らかい部分だ。この部分を硬くして膨らませたい。

ここで最も重要になるのが人差し指と小指だ。拳に力を入れるときには、人差し指と小指の先が手のひらに食い込むように押しつける（指先が手のひらを突き抜けるようなイメージ）ことを意識する。こうすると、手の両側面に力が入って硬くなる。指を押しつけるのをやめると、その部分の力が抜ける。手の側面のどちらかでも力が抜けてしまえば、フィストジャムは効かなくなる。拳の両側ともを硬くして膨らませるためには、人差し指と小指を一緒に手のひらへ押しつけることが重要だ。

5　親指：親指は他の指の関節を上から押さえている格好だが、さらに4本指の先を手のひらに食い込ませるよう上から力をかけると、拳をより強く握ることができる。

**6　拳をつくり、握り締め、親指で押し込むときには、手から手首、前腕にかけて、正しい姿勢を保つことが重要だ。指の付け根から手の甲、手首、前腕まで金属の棒が通っているようにイメージしよう。この棒によって手首は一切曲がらなくなる。手首を真っすぐに保つことで、ジャムを無理なくしっかりと引きつけることができる。手首が曲がってしまうと、引きつけたときにジャムが不

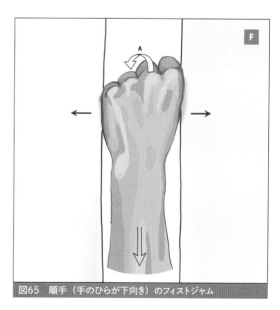

図65　順手（手のひらが下向き）のフィストジャム

安定になり、肘が持ち上がってクラックの線から外れてしまう（クラックの縁を横に引く格好になる）。結果としてジャムの効きは悪くなり、抜けてしまいかねない。

■逆手[手のひらが上向き]のフィストジャム
強、アクティブ・エクスパンションジャム

このジャムは、手を180度回して、クラックの線に沿って手のひらが上（もしくは手前）、手の甲が下に向くようにする以外は、順手のフィストジャムとまったく同じだ（図66）。

クラックの奥深くに逆手のフィストジャムを決める場合は、手のひらは手前、つまり自分のほうを向く。このジャムでクラックに手を入れるときは、ボクサーがアッパーカット（相手の顎に下から突き上げるように当てるパンチ）を放つような動きだが、もちろんそんなに物騒なものではない。

4-1-2　親指のポジションいろいろ
強、アクティブ・エクスパンションジャム

親指のポジションについては他に、4本指で親指を巻き込むものがある。これは前節で紹介した基本的なフィストジャムよりも、数ミリほど幅の広いクラックで有効だ。このテクニックは順手、

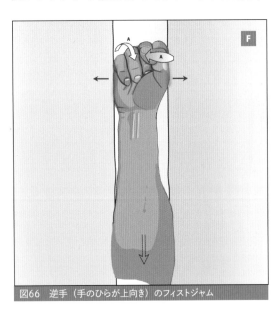

図66　逆手（手のひらが上向き）のフィストジャム

逆手のどちらでも使うことができる。筆者は個人的にそれほど安定感が増すとは感じないため、このテクニックを使うことはあまりなく、幅広のフィストクラックではティーカップジャム（4-1-4参照）を使うことが多い。また、一度拳の中に親指を握り込むと、親指をそれ以上動かせなくなるため、ティーカップジャムに切り替えることができなくなる。しかし、テクニックとして覚えておいて損はないだろう。

■親指を内側に入れる場合
1　順手のフィストジャムと同じスタートの形をとる（4-1-1参照）。ただし、クラックの中で拳をつくるときに、4本指を親指の上にかぶせ、親指が手のひらの中央に収まるようにする。
2　小指の先を手のひらに押しつけ、手の小指側の側面を固くする。親指の上にかぶせている指（人差し指、中指、場合によっては薬指まで）は親指に押しつける。こうすることで親指の付け根の関節がクラックの内壁に強く押しつけられる。この関節がクラックの内壁に当たっているため、通常のフィストジャムよりもいくらか幅の広いクラックに対応できるというわけだ。

■親指を他の指の間に入れる場合
1　これも、順手のフィストジャムと同じスタートの形をとる。
2　クラックの中で拳をつくるときに、親指を手のひらの中央に持ってくるが、親指の先は曲げずに伸ばしておく（手首とは反対の方向へ）。そしてその指先を中指と薬指の間に入れて拳を握る。親指の先が中指と薬指の間から突き出しているのを確認する。小指は手のひらに押しつける。親指にかぶせている指（人差し指と中指）は親指に押しつけるように力を入れる。こうすると、親指側の側面と親指の付け根の関節を岩に押し当てられる。この他にも、親指を人差し指と中指の間に入れてもよい。

4-1-3 フィストジャムを小さくする

■スクウィッシュド・フィスト
〔squished：押し潰された〕

　スクウィッシュド・フィストは、カップハンドジャムとフィストジャムの間の微妙なサイズだ。ジャムの仕組みとしてはフィストジャムで、かなりタイトなサイズで使う。このジャムを決めるときには関節で骨同士が擦れているような独特の痛みがある。一方で、しっかりと決めればこのジャムはよく効く。小さな隙間に大きなものを詰め込めば、簡単には抜けないものだ。

　クラックに手を入れたら、指の動きと拳に力を入れる動きは通常の順手あるいは逆手のフィストジャムと同様だ。ただし、できあがる拳はゆがんだ形になる。クラックに拳を入れるというところは同じだが、その拳をより小さくする点が異なっているのだ。

　拳を小さくするにはサイズによって2種類のやり方がある。

1　太いサイズでのスクウィッシュド・フィスト
強、アクティブ・エクスパンションジャム

　クラックサイズが通常のフィストよりも少し細い場合には、手をクラックに入れる前に手の形を微妙に調整する必要がある。やることは単純で、手の横幅を細くするために、小指と人差し指の付け根をより強く手のひらの中心へ寄せればよい。これには、順手のフィストジャムのステップ1をしてから、小指を薬指の下へ重ね、小指の爪が薬指の腹の下に当たるようにする。人差し指も同様に、中指の下に重ねる。このとき中指と薬指の間は閉じる。次に、親指を手のひらの中央へ向けて曲げ、親指の先が小指の腹に触れるようにする。これで手全体がボウルのような形になる。この形を保ったまま指はできるだけ力を抜き、そのままクラックに押し込む（**図67**）。手の向きは順手でも逆手でもよい。クラックに手を入れたら、通常のフィストジャムのステップ3〜5を行なって、ジャムをしっかりと効かせる。

2　細いサイズでのスクウィッシュド・フィスト
強、コンビネーションジャム
（アクティブ・エクスパンション＋ツイスト）

　人差し指と小指をどれだけ手のひらの中心へ寄せても、クラックが細すぎると手を入れられない。その場合は違うアプローチをとる。クラックが細い場合は、順手のハンドジャムを決めるときの手の形を使う（3-1-1参照）。クラックがいくらか太い場合は、フィストジャムと同じく拳をつくり、手のひらと手の甲がそれぞれクラックの内壁に向くようにする（**図68**）。この向きのまま入れれば、クラックに手を入れるまでは簡単にできる。手がクラックに入ったら、順手か逆手に応じて時計回りまたは反時計回りに手を回す。クラックが拳の横幅よりも細いので、力をかけて手をぐりぐりとねじ込むようにする必要がある。この動きは骨が少し押し潰されそうに感じるだろう。手をできるかぎり回したら、通常の順手のフィストジャムのステップ3〜5を行なう。すでに手がクラックにがっちりはまり込んでいるため、しっかりとした拳をつくるのは難しく、形の崩れたフィストジャムのような見た目になる（**図69**）。やることは単純だが、こうすることで拳がより強く効く。

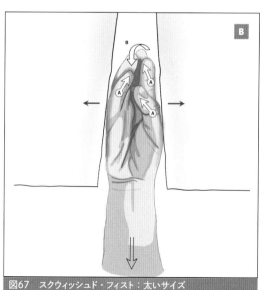

図67　スクウィッシュド・フィスト：太いサイズ

■シュード・フィスト（フィストもどき）

[pseudo：偽の]

中、アクティブ・エクスパンションジャム

シュード・フィストは、クラックの幅が狭くスクウィッシュド・フィストを使うような場面で代わりに使える。スクウィッシュド・フィストを繰り返し決め、関節が痛くなってきたときに使うのもよいだろう。ただし痛みが少ない一方で、シュード・フィストはそれほど効きがよくない。言うな

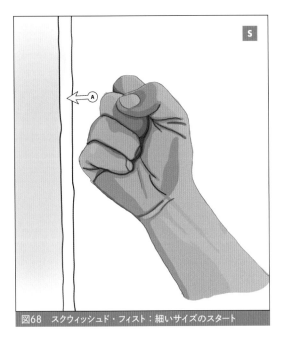

図68　スクウィッシュド・フィスト：細いサイズのスタート

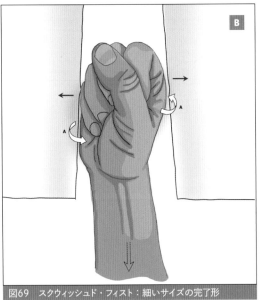

図69　スクウィッシュド・フィスト：細いサイズの完了形

れば4本指で決めるドーナッツジャム（2-1-7参照）で、クラックの縁に引っかかって止まっている状態で、肌と岩との接触面積が大きくないのだ。シュード・フィストを決めるには、ドーナッツジャムの手順どおり、ただし4本指で行なう（図70）。

このジャムは効きが微妙なため、クラックの内壁に凹凸やしわ、結晶、礫などを探して、そこに人差し指と小指の第一関節と第二関節を掛けるようにする。指を掛ける形状がない場合は、このジャムに力をかけることは難しいので、慎重に登る必要がある。

4-1-4　フィストジャムを大きくする

■ティーカップジャム

強、アクティブ・エクスパンションジャム

ティーカップジャムは、フィストジャムのサイズを大きくする素晴らしい方法だ。オフウィズスのテクニック（ハンドスタック、5章参照）を使わずに済み、手を片方ずつ動かすことができる。欠点は、ジャムを決めたときに不安定になりやすく、太いサイズになれば大変痛く感じることが多いという点だ。そのため、思い切ってオフウィズスのテクニックを使ったほうが体勢が安定し、案外痛

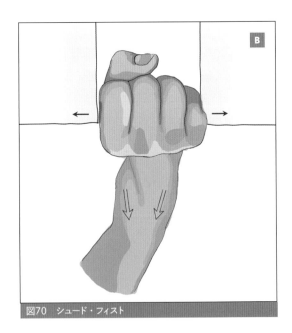

図70　シュード・フィスト

くなかったりすることもある（正しく決められればだが）。要は自分の登る岩と体の条件から、どのテクニックを使うのがベストか判断すべき、ということだ。

とはいえ、個人的には、フィストジャムを大きくしたいときにはティーカップジャムで決まりで、よく使うテクニックのひとつだ。ジャムの決め方は次の2種類がある。

親指を伸ばす：まずスタンダードな順手のフィストジャムのステップ1から2を行なう（4-1-1参照）。ただし拳をつくるときに、親指は4本指の上に重ねるのではなく、拳の横に添える。このとき、親指の腹は人差し指の側面、付け根と第二関節の間に当たる（図71）。この親指の厚みの分だけ、拳の横幅が広がるという仕組みだ。親指は平らにしたまま、親指の腹を人差し指に押しつけて力を入れ、クラックの内壁に圧力がかかるようにする。

親指を立てる：このタイプのティーカップジャムは強烈に痛いこともあるが、ジャムのサイズを1cm程度大きくできる。まずは親指を伸ばすティーカップジャムと同じ手順で拳をつくる。ただし、拳の横に親指を添えるときに、人差し指を曲げてできるくぼみ（第二関節の側面）に親指の先を当てる。こうすると親指の関節が立ち、クラックの内壁に当たる（図72）。岩との接地面が小さく、そこに強い圧力がかかるため、立てた親指が押し戻されそうになる。これを防ぐために、人差し指のくぼみに親指を押し込むように力をかけ、外向きに膨らむ力を強くするとよい。親指の関節にテーピングをせずにこのジャムをすると叫びたくなるほど手が痛い。

■ツイスト・フィスト
弱、アクティブ・ツイスティングジャム

ティーカップジャムに代わる方法として、ツイスト・フィストがある。このジャムは比較的痛みが少ないが、効きも悪い。一長一短とはこのことだ！　例えば、ティーカップジャムはルーフクラックでも問題なく決められるが、ツイスト・フィストは垂直よりも傾斜が強くなると効かせるのは非常に難しい。ツイスト・フィストには2種類の決め方がある。

手首を左右に曲げる：まず初めに、通常の順手のフィストジャムと同じ手順（4-1-1参照）でクラックに手を入れて拳をつくる。拳の両側面がともにクラックの内壁に触れないほどクラックの幅が広いため、ここで手首を左右どちらかに曲げる必要がある。この手首を曲げる動きは、ジャムの瓶の

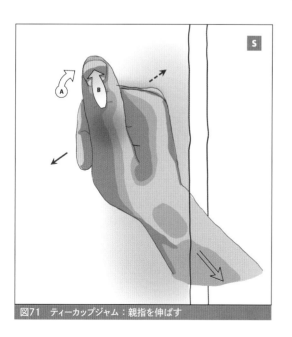

図71　ティーカップジャム：親指を伸ばす

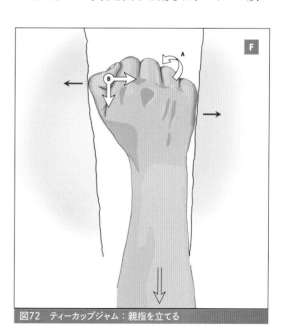

図72　ティーカップジャム：親指を立てる

ふたを開けるときの動きと同じだ。手首の側面が片方のクラックの内壁に当たり、人差し指もしくは小指（手首を曲げる方向による）の側面がもう片方の壁に当たる（図73）。

　また、前腕の側面をクラックの内壁（手首が当たっているほう）に押し当てるのもよい。こうすることで前腕と岩の間にもフリクションが生じるだけでなく、クラックの内壁をより強く押して、ジャムの効きをよくすることができる。

手首をねじる（回す）：手首を、鍵穴の鍵を回すようにねじる。このねじりによって、握った拳のなかで最も離れた2点が岩に当たる。

・右手を使う場合は時計回りにねじる。
・左手を使う場合は反時計回りにねじる。

　手首をねじることで、親指と小指それぞれの付け根の関節がクラックの内壁に当たる（**図74**）。

■サム・エクステンション
弱、アクティブ・エクスパンションジャム

　このジャム〔親指を伸張させる〕は、ティーカップジャムでも効かないくらい幅の広いクラックで使うが、バランスを取る程度にしか効かせられない。例えば、もう片方の手を違うポジションに切り替えたり、足を瞬間的に入れ替えたりする場面で使

う。何かしらのムーヴを起こしたり強く引きつけたりする場面には向いていない。あくまで、ちょっとした動き——微妙に広いクラックのサイズにジャムを効かせたいが、片手しか使うことができない（オフウィズスのテクニックが使えない）といったとき——には、このテクニックが解決のカギになることもあるだろう。

　このジャムは2種類あり、クラックの幅によって使い分ける。

フル・エクステンション

1　誰かに向かって「いいね！」と親指を立てるような手の形をつくる。次に、そのまま手のひらが下を向くように手首を回す（順手のフィストジャムと同じ向き）。最終的にこの形をクラックの中でつくる。拳の小指側が一方のクラックの内壁に当たり、親指の先がもう一方の壁に当たる（図75）。

2　このジャムを多少なりとも効かせるためには、親指を適切な向きで壁に押しつけて安定させることが重要だ。黒板にチョークを擦りつけるところをイメージしてほしい。親指でチョークを押しつけて、そのまま黒板に線を引く、という感じだ。このジャムでも、親指の動きの原理は同じだ。親指をできるだけ硬く保ちながら、クラックの内

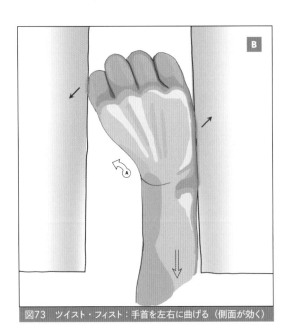

図73　ツイスト・フィスト：手首を左右に曲げる（側面が効く）

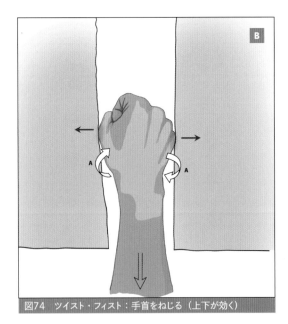

図74　ツイスト・フィスト：手首をねじる（上下が効く）

壁を押し、同時に親指をクラックの入り口に向けて擦りつけるようにする。

ハーフ・エクステンション

1 フル・エクステンションと同じ要領でジャムをするが、親指を伸ばすのではなく第一関節から曲げて決める。クラックの中での手の形は、親指の爪と曲げた関節が一方のクラックの内壁に当たり、拳の小指側の側面がもう一方の壁に当たる。

2 前述の「チョークを擦りつけるイメージ」はこのテクニックでも意識するとよい。親指の腹ではなく甲側をクラックの内壁に押しつけるため、痛みはより強く、親指をしっかりテーピングすることは必須だ。

■フォアアームジャム
定／強、パッシブ・エクスパンションジャム

決め方はハンドクラックで紹介したフォアアームジャム（3-1-6参照）と同じだが、フィストサイズのクラックで効かせるには、クラックに差し込む前の腕の向きを少し変えたほうがよい。

1 まず手の向きは逆手〔手のひらが上〕にする（4-1-1「逆手のフィストジャム」参照）。手と指は力を抜き、前腕を硬くしないように注意する。次に手から前腕までをクラックにできるだけ深く差し込む。このとき腕を上下に細かく動かして奥までねじ込むようにする。多くのクライマーの前腕は普通の人の前腕よりも太いため、クラックの縁は前腕の肘から10cmほど先の部分に当たるはずだ。

2 多少強引にクラックに押し込むと、前腕は自然に膨らもうとするので、それによってジャムが効く。ジャムが滑りそうだと感じるときには、手首を自分のほうへ曲げるとよい。こうするとクラックの中で前腕に力が入って硬くなる（図76）。このとき、親指の筋肉が休められるように手はリラックスさせておくことを心がけよう。手首を曲げるとジャムは効きやすくなるが、クラッククライミングでは悲しいことに、よいものには必ず短所があるものだ。この場合、前腕を硬くしているので、パンプは抜けにくくなる。

■ライトバルブ・チェンジャー[light bulb：電球]
弱、アクティブ・エクスパンションジャム

このジャムを決めるのは、電球を交換するのと同じくらい簡単だ。

1 スタンダードな順手のハンドジャムと同じ手の形をとる（図44）。

2 手から前腕までをクラックに差し込み、前腕

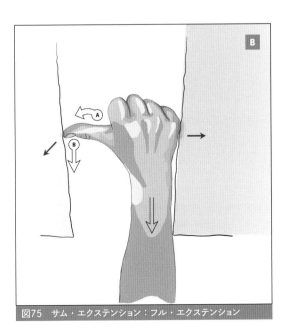

図75 サム・エクステンション：フル・エクステンション

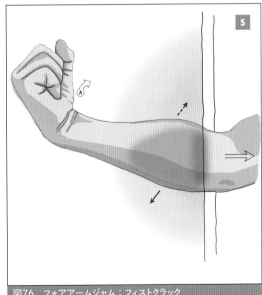

図76 フォアアームジャム：フィストクラック

を一方のクラックの内壁に押し当てる (このポジションでは、手の甲もクラックの内壁に当たることが多い)。

3 次に手首を曲げ、手がクラックの中を横切るようにする。手首を曲げながら、5本の指をすべて開いて硬く保つ (クラックの幅によって、真っすぐに伸ばすか少しだけ曲げる)。指先は前腕が当たっているのとは反対側のクラックの内壁に当てる。

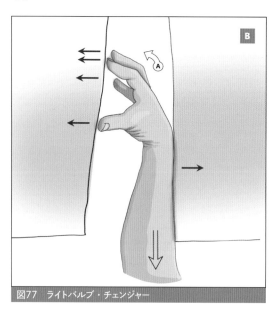

図77　ライトバルブ・チェンジャー

4 開いた指を、ちょうど大きな電球をつかむような形にする。

5 一方のクラックの内壁には1点 (前腕の長さの分)、もう一方の壁には5点 (5本の指先) が接しているポジションになる (図77)。

6 このジャムを効かせるためには、指を伸ばしていても曲げていても、その硬さを保つことが極めて重要になる。そのためには手全体に力を入れ、指先を伸ばしていくようにイメージするとよい。

7 このジャムは比較的細いクラックでも決めることができる。手首から曲げて手全体をクラックに渡す代わりに、指を付け根から曲げてクラックの中を横切らせる。この場合も5本の指先がクラックの内壁に当たるが、反対側のクラックの内壁には指の付け根の関節から手の甲、前腕までが当たっている。

このテクニックの優れた点は、クラックの中のどの深さでも使えるというところだ。クラックの入り口に近く、手首がクラックの縁に当たるような位置でも、腕全体をクラックに入れて、クラックの縁が上腕に当たるくらい深いところでも大丈夫だ。

4-2　足のテクニック

フィストクラックは非常に足を使いやすいクラックだ。このサイズのクラックでは足をそれほど強くねじらなくても十分に効いてくれる。強くねじらないということは痛みが少ないということで、それはつまり、楽に登れるということでもあるわけだ!

■ **プラットフォーム・フット** [platform：土台]
強、パッシブ・エクスパンションジャム

他のパッシブ・エクスパンションジャムと同様、このテクニックも仕組みは非常にシンプルで、細かい工夫をしなくともしっかり効かせることが

できる。このジャムでカギになるのは、「足を使って何をするか」よりも「足をクラックのどこに入れるか」ということだ。そのヒントはこの名前にある。クラックに正しく足を入れられたときには、まるで平らな足場〔プラットフォーム〕の上に立っているように感じられ、とても安心感がある。

まずはクラックの入り口が自分の足の横幅よりも少しだけ狭くなっているところを見つけるのが重要だが、狭すぎると足がそもそも入らないので注意が必要だ。たった1cmの違いではあるが、その微妙なクラックの幅の違いを見極めて、自分の足の横幅と比べられることが、このテクニックを

使いこなせるかどうかに関わってくる。

1 足の向きは、足裏がクラックの方向に沿って下、足の甲が上を向くようにする。爪先は真っすぐクラックの奥へ向ける。つまり、平らな地面に立っているときと同じ形だ。

2 足をクラックに差し込む。クラックの幅を正確に見極められていれば、差し込んだときにシューズの側面がいくらか押し曲げられるはずだ。足を小刻みに動かしてねじ込む（踵を左右に動かしながら押し込む）と、より深くまで入る。最終的には、足の最も幅のある部分〔指の付け根あたり〕がクラックの中で効き、土踏まずがクラックの縁のあたり、踵がクラックの外にある状態になる（図78）。ここでもっと奥まで足を差し込みたくなるが、奥に入れれば入れるほど、登るときに感じる傾斜は強くなる。プラットフォーム・フットは、足をクラックの縁に近いところで効かせるほうがよい。

3 自分の足に対してクラックの幅が広く、ジャムがうまく効きそうにないときは、クラックのもっと奥まで足を差し込みたくなるかもしれない。この場合は、足を踵までクラックに入れ、アキレス腱がクラックの縁のあたりに来るようにす

る。足が適当な位置に入ったら、爪先を左右どちらかにねじって踵の側面をクラックの内壁に当てる。この微妙なねじりで踵が岩に当たり、足が滑りにくくなる。繰り返しになるが、登るときに感じる傾斜が強くなるので、足は必要以上にクラックの奥まで入れないこと。

■ヒールダウン
定／強、アクティブ・ツイスティングジャム

これは幅の広いハンドクラックからフィストクラックまで使えるテクニックで、足をねじって効かせるテクニックよりも痛みが少ないことが多い。傾斜の強いクラックでも有効で、このジャムに立ち上がって体重を乗せればしっかりとレストできるくらい掛かりのよいフットホールドになってくれる。

1 トウジャム（2-2-1参照）、もしくはフットジャム（3-2-1参照）と同じスタートの形をとる。

2 足をそのままの向きでクラックに入れ、クラックの縁が土踏まずに当たるところまで差し込む。次に足の甲（靴紐）を一方のクラックの内壁に当て、土踏まずを反対側のクラックの縁に当てる。このポジションができたら、踵を体の中心に向けて押し下げ、踵の骨が地面を向くようにする。土踏まずはクラックの縁に当たりながら少しずり落

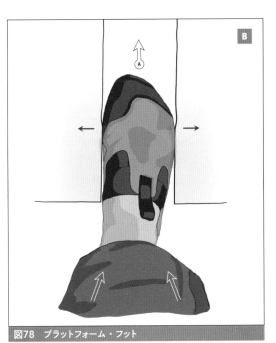

図78　プラットフォーム・フット

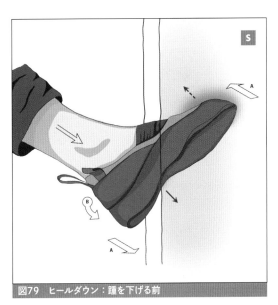

図79　ヒールダウン：踵を下げる前

ち、足の甲は自然と上向きにねじられてクラック
の内壁に強く押し当てられる（図79）。

3　踵を押し下げるときには、脚を真っすぐにし
てジャムをしている足に力をかけるとよい。脚を
真っすぐにすると膝も内側に入り、クラックの線
に合わせることができる。

4　クラックの幅が広い場合は、シューズのイン

サイドエッジをクラックの内壁に当てるとよい。
こうすると、足のポジションはプラットフォー
ム・フットとヒールダウンのちょうど中間くらい
になり、非常によく効く。足の甲がクラックの内
壁にしっかり押し当てられるように、踵は押し下
げ続けること。

4-3　ポジショニング

　フィストクラックでのポジショニングは、ハン
ドクラックのそれとよくに似ている。順手のフィ
ストジャム（手のひらが下）は逆手のハンドジャ
ム（親指が下）、逆手のフィストジャム（手のひら
が上）は順手のハンドジャム（親指が上）に置き換
えて考えればよい。ポジショニングの概要は3章
で取り上げたハンドクラックの解説を参考にして
ほしい。ここでは、フィストクラックに特有のこ
とを解説していく。

　フィストクラックでのポジショニングについて
まず言えるのは、登る際に上の手を逆手にしない
ようにすることだ。逆手にすると体勢が不自然に
なり、登りの効率が悪くなってしまう。これは、絶
対に上の手を逆手にしてはいけない、ということ
ではない。大きなムーヴを起こしたり、特定のシー
クエンスで必要になったりしたときには、このポ
ジションを使うことはありうる。

4-3-1　フェイスクラック

■直上もしくは斜上するクラックの場合

　直上するクラックでは、効きのいいハンドジャ
ムと同じポジショニングで登る（3-3-1参照）。斜
上するクラックの場合は、少し違ったポジショニ
ングになる。フィストクラックでは腕を深くまで
入れられるため、手首よりも前腕をクラックの下
の縁に当てるほうがよい。こうすると前腕と岩の
間にフリクションが生じて、手をうまく休めるこ
とができる。前腕がしっかり効けば、手を完全に

休められることもある。筆者の経験では、前腕の
フリクションだけで体を安定させて、クラックの
中で両手をシェイクすることもあった。

4-3-2　コーナークラック

■コーナークラックの場合

　フィストサイズのコーナークラックのポジショ
ニングは、ハンドサイズのそれと同じ原則があて
はまる（3-3-2参照）。コーナーの場合も、逆手の
ハンドジャムを順手のフィストジャム、順手のハ
ンドジャムを逆手のフィストジャムとして考えれ
ばよい。

手について

　コーナークラックにおいて、ハンドクラックと
フィストクラックでは、どれだけ深く腕を入れら
れるかという点が異なる。レイバックの体勢で登
る場合は、腕を深くまで差し込んで前腕を効かせ
るとよい。また、体を倒して拳の側面をクラック
の内壁に強く当て、フォアアームレバー（3-1-6
参照）の要領でクラックの縁に前腕の大半を当て
て、クラックを押し広げるように梃子の力をかけ
るのもよい。このテクニックは、レストをしたい
ときには特に有効だ。

足について

　足のポジショニングには、レイバックで登るか
クラックに正対して登るかによって2種類ある（3-

3-2参照)。解説する前に、「内側の足」と「外側の足」の区別について説明しておく。なお、この区別はレイバックでも正対でも同じである。

- 内側の足：登り方に応じて、クラックに近いほうにある足。レイバック＋ジャミングで体の左側が岩に当たっているときには、左足が内側の足になる。正対＋ジャミングで体の左側がコーナーの壁に当たっているときは、左足が内側の足。

- 外側の足：登り方に応じて、クラックから遠いほうにある足。上の内側の足の例を取れば、右足が相当する。

1　レイバックで登る場合：

- 内側の足：内側の足はクラックに入れる場合、下の足になる。足の置き方はピンキー・ランド・スメア（2-3-2参照）と同じだが、足全体、つまり爪先から足首までほぼすべてがクラックに入る。シューズのソールは一方のクラックの内壁に押しつける。その形を保ったまま脚（膝から下）を少し持ち上げ、足の甲で足首に近い部分がクラックの縁に当たるようにする。縁の尖ったクラックでこの動きを繰り返すと、足首が痛くなるため、ハイカットのシューズを履くとよい（図80）。

- 外側の足：こちらの足はクラックに入れる場合、上の足になる。このポジションでは、ヒールダウンを使うのがよい。もちろんエッジングやスメアリングができる場所があればそれを使うのもよいだろう。

2　クラックに正対して登る場合：

- 内側の足：上の足、下の足どちらの場合でも、プラットフォーム・フットまたはヒールダウンのテクニックが使える。

- 外側の足：プラットフォーム・フットを決めるのがベスト。ヒールダウンを使うこともできるが、コーナーの壁が邪魔になって足をねじりながら踵を下に押し下げる動きがしにくくなる。

　この他に、コーナーの壁を活かして登る方法もある。このテクニックはコーナーの形状さえあればどこでもできるが、特にクラックの幅が広く足のジャムをしにくい場面で役に立つ。

1　プラットフォーム・フットと同じようにクラックに足を入れる。

2　足首をねじり、シューズのアウトサイドエッジがクラックの内壁に当たり、踵のインサイドエッジがコーナーの壁に当たるようにする（図81）。

図80　コーナークラック：レイバックでの内側の足

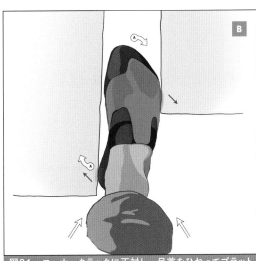

図81　コーナークラックに正対し、足首をひねってプラットフォーム・フットを決める

- このテクニックは、内側の足でも使うことができる。その場合は、インサイドエッジがクラック

クの内壁にねじれながら当たり、踵のアウトサイドエッジがコーナーの壁に当たる。

4-4　動き方

ハンドジャムと同じく、フィストジャムで登る場合も明確なシークエンスはないことが多い。そのため、フィストジャムにはハンドジャムの動き方と同じ原則があてはまる（3-4参照）。ただし、大きなムーヴに関する違いを以下に述べる。

■大きなムーヴ

フィストジャムを決めるときには前腕をねじる動きがない（ジャムを決めると自然に腕がクラックの線に合う）ため、順手、逆手のどちらからでも大きなムーヴを繰り出すことができる。原則は、順手のハンドジャムと同じ（3-4参照）ように行なうが、フィストジャムの場合は、手のひらの中心をピンが通っているのではなく、手で鉄棒を握っていると考える。この鉄棒を中心にして拳を回し、大きなムーヴを起こすというイメージだ。例えば、

逆手のフィストジャムから手を伸ばす場合、手のひらが上を向くポジションから手のひらがクラックの奥のほうを向くポジションに変わる（図82）。

■大きなムーヴ：ジャムからのムーヴ

逆手のジャムからのムーヴ：逆手のジャムから動きを起こすほうが力を入れやすく、動きも安定する。これは、逆手のほうが上腕二頭筋を使いやすいからだ。例えば、ダンベルをつかんで肘を手前に曲げる動きをイメージしてみよう。逆手のほうが順手よりも楽に感じるはずだ。この向きで決めたフィストジャムには力を入れやすいため、強く引きつけるときや、次のジャムを正確に決めるためにゆっくり動きたいときなどには逆手がよいと言える。

順手のジャムからのムーヴ：順手でフィストジャ

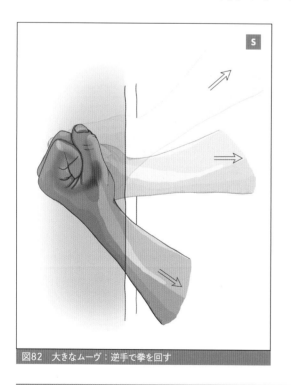

図82　大きなムーヴ：逆手で拳を回す

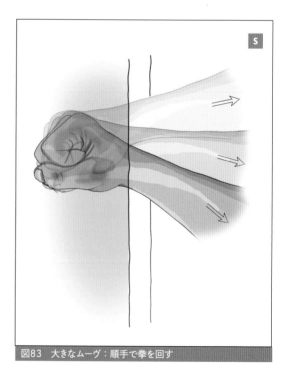

図83　大きなムーヴ：順手で拳を回す

ムを決めている場合、大きなムーヴのために強く
引きつけても、逆手ほどの安定感は得られない。
しかし、腕を完全に伸ばした状態で動くには非常
によい（関節を使ってぶら下がる、まさに「力より
も骨組みを使う」例だ）。腕の関節を完全に伸ばし
てクラックから体を離す、という動きは、逆手の
場合よりもやりやすい。この動きは、垂壁から水
平ルーフのほうへ手を伸ばしていくときに非常に
役に立つ。関節を使ってぶら下がり、体をクラッ
クから離して、後ろへ大きく手を伸ばすことがで
きるわけだ。

　つまり大まかに言えば、ジャムを引きつけて
安定した動きをしたいときには逆手（**図82**）、ク
ラックから体を離して大きなムーヴをするときに
は順手（**図83**）、ということだ。

■大きなムーヴ：ジャムへのムーヴ

順手のジャムを決めにいく：大きなムーヴでフィ
ストジャムを決めにいく場合は、順手の向きにし
たほうが自然であるため、まずは順手で決めるこ
とを考えよう。

逆手のジャムを決めにいく：大きなムーヴで逆手
のフィストジャムを決めにいくと、体勢が少し不
自然になるため、岩の形状やシークエンスによっ
てやむを得ない場合以外は避けるようにしたい。

ノルウェーを代表する山ステティンドにあるヴェステゲン
（Vesteggen　ノルウェーグレード6　E1）を登るロブ・パイゼム
© Andrew Burr

ピーター・クロフト

ピーターはヨセミテのクライミング史におけるレジェンドであり、彼の行なったフリーソロやその継続登攀はまさに時代を先取りしたものだった。史上初めてロストラム（The Rostrum）とアストロマン（Astoroman ともに 5.11c）を 1 日で継続してフリーソロしたのも彼だ。

■一番好きなクラックのエリアは？

ヨセミテと言わざるを得ないね。クライミングの内容が多彩で、ルートの量も長さもあって、それに気候もいい。インディアンクリークがいいって言う人もいるね。ロワーダウンで降りてこられるし、プロテクションも取りやすいからだと思うよ。でも、そういうことができないし、そもそもする必要もないからこそ僕はヨセミテを推す。だって花崗岩だからね。

■一番好きなクラックは？

困ったな。シングルピッチとしてはロストラムルーフかなぁ。ただし、取付は地上から 250 m のところだけどね。ビレイ点から 5 m 登ったところでリップを越えると、ビレイヤーは視界から消えて、完全に独りぼっちになる。ルートがある場所も、すっぱり割れたクラックも素晴らしいし、パーティができるくらい岩の頂上が広いっていうのもいいね！

■クラックでの印象的な体験談は？

恥ずかしいものから誇らしいものまで、それこそ山ほどあるよ（頭の中には、だけど）。適当に挙げてみようか。ヨセミテのカスケードフォールズにあるティップス（Tips 5.12a）っていうフィンガークラックをフリーソロしにいったときのこと。周りに誰もいなくて最高、と少なくともそう思ったね。ルートの長さは大体 30 m で、12 m くらい登ったところでキーキー甲高いさえずりのようなものが聞こえたんだ。クラックの中を覗き込むとコウモリがいて、僕の指のほうに這ってくるところだった。彼にとってはまさに人肉食べ放題みたいな状況だったわけだ。僕は登るペースを速めたんだけど、彼の動きも速くなって、僕はフィンガージャムで、彼はウィングバーでクラックを登っていったんだ。まるでなにかの異種格闘技をしているようだった。さらに 10 m くらい登ったところで彼を引き離して、安心してため息が出たよ。だけどティップスはトップアウトせずにアンカーで終了するルートで、ラペルして降りなきゃいけない。そもそもロープなんて持ってきていなかったから、チョークアップして、覚悟を決めて急いでクライムダウンした。当然、彼はクラックの中で待っていて、今度は下へ向かって競走した。地面まで降りたら、手は無事かって確かめてしまった。どんなクラックでも、無傷で終わってこそ胸を張れるからね。10 本の指をよく眺めまわして、齧られた痕はないとわかって口元が緩んだよ。

■アドバイス

フィンガークラックとハンドクラックに言えることだけど、最も大事なのは順手を使うこと。これだね。できるかぎり順手で登るようにすれば、少ない力でより遠くまで手を伸ばすことができるよ。

Pop Quiz　どちらが好き？

1. フィンガークラックとオフウィズス？　オフウィズスはケイビングの入門編みたいなテクニックだから、僕はフィンガークラック。
2. ステミングとルーフクラック？　五分五分だね。
3. ハンドジャムとハンドスタック？　それ、本気で聞いてる？
4. ニーロックとチキンウィング？　この本って、ケイビングの本だっけ？
5. テーピングはする？　しない？　テーピングは治療のためのもので、遊びに使うものじゃない。薬と同じだよ。ある程度はね。
6. カムとナッツ？　使えるときにはカム、そうでなければナッツ。
7. クラックなら砂岩？　花崗岩？　砂岩は半分砂みたいなものだから、花崗岩。100％岩だからね。
8. 短くてハードなルートと、長くて持久系なルート？　長くて持久系なルートがいいけど、サイズによるかな。
9. 痣と擦り傷、つくるなら？　痣か傷かで選ばなきゃいけないなら、僕は一日テレビを見ながらごろごろしているのがいいな。
10. 思わぬ失敗に備えてクライミングパンツを選ぶなら、赤と茶色どっち？　白。尻ぬぐいは自分でしてね！

カリフォルニアの東シエラネバダ、カーディナルピナクルのザ・プラウ（The Prow 5.12b）を登るピーター・クロフト ©Kevin Calder

5　オフウィズス

フィストサイズよりも幅が広いクラックは、オフウィズスに分類される。「オフウィズス〔offwidth〕」とはつまり、快適に登れる幅〔width〕から外れた〔off〕広さということだ。多くのクライマーがオフウィズスを毛嫌いしている。最初に学んだ普通のクライミングのスタイルとはかけ離れていて、クライミングを始めたてのころに戻ったような感じがするからだ。多くの人が、クラックの縁や中でクリンプをしてみたり、コーナークラックであればレイバックしてみたりガストンで持ってみたりと、まったく違うアプローチが必要なものに対して普通のクライミングのテクニックでなんとかしようとする。オフウィズスが忌わしく感じられる理由はここにある。

こう考えてほしい。ロードバイク専門の人が初めてマウンテンバイクに乗ってダウンヒルをしに行ったら、どう感じるだろうか。自転車の乗り方は当然知っているとはいえ、もしそこでロードバイクに乗るときのようにやってしまったら、それこそうまくいくはずはないだろう。うまく乗りこなすためには、まったく新しいスキルを学ぶ必要がある。そうしないとケガをするのは時間の問題だ！　同じことが、普通のクライミングとオフウィズスクライミングにも言えるわけだ。クライミングの経験があるとしても、新しいスキルを学んでうまく登れるように、初心に戻らなければならないのだ。

オフウィズスクライミングは、正しい登り方ができれば、思ったほど痛くてしんどくて不快なものではない。もしその技術がなければ地面から離れるのもやっとで、何とか登り始められたとしても、目隠しをしてワニと格闘しようとするようなものだ。すぐに家に帰りたくなることだろう。

ここで、アメリカのオフウィズスクライミングの先達であるボブ・スカルペリの金言を紹介しよう。「ボクシングはスウィート・サイエンスとも呼ばれる。オフウィズスクライミングはクライミングにおけるスウィート・サイエンスだ。その荒々しさの裏に技が隠されているからだ。熟練のボクサーは素晴らしい技を持っていて、優れたオフウィズスクライマーもそれと同じだ。荒々しく奮闘的で、技なんか通用しないのではないか。そう思うのであれば、それはまったくの間違いだ」

筆者は全面的にボブに賛成だ。オフウィズスクライミングは、その50％が技術、35％が肉体的な要素、10％が諦めない気持ちで、5％が痛みや苦しみに耐える力だ。

忍耐力がたったの5％なのは、テクニックをマスターすればオフウィズスクライミングではそれほど痛みを感じないからだ。テクニックがうまく使えないと、他への影響が出てくる。疲れが顔を出し、疲れはさらにテクニックを使えなくする。そしてテクニックが使えないからあちこちを擦りむきながら無様にゴリゴリ登るしかなくなり、しんどくて痛い思いをして終わってしまうのだ。ではそのテクニックとはどういうものか掘り下げていこう。いつの間にか、あんなに恐ろしく見えた割れ目をスイスイと登れるようになっていることだろう。

カナダ・スコーミッシュのハイパーテンション（Hypertension 5.11a）をハンド／フィストのハンドスタックで登るケイトリン・マクナルティ　© Irene Yee

伝説的クラックマスター、ジョー・ブラウンの足跡をたどり、ピーク・ディストリクトのカーバーエッジで極めて厄介なオフウィズス、ライト・エリミネイト（Right Eliminate E3 5c）に挑むサム・ハマー
© Mike Hutton

■オフウィズス：どちらを向く？

　テクニックを見ていく前に、オフウィズスを登るときに必ず考えなければいけないことがある。どちらを向いて登るかということだ。言い換えると、体の右と左、どちら側をクラックに入れるか？どちらが正解かは実際に登るまでわからないものだが、クラックに体を入れる前にほぼ正確に予想できることが多い。

　ここで、登りだす前に探すべき岩の特徴をいくつか優先度順に見てみよう。

　1　オフセット：オフセットの張り出した部分に背中が当たるように体を入れるとよいことが多い。

　2　鋭いクラックの縁：鋭いクラックの縁は、外側の手で包むように持つことができる。また、体を押しつけてフリクションを得ることもできる。

　3　斜めになっている場所：斜めに割れたクラックでは、傾斜が緩いほうの壁に背中を預けるようにすると体勢がよくなる場合が多い。

　ひとつのオフウィズスがこの複数の形状を併せ持つこともある。筆者は上の優先順位で考えることにしている。例えば、鋭い縁や斜めの部分があっても、オフセットがあればそちらに背中を向けるようにする。

5-1　ハンド＋ハンドのオフウィズス

ハンド＋ハンドのオフウィズスとは、ハンドジャムを2つ組み合わせて効かせるサイズのクラックのことだ（体の他の部位も一緒に使って前進する）。

初めは、両手を組み合わせてひとつのジャムとして決めるのが奇妙に思えるだろうし、どうやって手を上へ進めていけばいいのかと考えてしまうだろう。普通のクライミングなら手は片方ずつ動かしていくからだ。しかしハンド＋ハンドのオフウィズス（加えて、後述のハンド＋フィストのオフウィズス）を登ってみれば、オフウィズスクライミングの魅力がわかってくるはずだ。

両手をひとつのジャムとして動かすには、両手を岩から同時に離すしかない。そして両手を離せれば、それはつまりノーハンドレストができるということだ。こう考えてみよう。このサイズのオフウィズスクライミングは、どのムーヴでもレストになる。公園を散歩するようなものだ！

5-1-1　手のテクニック

クラックの中で両手を組み合わせて使うことを「スタック」と呼ぶ。このサイズのクラックでは、さまざまな種類のスタックが決められる。

■バタフライジャム（順手）

強、アクティブ・エクスパンションジャム、コンビネーションジャム（両手）

ハンド＋ハンドのサイズで最もよく使われるのがこれだ。バタフライジャムという名前は、ジャムを決めたときの手の形からきており、両手をともに順手のハンドジャム（3-1-1参照）にして、手の甲を合わせ、手のひらがそれぞれクラックの内壁に当たるようにする。この形をつくるには、手をクロスする必要がある。これは右手を上にしても、左手を上にしても、どちらでもよい。

ここからの解説は、右手が上になっているものとして読んでほしい。

1　まず左手をクラックに入れる。このとき手のひらはクラックの右内壁に当てる。指先は上に向け、前腕はクラックの線に合わせる。

2　右手を左手の上からかぶせるようにクロスさせ、手のひらはクラックの左内壁に当てる。指先は上に向けるのではなく、クラックの奥へ向ける。手をクロスさせているので、手首はそれぞれの親指側（左手）と小指側（右手）が触れ合う形になる。

3　手が正しいポジションに入ったら、両手で同時にスタンダードなハンドジャムを決める。ここで、両手を同じくらい膨らませ、同程度の力をかけるように心がけよう。こうすることでスタック全体が安定し、よりしっかりと効く。手のひらは岩と、手の甲はもう一方の手の甲に触れていて、右手人差し指の付け根の関節が左手の指の付け根の関節と互い違いに当たるような場合もある。

4　このジャムで引きつけるときにも、両手をうまく組み合わせて使う。両手に均等に力をかける

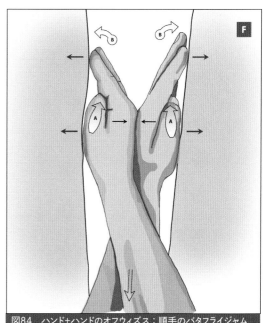

図84　ハンド＋ハンドのオフウィズス：順手のバタフライジャム

5
OFFWIDTH CRACKS

ことで、手がずれずにクラックにとどまってくれる（図84、85）。

5 ハンドジャムをうまく使えば、クラックの幅の変化にも対応できる。クラックが太ければ、ハンドジャムをカップハンド気味にして決める。クラックが細ければ、手をより平らにして決めればよい。細い場合は、タイトなハンドジャムを決めるのと同じ点に注意したい。すなわち、親指を手のひらのほうへ入れられなくても、小指のほうへ曲げ続けること。それによってジャム全体に力が入り、硬さが増す。決めたスタックがクラックから吐き出されないために、ジャムの硬さが重要になる。

6 最後にコツをひとつ。両手の膨らみは同じくらいがよい（上記3）が、どちらかの手がパンプしてきたらこのバランスを少し変えてもよい。これは、親指が曲がりきらないタイトなハンドジャムのほうが、カップハンドよりも疲れにくいという特徴を利用している。パンプした手を少し平らにし、疲れていないほうの手により強く力を入れて膨らませればよい。

■バタフライジャム（逆手）
強、アクティブ・エクスパンションジャム、コンビネーションジャム（両手）

逆手のバタフライジャムはほとんど使われない、ハンド＋ハンドのテクニック。過去にこのジャムを使っている人を見たことはあるが、筆者はこれが他のテクニックよりも有効だったという経験はない。ともあれ、このテクニックはたしかに効くし、レパートリーのひとつとして覚えておいて損はないだろう。

このジャムは両手の甲を合わせて、逆手の向きにして決める（3-1-1「スタンダードな逆手のハンドジャム」図48参照）。左の手のひらはクラックの左内壁、右の手のひらはクラックの右内壁に当たる。手はクロスしない。指先は上またはクラックの奥に向き、両手が左右対称の形になる。それぞれの手はクラックの中で同じ形（ただし左右は逆）になるので、引きつける方向も力も、手を膨らませる力も、すべて均等にすること。

最終的な形（図86）は、エレベーターのドアをこじ開けるような見た目になる。ただし、実際にこの方向に引くと肘が上がり、ジャムを決めるのではなくクラックの縁をガストンで持ちたくなってしまうので注意。

決めたときの手と肘の向きの関係で、このジャ

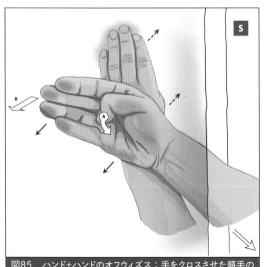

図85　ハンド+ハンドのオフウィズス：手をクロスさせた順手のバタフライジャム

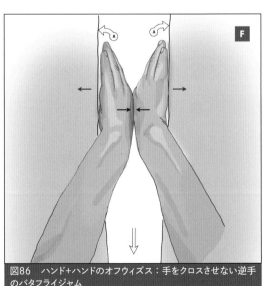

図86　ハンド+ハンドのオフウィズス：手をクロスさせない逆手のバタフライジャム

ムをクラックの奥に決めるのは難しい（フレアしたクラックなら可能）。正しく効かせるために、このジャムはクラックの浅いところで決め、奥まで入れすぎないようにしよう。

　前述したように、このジャムを使う機会は少ない。体勢が不自然になり、腕の向きもクラックの線に合わせにくい。しかし、ジャムの効き自体はよく、場合によっては役立つこともあるだろう。例えば、このサイズのクラックを横切ってトラバースする場合。初めに一方のクラックの縁を引きつけ、このジャムを決め、もう一方のクラックの縁をレイバックして、という流れが考えられる。

■ リバース・バタフライジャム

〔reversed：裏返し〕

強、アクティブ・エクスパンションジャム、コンビネーションジャム（両手）

　このハンドスタックは、両手で決めるジャムの中で唯一、一方の手の甲にもう一方の手のひらを当てる形をとる。一方の手は常に順手で、もう一方の手は常に逆手にして決める。筆者としてはスタンダードな順手のバタフライジャムのほうが

よく効くと考えている。しかしクラックの形状によっては、ジャムを決める位置が深かったり、効きが悪かったりして、バタフライジャムを決めるのが難しい場合もある（例：フレアしたクラックやコーナークラック）。

　また、通常バタフライジャムを決めると岩に正対するポジションになる。これはつまり、肩と肘が邪魔になってクラックの奥まで手を入れにくくなるのだ。そこでクラックの奥でジャムを効かせたいという場合には、リバース・バタフライジャムの出番だ。このジャムを決めると、前腕同士が近くなり、決め方によっては重なる（一方、バタフライジャムでは手首から前腕までが開き気味になる）。さらに、肩の力を抜いて正対のポジションを崩すこともできる。これによって、クラックのより深いところまで手を入れることができるわけだ。

1　一方の手を入れる：先にクラックに入れる手は手のひらを岩に当て、スタンダードなハンドジャムの形をつくる。

2　もう一方の手を入れる：もう一方の手の掌底を、先に入れた手の甲に当てる。このとき、掌底はまず先に入れた手の指のあたりに当て、そこから

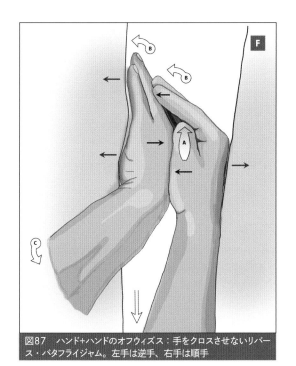

図87　ハンド＋ハンドのオフウィズス：手をクロスさせないリバース・バタフライジャム。左手は逆手、右手は順手

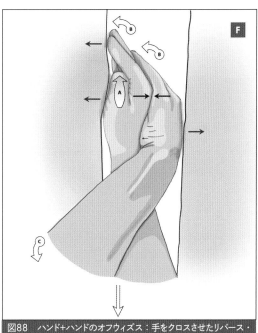

図88　ハンド＋ハンドのオフウィズス：手をクロスさせたリバース・バタフライジャム。左手は逆手、右手は順手

5 OFFWIDTH CRACKS

手前にずらし、両手がぴったり重なるようにする。これで、一方の手の甲にもう一方の手の平が当たる形ができる。次に、後から入れた手もスタンダードなハンドジャムの形をつくる。ハンドジャムのサイズは両者が同じになるようにしよう。

3 後から入れた手は、ハンドジャムの形が崩れてしまいやすい。ジャムの形を保つには、4本指にしっかりと力を込め、親指は小指に向けて押しつけるように力をかけるとよい。

リバース・バタフライジャムには、手をクロスする／しないで、あわせて4つの組み合わせ方がある。

- **クロスしない**：右手を逆手にしてクラックの右側に入れ、左手を順手にする。
- **クロスしない**：左手を逆手にしてクラックの左側に入れ、右手を順手にする（図87）。
- **クロスする**：右手を順手にしてクラックの左側に入れ、左手を逆手にして上から重ねる（図88）。
- **クロスする**：左手を順手にしてクラックの右側に入れ、右手を逆手にして上から重ねる。

5-1-2　腕のテクニック

■バイセップジャム［bicep：上腕二頭筋］

定／強、アクティブ・エクスパンションジャム

バイセップジャム（図89）は、あまり力を使わずに効かせることができ、ハンド＋ハンドのオフウィズスを登っていて片手を休ませたいときに役立つ。このジャムを決めて動く場合は、クラックの縁を上下逆さのカップで持つようにするのがベストだ（後述5）。

ちなみに、上腕二頭筋（力こぶ）がポパイのように太いか、小枝のように細いかで、ジャムの効くサイズが変わる。

1 手の向き：手のひらをクラックの方向に沿って上、手の甲を下に向ける。

2 差し込む：クラックの、肩よりも少し下くらいの位置に手を差し込む。そのときに、腕全体は

伸ばしておく。このとき、肘を曲げたり、力を入れたり、上腕の筋肉を膨らませたりしないように。腕がすっぽりクラックに入り、脇がクラックの縁に当たるくらいまでしっかりと差し込むこと。

3 膨らませる：次に、肘の関節にピンが刺さっているようにイメージする。上腕は動かさず、このピンを支点にして前腕が手前にくるように肘を曲げる（力こぶをつくる動き）。こうすると、手はクラックの外に飛び出す。肘を曲げる動きによって上腕二頭筋と肘の周りの肉が膨らみ、クラックの内壁に圧力がかかる。腕がクラックの中に詰まるというわけだ。

4 レスト：バイセップジャムの効きがタイトであれば、手が自由になり、ジャミングでたまった疲れを抜くことができる。

5 手の使い方：ジャムの効きがタイトでない場合は、ジャムを決めているほうの手でクラックの縁を逆さまのカップで持つとよい（親指が下を指す向き）。こうするとバイセップジャムの安定感が増すだけでなく、肘が微妙にねじれてクラックの内壁に押し当てられる。本来エクスパンションジャムであるこのテクニックに、ツイスティング

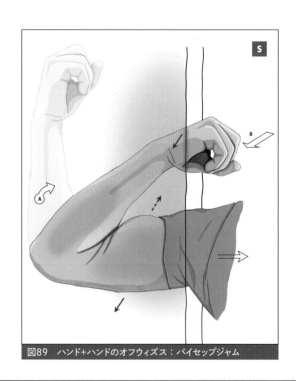

図89　ハンド＋ハンドのオフウィズス：バイセップジャム

ジャムの要素が加わるわけだ。クラックの縁を逆さまのカップで持てないときは、手の側面をクラックの縁に押し当てると、さらに強く肘をねじることができる。この動きは手のどちら側でもできるが、筆者としては小指側の側面をクラックの縁に当てることをお勧めする。

6 もうひとつ、バイセップジャムを効かせるテクニックを紹介する。ジャムをしていないほうの手でジャムをしている手をつかみ、肩に押しつけるように力を加える。こうすると肘の周りの肉と上腕二頭筋がさらに大きく膨らむ。このテクニックでは、ジャムをしていない手を岩から離すことになるため、バイセップジャムの効きを十分確かめてから行なうようにしたい。

5-1-3 脚／足のテクニック

オフウィズスでの脚／足のテクニックについて、内側（クラックの奥にジャムをするほう）と外側（クラックの縁近くにジャムをするほう）の両方から解説する。

■内側の脚／足
脚 カーフロック〔calf：ふくらはぎ〕

強、アクティブ・ツイスティングジャム

1 脚の向き：脚は腰の高さでクラックに入れる。膝と爪先は上を向く。クライミング中は体幹に力を入れて上半身が岩から離れないようにしているが、脚を高く上げれば上げるほど、体幹にかかる負担は小さくできる。脚の位置が低くなると、上半身がクラックから引き剥がされ、登るのに一段と力が必要になる。そのため、脚は高い位置に保つようにしよう。場合によっては、垂壁であっても、内側の脚を手よりも高く上げ、頭あるいはそれ以上の高さでジャムをすることもある。半分逆さ吊りのようなポジションになるが、この動きは体幹にかかる負荷の一部を脚／足に逃がせるので、その高さに脚を入れられるだけの余裕があれば有効だと言える。

2 差し込む：平均的な体格の人であれば、この

サイズのクラックでは、爪先から膝までがクラックに入る（もちろん脚の太さによる）。太ももはギリギリ入らないくらいのサイズであることが多い。

3 ねじる：クラックに脚を入れたら、脚を、鍵穴に差し込んだ鍵のように、時計回りもしくは反時計回りにねじる。筆者は、左脚は時計回り、右脚は反時計回りにねじるのが好みだ。脚をねじると、ふくらはぎの筋肉が一方のクラックの内壁に当たり、脛がもう一方のクラックの内壁（場合によってはクラックの縁にも）に当たる。この動きでジャムを効かせる（図90）。そして、まさにこのジャムの最重要ポイントが、次に解説する足のテクニックだ。

足
クラックの中で脚をねじって効かせたうえで、足の使い方には次の2種類がある。

フロッグド・フット

強、アクティブ・ツイスティングジャム

このテクニックは体勢に無理がなく、決めやすい。というのも、脚をクラックに差し込むと、自然と足先がこの形になるからだ。

・シューズのソールをクラックの奥に向け、爪先は上に向ける（クラックに脚を入れたときの状態）。

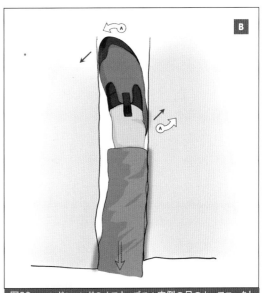

図90　ハンド+ハンドのオフウィズス：内側の足のカーフロックとフロッグド・フット

- 右足で決める場合は反時計回りにねじる。こうすると、踵の外側〔右側面〕とシューズのインサイドエッジ〔親指側〕がそれぞれクラックの内壁に当たる（図90）。ジャムを効かせるには、足首に力を込めてねじることが重要だ。
- このとき、脚も一緒にねじることを忘れないように。脚全体をねじることで、フロッグド・フットが無理なく効かせられるようになる。

バナナ・フット
定／強、アクティブ・ローテーショナルジャム

このジャムは正しく決めるのが難しい。しかしうまく決められれば、よく安定し、もう抜けないのではないかというくらい非常によく効く。

- バナナ・フットは膝から下を90度ねじって決める。まずは脚を、膝の皿が上ではなくクラックの内壁に向くようにねじる。そのためには、爪先をクラックの奥へと向ける必要がある（こうしないと脚をしっかりとねじれない）。バレリーナのような足の形をイメージするとよい。
- 爪先をクラックの奥へ向けながら脚をねじると、足の甲（靴紐が通っている部分）と踵がそれ

ぞれクラックの内壁に当たり、足裏がバナナのようにカーブを描くポジションになる。バナナのポジションができると、クラックの奥へ向けた爪先は自然に手前に戻ろうとし、クラックの内壁に当たっている2点に力がかかる。これによってこのジャムがよく効くというわけだ（図91）。

■外側の足

外側の足は、うまく使えなければクラックの外側でただジタバタさせるだけになりがちだ。外側の足を使えないままで登ると、オフウィズスクライミングは途端に苦しくなる。体のクラックに入っている部分だけでなんとかしようと無理に押し込み、全力でゴリゴリずり上げていくことになるわけだが、そうなると体は当然切り傷や痣だらけになる。実は外側の足こそがオフウィズスクライミングのミソだと言ってもいいくらいだ。外側の足が正しく使えるかどうかが成否を分ける。正しく使えなければ、岩場の下で血だらけになって救助ヘリを呼ぶ羽目になるかもしれない。正しく使えれば、無傷でルートを登りきって家に帰ることができるだろう。これぞまさにオフウィズスマスターだ！

外側の足の使い方はさまざまある。ここでは3つのテクニックを紹介するが、クライマーそれぞれの足首と股関節の柔軟性によって、使いやすいものとそうでないものがあるだろう。また、登るルートの内容によっても決めやすさに違いが出る。

フロッグド・フット（踵から入れる場合）
強、アクティブ・ツイスティングジャム

筆者が外側の足で一番よく使うテクニックがこれだ。おそらく9割はこのテクニックで登っている。ただし、フロッグド・フットを正しく効かせるには股関節の柔軟性が必要なので、使いにくいと感じる人もいるだろう。うまく決めることができれば、効きは非常によい。

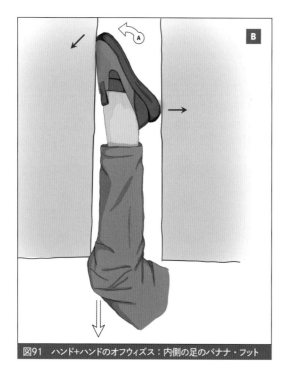

図91　ハンド＋ハンドのオフウィズス：内側の足のバナナ・フット

1 足の向き：外側の脚の股関節を開き、膝の皿がクラックと反対方向に向くようにする。外側の足裏は真下に向け、爪先は膝と同じくクラックとは反対方向に向ける。足の部位は、踵がクラックの入り口に最も近くなる。

2 差し込む：足を踵からクラックに差し込む。クラックの縁が土踏まずのすぐ先に当たるくらいまで深く入れるとよい（おおよそ、足の横幅が一番広くなるあたりまで）。

3 ねじる：踵の外側〔左足なら左側面〕をクラックの内壁に当て、爪先は少し下に向ける。股を開いた体勢で踵をクラックに入れているので、外側の足は自然と股を閉じる方向に動く。この動きを利用して、シューズのインサイドエッジを、踵が当たっているのとは反対側のクラックの縁に当てる（踵はクラックの内壁、爪先はクラックの縁に当たる）。親指の付け根あたりにクラックの縁が当たるようにするとよい。このサイズのクラックは足の長さ〔爪先から踵まで〕よりも細い。そこで爪先がちょうどいい位置にくるように、足をねじるときに爪先を少し下に向けるわけだ。親指をクラックのエッジに当てることで、爪先を使って立ち上がるように力をかけ

ることができる（図92）。

4 このフロッグド・フットを使うときには、クラックの外のフェイスに対して体が真横を向く格好になる（クラックのほうへは向かない）。外側の脚の付け根を開いて、真横を向きながらクラックを登るというイメージだ。

ツイステッド・フット（爪先から入れる場合）
強、アクティブ・ツイスティングジャム

筆者は個人的にこのテクニックをごくたまに限られた条件下でしか使わない。筆者の好みではない。しかしフロッグド・フットよりもはるかに決めやすいことから、大半のクライマーはこのテクニックを好んで使うようだ。実際、ツイステッド・フットは、ハンド＋ハンドのサイズ──すなわちプラットフォーム・フット（4-2参照）がギリギリ効かないくらいのクラックには悪くない選択肢で、足首を少しねじるだけで効かせることができる。

欠点としては、このジャムはフロッグド・フットのように体の自然な動きに任せてはダメで、意識してねじる動きが必要なため、効かせ続けるのが疲れるという点だ。

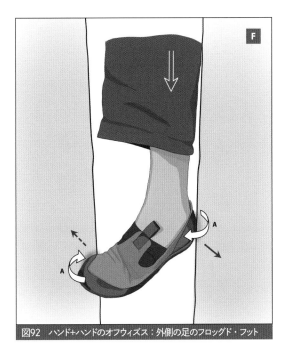

図92　ハンド＋ハンドのオフウィズス：外側の足のフロッグド・フット

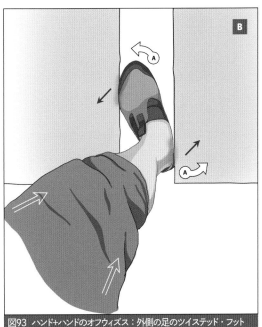

図93　ハンド＋ハンドのオフウィズス：外側の足のツイステッド・フット

1　足の向き：シューズのソールは下に向け、爪先はクラックの奥に向ける。

2　差し込む：足を爪先からクラックに差し込み、踵の内側〔左足なら右側面〕を一方のクラックの内壁に当てる。足は深くまで入れすぎず、踵がクラックの縁のすぐ奥に当たるようにする。

3　ねじる：踵の内側をクラックの内壁に当てたまま、爪先を少し下に向け、足首を体の軸に対して外側にねじる〔左足なら反時計回り〕。そして、シューズのアウトサイドエッジを踵とは反対側のクラックの内壁に当てる。このジャムを決めて立ち上がるときには、外側へねじる力をキープして、爪先よりも踵に体重をかけるようにするとよい。踵に体重をかけることで、爪先（少し下側を向いている）には持ち上がる向きに力がかかり、クラックの内壁により強く押し当てられる。これによってアクティブ・ローテーショナルジャムに近い形ができ、ジャムの効きはよりよくなる（**図93**）。

4　フロッグド・フットは体が真横を向くのに対して、このツイステッド・フットは、体がクラックのほうを向く。股も開かず、クラックに正対する体勢になる。

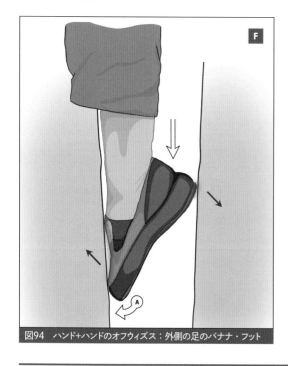

図94　ハンド+ハンドのオフウィズス：外側の足のバナナ・フット

バナナ・フット
強、ローテーショナルジャム

筆者は（他のジャムで事足りていたため）このバナナ・フットを使ったことは一度もないが、フロッグド・フットやツイステッド・フットに不慣れなクライマーが、これを使っているのを見かける。覚えておいて損はないだろう。

1　足の向き：シューズのインサイドエッジ〔左足なら右側面〕が岩の表面と平行になるようにして、その状態で足首を曲げて爪先を下に向ける。バレリーナの爪先をイメージして、踵が爪先よりも上にくるようにする。

2　差し込む：1の向きのまま足をクラックに入れ、踵を一方のクラックの内壁に当てる。

3　ねじる：下に向いている爪先は、力を抜くと自然と元の向きに戻ろうとする。爪先が持ち上がると、足の甲が踵とは反対側のクラックの内壁に押し当てられる。この足で立ち上がるときには、踵のほうに体重をかけるようにすること。そうすれば足がより強く反対側のクラックの内壁に押し当てられる（**図94**）。決して爪先に体重をかけて立ち上がらないこと。そうしてしまうと、踵にかかっていた力が抜けて足が滑ってしまう。

4　ハンド+ハンドのオフウィズスは、このジャムを決めるには非常にタイトだ（もちろん、足の大きさによるが）。そのため、足をうまくクラックに入れられないこともある。その場合は、踵をクラックから出してヒールダウンを使うとよい（4-2参照）。

5-1-4　ポジショニング

オフウィズスでのポジショニングは、体の向きや登るクラックの種類に応じて、正しい組み合わせのハンドスタックを決めることがすべてだ。手の組み合わせ方によっては非常に無理のある体勢になり、前腕（もしくは体全体）がおかしな向きになってしまうが、組み合わせ方を変えれば肩と体の向きがうまく収まるかもしれない。目安として

は、内側の肩（体の右側を入れる場合は右肩）が奥のほうを向き、できるだけクラックの入り口近くに収まるように組み合わせ方を考えるとよい。

ここでは、ハンド＋ハンドのサイズでの7種類の組み合わせを紹介する。続けて、体の向きや登るクラックのタイプに応じて、どの組み合わせがお勧めで、内側の肩が適切な場所に収まりやすいかを解説する。

5-1-4-1　フェイスクラック
■直上するクラックでのポジショニング
（直上するクラックの定義は2-3-1参照）

体の右側を入れて登る〔右肩が壁に近いポジションで登る〕場合は、

- **組み合わせ2**：これがベスト。このタイプのクラックでは、人体の構造的に最も理にかなっている（図95）。
- **組み合わせ3**：このジャムは左右対称の形になるため、右側を入れて登る場合にも使える。
- **組み合わせ5、6**：リバース・バタフライジャムを使うのであれば、この2つがベストだろう。右手を順手にすることで、内側の腕が自然とクラックの線に合い（逆手のジャムのように前腕

をねじる必要はない）、内側の肩がクラックの入り口に近くなる。

体の左側を入れて登る場合は、
- **組み合わせ1、3、4、7**。

■斜上するクラックでのポジショニング
（斜上するクラックの定義は2-3-1参照）

斜上するクラックでは、スタンダードなバタフライジャムよりもリバース・バタフライジャムのほうが有効なことが多い。前腕の下側（手のひら側）をクラックの下の縁に当てるのが一番自然なポジションだ。

■手
クラックが左に傾いていて体の右側を入れて登る場合は、
- **組み合わせ5、6**：これらの組み合わせでは両手のひらがクラックの下の縁のほうに向き、前腕の下側をクラックの縁につけやすくなる。ポジションとしては組み合わせ6（右手の上に左手

ハンド＋ハンドの組み合わせ
手をクロスするバタフライジャム（順手）
　1　右手を左手の上からクロスする（図84）。
　2　左手を右手の上からクロスする（図85）。
手をクロスしないバタフライジャム（逆手）
　3　両手とも逆手で、クロスしない（図86）。
手をクロスしないリバース・バタフライジャム
　4　右手は逆手にしてクラックの右側に入れ、左手は順手。
　5　左手は逆手にしてクラックの左側に入れ、右手は順手（図87）。
手をクロスするリバース・バタフライジャム
　6　右手は順手にしてクラックの左側に入れ、左手は逆手にして右手の上からクロスする（図88）。
　7　左手は順手にしてクラックの右側に入れ、右手は逆手にして左手の上からクロスする。

図95　直上するハンド＋ハンドのオフウィズスでのポジショニング（組み合わせ2）

を重ねる）がどちらかと言えばよい。これはハンドスタックを外して左手を動かすときにも、右手をクラックの内壁に当てていられるからだ。

- **組み合わせ2**：手をクロスするバタフライジャムのほうが効きがよいと感じるときには、この組み合わせがベストだ。これも上の例と同様に、下の手（右手）をクラックの内壁に当てたまま上の手（左手）を動かすことができる。
- **組み合わせ3**：クラックの形状によっては、この組み合わせを使うのもよい。ただし、不自然な体勢になってしまうことも多いので注意。

クラックが右に傾いていて体の左側を入れて登る場合は、

- **組み合わせ1、3、4、7。**

5-1-4-2　コーナークラック
■手
コーナークラックでは2通りのポジショニングが考えられる。

コーナーに体を入れて登る：より確実に、クラックのテクニックを使って真っ向勝負をしたいときにはこちら。

コーナーから体を出して登る：レイバックで登る場合や、何手か後にレイバックで登るために体をクラックから出す必要がある場合、もしくはクラックには正対して登るがコーナーの壁に体を擦りたくない場合はこちら。

コーナーに体の右側を向けて登る場合には、

- **組み合わせ2、4、7**：コーナーに体を入れて登る。
- **組み合わせ1、5、6**：コーナーから体を出して

登る。

コーナーに体の左側を向けて登る場合には、

- **組み合わせ1、5、6**：コーナーに体を入れて登る。
- **組み合わせ2、4、7**：コーナーから体を出して登る。

体をコーナーから出した体勢から、入れる体勢に切り替える場合：レイバックの体勢（コーナーから体が出ている）からクラックに正対する体勢（コーナーに体を入れる）へ移すとしよう。例えば体の右側を入れたいときには、組み合わせ1、5、6を使って体をコーナーに引き込むとよい。手首の向きの関係で、この組み合わせのほうが体をコーナーに入れやすい。体がコーナーに入ったら、手の組み合わせを2、4、7に変え、正対の体勢が崩れないようにする。コーナーに体を入れる前にこれらの組み合わせを使うと、手首の曲がる向きによって体勢が不自然になり、うまくハンドスタックが決められなくなってしまう。

■脚／足
コーナーに体を入れて登る：この登り方で進む場合は、前述のテクニック（5-1-3参照）を使うとよい。その他にも、外側の足はクラックの縁に当てず、コーナーを横切るように置いてもよい（2-2-2「オフウィズス・フット」参照）。

コーナーから体を出して登る：クラックの外のフェイスにホールドがあったり、ブリッジングのポジションをとりやすかったりする場合には、この登り方でもよい。ブリッジングのテクニックとハンドスタックを組み合わせて使うと、オフウィズスの動きで疲れた体を休めることもできる。

5-2 ハンド＋フィストのオフウィズス

　このサイズのオフウィズスでは、空間をうまく埋めるためにハンドジャムとフィストジャムを組み合わせて使う必要がある（前進するために体の他の部分も合わせて使う）。クラックの幅は、ハンド＋ハンドのオフウィズスよりいくらか大きなサイズになる。両手を組み合わせて使うテクニックの中では、このハンド＋フィストのサイズが最も登りやすい。使う体の部位が組み合わせやすく、手（ハンド＋フィストのスタック）だけでなく下半身の効きもよい。このサイズのクラックがマスターできれば、体勢が安定してレストもしやすい。クライミングの効率がよくなり、満足度も高くなるだろう。

5-2-1　手のテクニック

　クラックの中で両手を組み合わせて使うことを「スタック」と呼ぶ。ここでは、ハンド＋フィストサイズのハンドスタックについて取り上げる。これは一方の手をハンドジャム、もう一方の手をフィストジャムにして、両手をひとつのジャムとして効かせるものだ。このサイズのクラックで効く手の組み合わせ方には数多くの種類がある。ここではまず、最もよく使われる組み合わせ方を紹介し、続いて別の組み合わせ方を見ていく。

■ハンド＋フィストスタック

　強、アクティブ・エクスパンションジャム、コンビネーションジャム（ハンドジャム＋フィストジャム）

　まず解説するのは、左手をハンドジャム、右手をフィストジャムで決めるテクニックだ（図96）。もちろん、左右の手を逆にして、左手をフィストジャム、右手をハンドジャムにして使うこともできる（図97）。

1　左手は順手（親指を上）にして、クラックの右内壁に当てる。指先はクラックの中で斜め上（奥

のほう）に向ける。

2　右手は順手（手のひらを下）にして、左手首の上からクロスし、左手のすぐ横に入れる（左右の手首が重なる）。拳の親指側がクラックの左内壁に当たり、小指側は左手の指の付け根に当たる。

3　このジャムをうまく効かせるカギは、両手に力を入れる前にハンドジャムとフィストジャムを正しく一直線に並べることだ。目安としては、左手の指の付け根の関節を、右手の小指を丸めてできるくぼみに当てるとよい。力を入れたときに、この2カ所ががっちり噛み合うようにする。

4　両手に力を入れ、右手はフィストジャム（4-1-1参照）、左手はハンドジャム（3-1-1参照）を決める。両手でひとつの大きなエクスパンションジャムをつくるイメージだ。左手の指の付け根の関節を右手の拳の側面（小指側）に食い込ませると、両手のジャムがずれにくくなる。クラックの内壁にかかる力が均等になるように、両手で同時に力を入れることが重要だ。

5　このスタックは、ハンドジャムの形をつくった後にフィストジャムをはめ込むのではないことに注意したい。そうしてしまうと、両手が正しい位置に収まりにくくなる（指の付け根の関節が拳の中に食い込まない）。まずは手を正しく並べて、左右同時にジャムを決め、均等に力をかけながら、ハンドとフィストをあくまでひとつのジャムとして使えるようにしよう。

6　ジャムを決めたときには、

- ハンドジャム〔この場合、左手〕の手のひら側がクラックの右内壁に当たっている。
- フィストジャムの親指側がクラックの左内壁に当たっている。
- ハンドジャムの甲側（指の付け根の関節）とフィストジャムの小指側が噛み合っている。

　クラックのサイズに合わせてジャムを大きくす

るには、次のような工夫がある。

- ハンドジャムのサイズを変える：カップハンド（3-1-4参照）を使う。太めのサイズでの効きはハンドジャムのほうがフィストジャムよりもよいため、まずはこちらを試してみよう。
- フィストジャムのサイズを変える：ティーカップジャム（4-1-4参照）を使う。

なお、ハンド＋フィストのスタックを決めるときに、次の2つがよくある誤りだ。決してしないように。

- フィストジャムのほうに手のひらを向けない。これでは、ハンドジャムがまったく効かない。「手のひらは常に岩に当てる」と覚えておこう。
- ハンドジャムをするときに指を丸めない（猫の手をつくらない）。これでは、指の甲側が岩に当

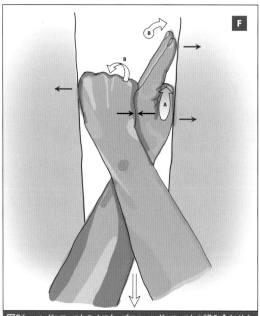

図96 ハンド+フィストのオフウィズス：ハンド+フィストの組み合わせ1

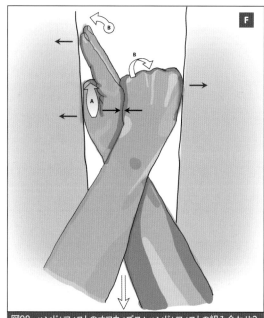

図98 ハンド+フィストのオフウィズス：ハンド+フィストの組み合わせ3

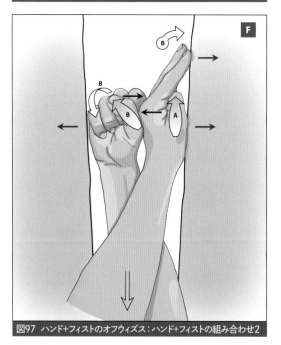

図97 ハンド+フィストのオフウィズス：ハンド+フィストの組み合わせ2

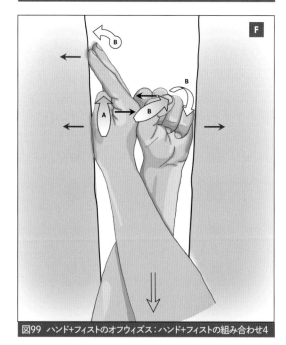

図99 ハンド+フィストのオフウィズス：ハンド+フィストの組み合わせ4

たって傷つき、非常に痛い。「ハンドジャムはハンドジャムのまま。指は伸ばして、親指は小指のほうへ曲げる」と意識しよう。

■ハンド＋フィストの組み合わせ

ハンド＋フィストのスタックでは、手をクロスするかしないか、ハンドジャムが順手か逆手か、フィストジャムが順手か逆手かによってさまざまな組み合わせ方がある。こう書くと、ハンドとフィストをどう組み合わせるかで頭が混乱して、クラックをあれこれと撫でまわす羽目になりそうだが、ここではそれらをできるかぎりかみ砕いて紹介する（図96〜103）。まずは手をクロスするかしないかで大まかに区別し、それぞれの場合の注意点も押さえておこう。

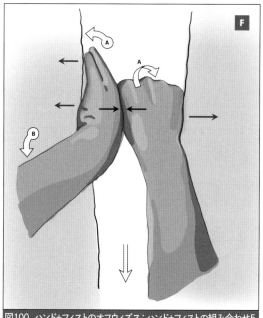

図100 ハンド＋フィストのオフウィズス：ハンド＋フィストの組み合わせ5

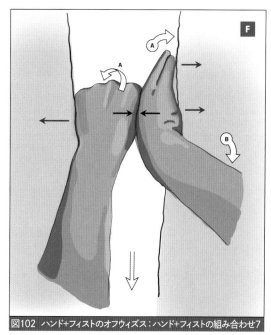

図102 ハンド＋フィストのオフウィズス：ハンド＋フィストの組み合わせ7

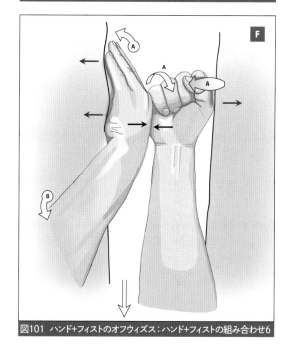

図101 ハンド＋フィストのオフウィズス：ハンド＋フィストの組み合わせ6

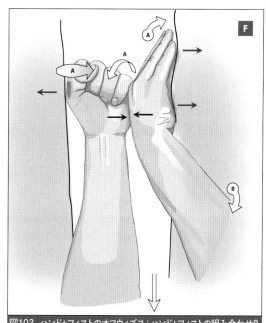

図103 ハンド＋フィストのオフウィズス：ハンド＋フィストの組み合わせ8

手をクロスする場合

- ハンドジャムは必ず順手で決める。
- フィストジャムを順手で決めるとき：フィストジャムをする手を、ハンドジャムをする手の上に重ねる（図96、98）。
- フィストジャムを逆手で決めるとき：フィストジャムをする手を、ハンドジャムをする手の下からクロスする（図97、99）。この組み合わせでは、ハンドジャムをする手の指の付け根が、フィストジャムをする手の親指側（親指を丸めてできるくぼみ）に当たる。上の例の解説をこの形で応用しよう。

手をクロスしない場合

- ハンドジャムは必ず逆手で決める（手のひらは常に岩に当てる！）。
- フィストジャムは順手または逆手で決める。

5-2-2　脚／足のテクニック

　オフウィズスでの脚／足のテクニックについて、内側（クラックの奥にジャムをするほう）と外側（クラックの縁近くにジャムをするほう）の両方から解説する。

■内側の脚／足

ニーロック（脚）

定／強、アクティブ・エクスパンションジャム

　ハンド＋フィストのオフウィズスで内側の脚をうまく効かせるには、ニーロックを使う必要がある。ニーロックは、オフウィズスを登るうえで最も体勢が安定するテクニックのひとつだ。フリクションと脚の筋肉の膨らみだけを利用するこのテクニックは、ほとんど力を使わずに済む。つまり、やり方さえわかれば簡単に決められるということだ。

1　脚の向き：脚は腰の高さでクラックに差し込む（5-1-3「カーフロック」参照）。爪先と膝の皿は上に向け、足の裏はクラックの奥に向くようにする。脚はできるだけ真っすぐに保つ。これは、脚

の力を抜いて最も細くし、クラックに差し込みやすくするためだ。脚が曲がっていると、クラックの奥まで差し込みにくくなり、ジャムの効きに影響するので注意。

2　差し込む：脚を、膝を過ぎるくらいまで（できれば股の手前まで）クラックに差し込む。脚はできるかぎり奥まで差し込みたいので、しっかりと押し込む。押して押して、もっと奥まで押すこと！体の大きな部位は、多少手荒に扱っても大丈夫だ。

3　膨らませる：太ももをクラックに入れた位置でキープしながら膝を曲げ、膝から下をクラックの入り口のほうへ向けて畳む。足首から先はクラックから完全に出す。膝に横向きにピンが刺さっているイメージだ。アキレス腱が太ももの裏につくように意識するとよい。この動きによって太ももから膝にかけての大きな筋肉とその周りの組織が膨らみ、クラックの内壁に圧力がかかってジャムが効く。

4　膝から下を畳むときには、太ももの位置を下げないことが極めて重要だ。腰の高さ、つまりクラックに差し込んだときの位置からまったく動かさないようにする。太ももが下がってしまうと、体重を預けるときに（次項5）クラックから外向

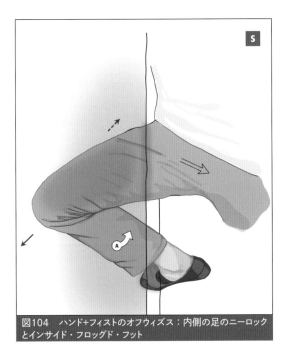

図104　ハンド＋フィストのオフウィズス：内側の足のニーロックとインサイド・フロッグド・フット

きへ梃子の力がかかる。そうなると脚が岩に触れている面積が小さくなり、ニーロックの効きが一気に悪くなり、最悪、滑り落ちてしまう。

5 最後に、クラックに入れた脚に体重を乗せる（このとき脚が数センチ下にずれることがあるが、特に問題はない）。これでニーロックがしっかりと効く（図104）。繰り返しになるが、脚に体重を乗せるときには太ももを高く保つようにしよう。

フロッグド・フット（足）

ニーロックの体勢をつくったら、内側の足を使ってさらにジャムを強固にしよう（実際にこの体勢では踝（くるぶし）から先がクラックから出ているが、内側の足と呼ぶ）。この体勢では、フロッグド・フットの決め方は2種類ある。

インサイド・フロッグド・フット：ニーロックを決めると、爪先は下を向く。ここからさらに足を効かせるために、足首を内側へねじって爪先を体の軸のほうに向ける。足の甲（靴紐の部分）はクラックの縁を巻き込んでクラックの外側の壁に当てる（図104）。右足で決める場合は、足首を時計回りにねじる。

アウトサイド・フロッグド・フット：これは前項

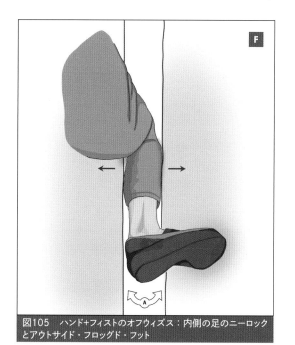

図105　ハンド＋フィストのオフウィズス：内側の足のニーロックとアウトサイド・フロッグド・フット

とほぼ同じように決めるが、足首は外側へねじり、爪先を体の軸とは反対に向ける。右足で決める場合、足首を反時計回りにねじる（図105）。

■外側の足

外側の足はクラックに入れ、ハンド＋ハンドのオフウィズスと同じようにジャムを決めることができる（5-1-3参照）。使うテクニックは、フロッグド・フットでも、ツイステッド・フットでも、バナナ・フットでもよい。ハンド＋フィストサイズのクラックは、ハンド＋ハンドサイズよりもいくらか幅が広いので、フロッグド・フットが特によく効き、股関節があまり柔軟でなくても効かせやすい。

5-2-3　ポジショニング

ハンド＋ハンドのオフウィズスと同じように、ハンド＋フィストのオフウィズスも体の向きに対して正しいハンドスタックの組み合わせを選ぶことがすべてだ。心がけることはハンド＋ハンドのオフウィズスの場合と同じく、内側の肩（体の右

ハンド＋フィストの組み合わせ

1 手をクロスする：左手が順手のハンドジャム、右手が順手で上からクロスするフィストジャム（図96）。

2 手をクロスする：左手が順手のハンドジャム、右手が逆手で下からクロスするフィストジャム（図97）。

3 手をクロスする：右手が順手のハンドジャム、左手が順手で上からクロスするフィストジャム（図98）。

4 手をクロスする：右手が順手のハンドジャム、左手が逆手で下からクロスするフィストジャム（図99）。

5 手をクロスしない：左手が逆手のハンドジャム、右手が順手のフィストジャム（図100）。

6 手をクロスしない：左手が逆手のハンドジャム、右手が逆手のフィストジャム（図101）。

7 手をクロスしない：右手が逆手のハンドジャム、左手が順手のフィストジャム（図102）。

8 手をクロスしない：右手が逆手のハンドジャム、左手が逆手のフィストジャム（図103）。

側を入れる場合は右肩) ができるだけクラックの入り口に近くなるようにする。

115ページの表に挙げた8つが、ハンド+フィストの組み合わせだ。続いて、クラックの種類ごとにどの組み合わせを使えば体勢がよくなり、内側の肩が入るかを見ていく。

5-2-3-1　フェイスクラック
■直上するクラックでのポジショニング
(直上するクラックの定義は2-3-1参照)

体の右側を入れて登る場合は、

- **組み合わせ2、5**：これらの組み合わせでは、内側の肩 (右肩) がクラックの入り口に非常に近くなる。これによって体もしっかりと岩に寄った状態で安定して登ることができる (図106)。
- **組み合わせ3、6**：これらの組み合わせでは、上の例よりも正対に近いポジションになり、体を岩からいくらか離して登ることになる。この組み合わせは、下を向いて足元の動きを確かめな

図106　直上するハンド+フィストのオフウィズスでのポジショニング：組み合わせ2

がら登りたいときや、入れる体の側面を切り替えたいときに有効だ。

体の左側を入れて登る場合は、

- **組み合わせ4、8**：より安定した登りになる。
- **組み合わせ1、7**：体の動きが制限されにくい、より正対に近い登りになる。

■斜上するクラックでのポジショニング
(斜上するクラックの定義は2-3-1参照)

■手

クラックが斜上している場合、オフウィズスをより楽に登るためのポイントは次の3つだ。

ハンドジャムをクラックの下の内壁に当てる：スタックを決めるときに、ハンドジャムを下のクラックの内壁に当てることで、手のひらをクラックの内壁に当てて保持できる (スローパーを持つのと同じ要領)。このほうが、拳の側面で保持するよりもずっと楽だ。

先行する手をハンドジャムにする：先行する手でハンドジャムを決めることで、より遠くまで手を伸ばせ、また体が回ってしまうのを防げる。そのため、例えば左に傾いたクラックを登る場合には、左手をハンドジャムにすると最も効率よく登れる。

フィストジャムは逆手で決める：逆手でフィストジャムを決めると、前腕から肘までがクラックの中に入る。これによってさらにフリクションが生まれ、前腕がクラックの縁に掛からないので体勢としても楽になる。

以上から、最も楽に登れるポジショニングは、

- **左に傾いたクラック**：手をクロスせず、左手は逆手のハンドジャム、右手は逆手のフィストジャム (組み合わせ6)
- **右に傾いたクラック**：手をクロスせず、右手は逆手のハンドジャム、左手は逆手のフィストジャム (組み合わせ8)

■脚／足

クラックの傾きが非常に強い場合にのみ、本章で解説したニーロックや外側の足の技術（5-2-2参照）とは少し異なるテクニックを使う必要がある。

その他に、内側の足をルーフのオフウィズスで使うテクニックで決め（9-4-2参照）、外側の足は下の壁に置く（2-3-1「斜上するクラックでのポジショニング」参照）という方法もある。

5-2-3-2　コーナークラック

■手

このサイズのコーナークラックでのポジショニングには2種類ある。

コーナーに体を入れて登る：より確実に、クラックのテクニックを使って真っ向勝負をしたいときにはこちら。

コーナーから体を出して登る：レイバックで登る場合や、何手か後にレイバックで登るために体をクラックから出す必要がある場合、もしくはクラックには正対して登るけれどコーナーの壁に体を擦りたくない場合はこちら。

コーナーに体の右側を向けて登る場合は、

- **組み合わせ2、6**：コーナーに体を入れて登る。
- **組み合わせ1、5**：コーナーから体を出して登る。

コーナーに体の左側を向けて登る場合は、

- **組み合わせ4、8**：コーナーに体を入れて登る。
- **組み合わせ3、7**：コーナーから体を出して登る。

■脚／足

これはハンド＋ハンドのオフウィズスと同じ（5-1-4-2参照）。

スコーミッシュ・アンクラッカブル圏谷のブギー・ティル・ユー・プープ（Boogie ' til you Poop 5.11b）で、ハンド／フィストのスタックを決めるジェイソン・クルーク　© Andrew Burr

ランディ・リーヴィット

ランディは数々の新しいテクニックの生みの親であり、クラック技術の水準を押し上げた人物だ。彼は足技を駆使してハンドスタックを先に進めるリービテーションというテクニックを生み出した。これは今日でも世界最難クラスのクラックで使われている。1999年にはヨセミテの有名なステミングルート、ブック・オブ・ヘイト（Book of Hate 5.13d）を初登している。

■一番好きなクラックのエリアは？

一番好きなのはニードルズ。黄緑色の地衣類がついた印象的な岩とか、存在感のある岩塔もいいし、クライミングの質も信じられないほど高くて素晴らしい。例えば、細いクラックに奇跡的にフットホールドがある、というのに繰り返し出会ったりするんだ。岩のちょうどほしいところにフリクションがあってスメアできる、なんてこともある。言い方を変えれば、この場所はフリークライミングの、特にクラックのためにあるようなものだね。

■一番好きなクラックは？

ロマンティックウォリアー（Romantic Warrior 5.12b）は、カリフォルニアのセコイアにあるニードルズのウォーロックニードルの南面を走る広くて美しいコーナーを登るルート。大体どのルートでも恐ろしいチムニーとかオフウィズスとか、そういうしんどいクライミングをしなきゃいけないヨセミテと違って、ロマンティックウォリアーは9ピッチずっと爽快なクライミングが続くんだ。ほとんどのピッチが5.11+か5.12のフィンガージャムで、そこに核心となる12bの繊細なステミングのピッチがあって、唯一無二のエレガントなラインだね。

■クラックでの印象的な体験談は？

1970年代の終わりに、ヨセミテでローカルのクライマーたちとバッド・アス・ママ（Bad Ass Mama 5.11d）というオフウィズスを登りにいったんだ。ジョン・ヤブロンスキも一緒だった。ローカルたちがそのルートをトップロープで、チキンウィングを使ってトライするのを見た後に、足と膝の使い方を工夫すれば、ハンドスタックをクラックの手前のほうに決める新しいテクニックが使えるんじゃないかとひらめいた。それは、トニー・ヤニロと僕がロサンゼルスの駐車場の柱にあるクラックで試してみたものでね。そのテクニックを使ってそのオフウィズスを楽々登ったら、たしかヤボ（ヤブロンスキ）がそれをリービテーションって呼んだんだ。他のローカルには、面白いテクニックだけど、バッド・アス・ママをその登り方でリードするのは無理だろうって言われた。すぐにもう一度そのルートに足を運んで、リービテーションでリードしてやったよ。

■アドバイス

クラッククライミングがうまくなりたければ、覚悟を決めることが大切。スポートクライミングでは、自分自身に次のボルトまで登れと言い聞かせるのは簡単だけど、クラッククライミングは違う。目の前には、明瞭なハンドジャムとか、フットホールドとか、プロテクションが決めやすそうな場所が（運がよければ）あるだけだ。だから例えば、上に見えるハンドジャムとかスタンスを目標にしてそこまでは登る、と覚悟を決められれば、そこまでのジャムでもたもたしてパンプしてしまうこともないはずだ。クラックのピッチに時間をかけすぎると、うまくはいかないものだからね。

Pop Quiz　どちらが好き？

1. フィンガークラックとオフウィズス？　フィンガークラック
2. ステミングとルーフクラック？　ステミング
3. ハンドジャムとハンドスタック？　ハンドスタック
4. ニーロックとチキンウィング？　ニーロック
5. テーピングはする？　しない？　する
6. カムとナッツ？　ナッツ（染みついた習慣はなかなか抜けないよ）
7. クラックなら砂岩？　花崗岩？　花崗岩
8. 短くてハードなルートと、長くて持久系なルート？　長くて持久系なルート
9. 痣と擦り傷、つくるなら？　どっちもイヤだね
10. 思わぬ失敗に備えてクライミングパンツを選ぶなら、赤と茶色どっち？　茶色

サンディエゴの自宅近くでテクニックを実演するランディ・リーヴィット　© Brian Spiewak

5-3　フィスト＋フィストのオフウィズス

フィスト＋フィストは、つらく苦しいサイズだ。このサイズのクラックではフィストジャムを２つ組み合わせて空間を埋めることになる（前進するために体の他の部分も合わせて使う）。フィスト＋フィストのテクニックは、ハンド＋フィストのオフウィズスのそれと比べると少々効きはよくない。ハンド＋フィストのテクニックが油を差されてすべてが噛み合っているマシンだとすれば、フィスト＋フィストのテクニックは手入れがされていないモーターのようなものだ。一度ジャムがうまく決まったと感じても、次の動きに移るときにはまたひと頑張りしなければならなかったりする。それを心にとめ、効きのよくないテクニックは慎重に使うようにしよう。ただし正確かつ丁寧に使えばこのテクニックは必ず効くし、望む結果につながるはずだ。

5-3-1　手のテクニック

■フィスト＋フィストスタック

強、アクティブ・エクスパンションジャム、コンビネーションジャム（フィスト＋フィスト）

このサイズのクラックでは、フィストを２つ隣り合わせで決めてひとつのジャム（スタック）として使う。手が相対的に小さいクライマーは、他のクライマーよりもこのフィスト＋フィストスタックに頼ることが多くなる。正直なところ、それはオフウィズスクライミングでは非常につらい。筆者としては、すべてのハンドスタック（ハンド＋ハンド、ハンド＋フィスト、フィスト＋フィスト）の中でこのフィスト＋フィストスタックが最も効きが悪く、緩いハンド＋フィストのほうが、がっちり効いたフィスト＋フィストよりも信頼できると思うくらいだ。とはいえ、このサイズのクラックを登りやすくするためのコツはある。

まずは最もよく使われる手の組み合わせ（組み合わせ１：手をクロスせず、左手が順手、右手が逆手）を紹介する。それから、他の組み合わせを見ていこう。

1　手の向き：左手は指先を上、肘を下、手の甲を自分のほうに向ける。前腕はクラックの線に合わせる。これは道でタクシーを停めるときに手を挙げるのと同じ格好だ。次に、右手も同じようにするが、手のひらを自分のほうに向ける（指先を上、肘を下、前腕はクラックの線に合わせる）。

2　差し込む：このポジションのまま、両手をクラックに差し込む。左手の小指がクラックの左内壁、右手の親指がクラックの右内壁にそれぞれ当たる。

3　揃える：クラックの中に入ったら、ジャムを決めるために両手を一直線に揃える。手を握ったときに拳同士がしっかりと噛み合うように正しいポジションに入れることが、このジャムを効かせるためのカギだ。指を伸ばしたまま、右手の側面（小指の下あたり）を、左手の人差し指と親指の間にできるくぼみに当てるとよい。こうすると、右手の小指と左手の人差し指の腹が向かい合う形ができる。

4　膨らませる：手のポジションが決まったら、アクティブ・エクスパンションジャムを決める。やることは単純で、フィストジャム（4-1-1 参照）を２つ完全に同時に決めるだけだ。他のハンドスタックと同じく、それぞれの手に同時に力を入れて硬くし、ジャムが互いに支え合うようにしたい。それにはフィストのサイズは同じにし、外側への圧力も同じだけかかるようにしよう。右手のフィストは逆手、左手のフィストは順手で決める。右手の小指の下にある柔らかい部分が、左の拳のくぼみ（人差し指と親指の間）と噛み合うようにしよう。

5　接触点：スタックを決めたときには、

• 右の拳の親指側がクラックの右内壁に当たっている。

- 左の拳の小指側がクラックの左内壁に当たっている。
- 右の拳の小指側と、左の拳の親指側が真ん中で触れ合っている。

この状態ができる。

　クラックの幅が微妙に細いときには、片手もしくは両手の親指を拳の中に握り込むのもよい。逆にクラックの幅が広いときには、クラックの内壁に当たっている親指〔上の例では右手の親指〕を使ってティーカップジャム（4-1-4参照）を決めるとよい。拳に当たっている親指〔同、左手の親指〕でティーカップジャムをすることもできるが、スタックの効きは悪くなる。このテクニックを使う場合には、親指の関節〔左手〕をもう一方〔右手〕の拳の小指を曲げてできたくぼみに沈めること。

■フィスト＋フィストの組み合わせ

　他のハンドスタックと同じく、フィスト＋フィストのスタックにもさまざまな組み合わせがある。どの組み合わせでも決めるときの手順は同じで、手の向きを決め、クラックに入れ、手を揃えて、膨らませる。

　フィスト＋フィストのスタックは、手をクロスしてもしなくても決めることができる。

- 手をクロスする場合：一方の手をもう一方の手の上（または下）からクロスし、手首が重なるようにして拳を並べる。手首が交差してXの形ができる。
- 手をクロスしない場合：手をクラックの中に並べて入れる。手首は交差しない。

　また、フィスト＋フィストのスタックは順手と逆手のどちらでも決められる。

- 一方を順手、もう一方を逆手にして決めるスタックのほうがしっかり効く。これは拳同士が親指と小指でがっちり噛み合うためだ。筆者は通常こちらの組み合わせを使い、特にパワフルなムーヴをするときに多用している。
- 両手とも順手または逆手で決めるスタックは比

較的効きが悪い。拳同士が触れ合う部分が少なかったり、拳同士がしっかりと噛み合わなかったりするため、スタックの形が崩れそうになることが多い。筆者は手順のうえで必要になるときを除いて、この組み合わせを使うことはまずない。

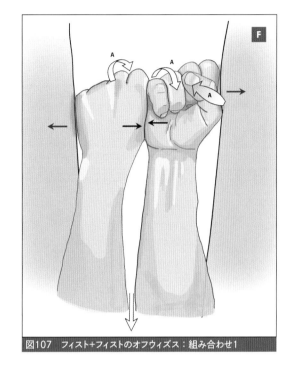

図107　フィスト＋フィストのオフウィズス：組み合わせ1

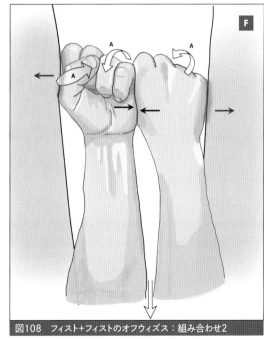

図108　フィスト＋フィストのオフウィズス：組み合わせ2

●体勢が不自然になるため、手をクロスして両手とも逆手でスタックを決めることはごく稀だ。それゆえここでは取り上げないが、「絶対に使うことはない」と決めつけずに、場合によっては手順上必要になるかもしれないと、頭の片隅に置いておくといいだろう。

最後に、手をクロスせずに両手とも順手でフィスト＋フィストのスタックをするときには、拳の組み合わせが微妙に異なる2通りの方法がある。

●拳を触れ合わせる：人差し指の付け根の関節同士を隣り合わせ、拳同士が対称の形になるようにする（図109）。こうしたときには、骨同士が擦れ合うような感覚がある。

●拳を噛み合わせる：ひとつ目の拳（左手）の人

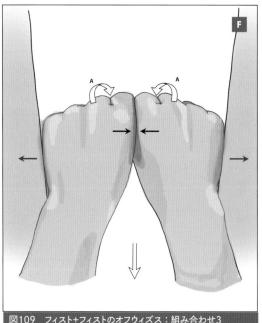
図109　フィスト＋フィストのオフウィズス：組み合わせ3

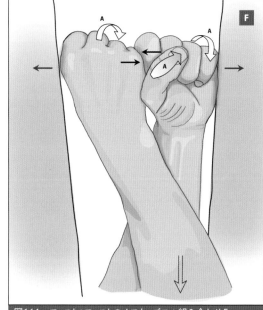
図111　フィスト＋フィストのオフウィズス：組み合わせ5

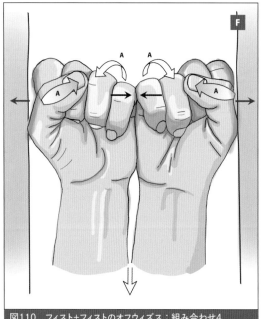
図110　フィスト＋フィストのオフウィズス：組み合わせ4

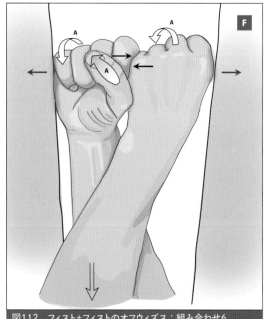
図112　フィスト＋フィストのオフウィズス：組み合わせ6

差し指の付け根を、2つ目の拳（右手）のくぼみに当てる。次に、2つ目の拳（右手）の親指の関節を、ひとつ目の拳（左手）のくぼみに当てる。こうすると拳同士が自然に噛み合い、一方の拳がもう一方に重なるような形になる。この場合、右手が左手より少し高い位置に収まることになる。もちろん、左手が右手より高くなるように決めてもよい。

フィスト＋フィストの組み合わせ

1 手をクロスしない：左手は順手、右手は逆手（効きがよい）（図107）。
2 手をクロスしない：左手は逆手、右手は順手（効きがよい）（図108）。
3 手をクロスしない：両手とも順手（効きが悪い）（図109）。
4 手をクロスしない：両手とも逆手（効きが悪い）（図110）。
5 手をクロスする：左手を逆手、右手を順手にして上から重ねる（効きがよい）（図111）。
6 手をクロスする：右手を逆手、左手を順手にして上から重ねる（効きがよい）（図112）。
7 手をクロスする：両手とも順手（効きが悪い）（図113）。

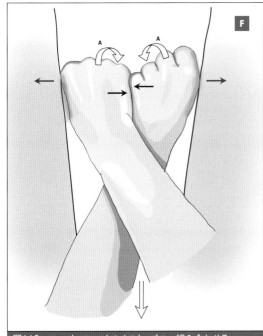

図113 フィスト＋フィストのオフウィズス：組み合わせ7

■その他のフィスト＋フィストスタック

さらに、3つ工夫したバリエーションを紹介する。これらのテクニックは、カップハンド＋フィストには太く、フィスト＋フィストには細いクラックのサイズで使う。

■ゴルファーズ・グリップ

強、アクティブ・エクスパンションジャム、コンビネーションジャム（フィスト＋フィスト）

これはまさにゴルフとクライミングの融合だ！ゴルファーが気持ちのいいゴルフ場でクラブを握るときの手の形を、一番タフなオフウィズスクライミングに応用するなんて、いったい誰が考えただろう？

1 まずは通常のフィスト＋フィストスタックのステップ1〜3、つまり手の向きを決め、クラックに入れ、揃えるところまでを行なう（5-3-1「フィスト＋フィスト手のテクニック」参照）。
2 フィストジャムを隣り合わせで決める代わりに、指を絡ませる。一方の手（この場合、左手）の小指をもう一方の手（この場合、右手）の人差し指と中指の間に通す。
3 通常のスタックと同じように、両手の拳に同時に力を込める。親指はクラックの幅に応じて外側に出しても握り込んでもよい（図114）。
4 完成したスタックは、通常のフィスト＋フィストのスタックよりも幅が数ミリ細くなる。また、拳同士が真ん中でつながっているので、スタックの形が崩れにくくしっかりと効く。

このテクニックは、組み合わせ1、2、5、6で使える。

■ゴルファーズ・グリップ（サム・グラブ）

［grab：握り込む］

中、アクティブ・エクスパンションジャム、コンビネーションジャム（フィスト＋フィスト）

このテクニックはゴルファーズ・グリップのバリエーションで、幅がさらに細くなる。

1 ゴルファーズ・グリップのステップ1、2を行

なう。

2 両手をフィストジャムにするときに、スタックの真ん中にある親指を伸ばして、もう一方の手で握る（この場合、右手の親指を左手で握る）。次に、通常のスタックと同じように両手の拳に力を込める。一方の手の親指（この場合、左手）は通常どおりスタックの最も外側に位置し、もう一方の親指（この場合、右手）は逆の手の拳の中に握り込

まれている（図115）。このスタックは通常のゴルファーズ・グリップよりもさらに数ミリ幅が細くなるが、拳の噛み合いが弱くなるため安定感は少し劣る。

このテクニックは、組み合わせ1、2、5、6で使える。

■**ダブル・スクウィッシュド・フィスト**
強、アクティブ・エクスパンションジャム、コンビネーションジャム（フィスト＋フィスト）

ゴルファーズ・グリップを使う代わりに、片手もしくは両手でスクウィッシュド・フィスト（4-1-3参照）を決める方法もある。このテクニックを使うときには、太めのサイズのスクウィッシュド・フィストを使うようにしよう。そうすると手を揃えやすくなる。

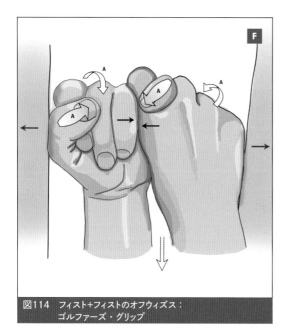

図114　フィスト＋フィストのオフウィズス：
　　　　ゴルファーズ・グリップ

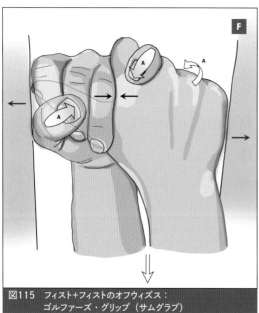

図115　フィスト＋フィストのオフウィズス：
　　　　ゴルファーズ・グリップ（サムグラブ）

5-3-2　脚／足のテクニック

フィスト＋フィストのオフウィズスでの下半身のテクニックは、ハンド＋フィストでのテクニックととても似ていて、より広いサイズで効かせられるようにすればよい。

オフウィズスでの脚／足のテクニックは、内側（クラックの奥にジャムをするほう）と外側（クラックの縁近くにジャムをするほう）の両方について解説していく。

■内側の脚／足

サイロック（脚）とフロッグド・フット（足）

〔thigh：太もも〕

強、アクティブ・エクスパンションジャム

この幅のクラックでは、内側の脚はサイロックと呼ばれる使い方をする。決め方はニーロック（5-2-2 参照）と同じだが、クラックのより深いところまで脚を入れるという点が異なる。

1　ニーロックのステップ1（脚の向き）を行なう。

2　脚をクラックに差し込むときには、ニーロックの場合よりもさらに奥まで差し込む。このサイズのクラックでは、クラックの縁が股に当たるまで脚全体を入れられるはずだ。

3　次に、ニーロックのステップ3〜5を行なって太ももを効かせる。

4　足はクラックの外でフロッグド・フットを決めよう。これはニーロックの場合とまったく同じだ（5-2-2 参照）。

5　この幅のクラックでは、正しい手順でサイロックを決めても効きが悪く感じることがある。そのときには、体をクラックの正面から脇に倒すとよい。すると、(膝から下が回転することで) 膝の周りが膨らむと同時に、クラックに入れている脚にねじりが加わる。これはレッグバー（5-4-2-1 参照）の動きとよく似ている。体を倒す向きは、内側の足のフロッグド・フットをどちらの向きにねじっているかによる。例えば右脚でサイロックを決め、爪先を右にねじっている場合は、体は左に倒す。

■外側の足

この幅のクラックでの外側の足は、フロッグド・フット（5-1-3 参照）が最もよく効く。このテクニックは、意識して力を加えてねじらなくても体の構造上自然に足にねじりが加わるため、楽に決められる。クラックの幅が広くなるほど、このねじり方は有効だ。この構造上の特性を活かさない手はない。

足が小さいクライマーは、クラックの幅が足の長さに近くなり、アームバーのサイズのクラックで使うテクニックが必要になることもある（5-4-2 図128 参照）。

5-3-3　ポジショニング

フィスト＋フィストのオフウィズスでのポジショニングは、原則としてハンド＋ハンドのオフウィズスと同じだ（5-1-4参照）。体の向きに対して正しいハンドスタックの組み合わせを選ぶことがすべてで、内側の肩（体の右側を入れる場合は右肩）ができるだけクラックの入り口に近くなるようにしよう。

ここでもう一度、フィスト＋フィストのクラックでの手の組み合わせ7種の一覧を見ておこう。それをもとに、クラックのタイプごとにどの組み合わせを使うかの解説を読んでほしい。

フィスト＋フィストの組み合わせ

1　手をクロスしない：左手は順手、右手は逆手（効きがよい）（図107）。
2　手をクロスしない：左手は逆手、右手は順手（効きがよい）（図108）。
3　手をクロスしない：両手とも順手（効きが悪い）（図109）。
4　手をクロスしない：両手とも逆手（効きが悪い）（図図110）。
5　手をクロスする：左手を逆手、右手を順手にして上から重ねる（効きがよい）（図111）。
6　手をクロスする：右手を逆手、左手を順手にして上から重ねる（効きがよい）（図112）。
7　手をクロスする：両手とも順手（効きが悪い）（図113）。

5-3-3-1　フェイスクラック

■直上するクラックでのポジショニング
（直上するクラックの定義は2-3-1参照）

体の右側を入れて登る場合は、

- **組み合わせ1、6**：これらの組み合わせでは、内側の肩（右肩）がクラックの入り口に非常に近くなる。体が岩に寄り、体勢が安定する。

体の左側を入れて登る場合は、

- **組み合わせ2、5**。

フィスト＋フィストのスタックで登るときには、組み合わせ3、4、7は使わないようにしたい。ただし、手順などによっては使う必要に迫られることもありうるため、レパートリーとして持っておくといいだろう。

■斜上するクラックでのポジショニング
（斜上するクラックの定義は2-3-1参照）

■手

斜上するフィスト＋フィストのオフウィズスを登るときに重要なのは、

- 手をクロスしないこと。これにより体が回ってクラックから吐き出されるのを防ぎ、先行させる手を下のクラックの縁に掛けることができる。
- 一方の手を逆手、もう一方の手を順手にすること。これによりクラックに前腕が入り、そこにフリクションが生じて登りが安定する。

最も効果的な方法は次の2つ。

- クラックが左に傾いている（体の右側を入れる）場合は、組み合わせ1。
- クラックが右に傾いている（体の左側を入れる）場合は、組み合わせ2。

フィスト＋フィストサイズのクラックでこれらのテクニックを使うときには、アームバーと組み合わせて使うと登りやすい（5-4-1-1参照）。フィスト＋フィストスタックを使って下半身のジャムを決めて安定させ、次にアームバーに入れ替えて上体をずらし上げてから、スタックを上に決め直すとよい。

■脚／足

このサイズの斜上するクラックでの下半身のテクニックは、ハンド＋フィストサイズのクラックのそれとほぼ同じだ。クラックの傾きが強くなければ、通常のサイバーと、外側の脚／足のテクニックを使って登るのが最も快適だろう（5-3-2参照）。クラックの傾きが強い場合、ルーフクラックのこのサイズでするのと同じテクニックを使う（9-4-4参照）。つまり、内側の脚は真っすぐクラックに入れて、足はバナナ・フットにする。外側の足は下の壁に踏ん張る（2-3-1**図33**参照）。

5-3-3-2 コーナークラック

■手

フィスト＋フィストのコーナークラックでのポジショニングには2種類ある。

コーナーに体を入れて登る：より確実に、クラックのテクニックを使って真っ向勝負をしたいときにはこちら。

コーナーから体を出して登る：レイバックで登る場合や、すぐ後にレイバックで登るために体をクラックから出す必要がある場合、もしくはクラックには正対して登るけれどコーナーの壁に体を擦りたくない場合はこちら。

体の右側をコーナーに向けて登る場合は、

- **組み合わせ1、6**：コーナーに体を入れて登る。
- **組み合わせ2、5**：コーナーから体を出して登る。コーナーから体を出しているときには、少々不自然な体勢になって手首の横側が痛むことがある。このようなときは手をクロスして登ると痛みが最も少ない。

体の左側をコーナーに向けて登る場合は、

- **組み合わせ2、5**：コーナーに体を入れて登る。
- **組み合わせ1、6**：コーナーから体を出して登る。

メイソン・アール

メイソンは、極限まで細いシンクラックから複雑怪奇なオフウィズスまで、世界中のあらゆるタイプの最難のクラックを登っているオールラウンダーだ。そのなかでも、ユタで初登したストレンジャー・ザン・フィクション (Stranger than Fiction 5.14-) は特に目覚ましい記録と言えるだろう。

■一番好きなクラックのエリアは？

ユタの砂漠だね。モアブは僕がクライミングを覚えた場所で、クラッククライミングに惚れ込んだ場所でもある。あの砂漠の砂岩には世界でも有数の、信じられないようなクラックがいくつもあるよ。

■一番好きなクラックは？

クラックの経験のなかで一番素晴らしかったのは、ストレンジャー・ザン・フィクションを初登したこと。ユタの砂漠にある5.14-のフィンガークラックだよ。このクレイジーな、オーバーハングしたフィンガークラックを登るために、何度も何度もトライした。このルートでは、ルートの途中で右のシューズを脱いでテーピングした素足でジャムをする、っていう荒業も使ったよ。

■クラックでの印象的な体験談は？

前に一度、自分のプロジェクトの最後のホールドに手を伸ばしたときに、そのホールドに大きなサソリが乗っていたことがあった。僕は飛び降りて、サソリがクラックの中へ戻っていくのを見つめていたよ。

■アドバイス

インディアンクリークでドライブするときには、シカとウシに気をつけること。

Pop Quiz　どちらが好き？

1. フィンガークラックとオフウィズス？　フィンガー
2. ステミングとルーフクラック？　ルーフ！
3. ハンドジャムとハンドスタック？　スタックだね
4. ニーロックとチキンウィング？　スポートルートでもチキンウィングを決めたことがあるよ
5. テーピングはする？　しない？　テーピングはしたいな
6. カムとナッツ？　ナッツって何？
7. クラックなら砂岩？　花崗岩？　うーん、砂岩
8. 短くてハードなルートと、長くて持久系なルート　グレードが甘いほう
9. 痣と擦り傷、つくるなら？　職業病
10. 思わぬ失敗に備えてクライミングパンツを選ぶなら、赤と茶色どっち？　まだら模様かな

マルタのゴゾ島、ハル・イルハミエムのXファクター（X‐Factor 5.13+）を登るメイソン・アール ©Andrew Burr

5-4　アームバー／チキンウィングのオフウィズス

このサイズのオフウィズスは、両手を使ったハンドスタックが効かず、かといって全身を入れられるほど幅が広くもないというものだ。こうしたクラックで空間をうまく埋めるには、腕と手をそれぞれ使う必要がある。テクニックが使えないままむやみに突っ込めば、手だけでなく腕や肩までボロボロのズタズタになってしまうのでご注意を！

5-4-1　手と腕のテクニック

この幅のオフウィズスクラックで使われるテクニックは数多くある。手や腕をクラックの中でハンドスタックのように重ねて一対として使おうとしても、このサイズでは効かないので、ここからは手と腕を内側と外側の部分に分けて見ていこう。

5-4-1-1　内側の手／腕

これから紹介するテクニックには、細めのクラックで役立つものと、太めのクラックで使えるものがある。まずは細めのサイズでのテクニックから始め、徐々にクラックのサイズを広げて解説していく。

■細めのクラック

アームバー

強、アクティブ・エクスパンションジャム

アームバーは、ねじったり回したりすることで力を入れなくても決められるようなメカニカルなジャムではない。効かせるためにはある程度の力と岩を押す動作が必要で、それを意識できればうまくいくはずだ。

1　手／腕の向き：手は順手のハンドジャム（3-1-1参照）と同じ向きにする。手のひらと手の甲がクラックの内壁と平行になり、指先は真っすぐクラックの奥に向く。腕は肘を曲げずに真っすぐに伸ばす。誰かと握手をしようと手を差し出すのと

よく似た格好になる。

2　差し込む：手と腕をクラックに、クラックの縁が肩に触れるところまで差し込む。手のひらは平らにしてクラックの内壁に当てる（右腕を入れる場合は、手のひらはクラックの左内壁に当てる）。

3　押し広げる：クラックの内壁に手のひらを当てながら、前腕がクラックの中を横切り、肘と上腕が反対側のクラックの内壁に当たるようにする。ここから、手のひらでクラックの内壁を強く押し、肘が反対側のクラックの内壁に押しつけられるようにする。手と肘には均等に力をかけるようにしよう。肘から上腕全体がクラックの内壁に当たるようにすると、それだけ岩と触れ合う部分が増えてよい（肘の骨だけが当たるととても痛い！）

4　ポジショニング：肩を使うと、ジャムの効きがよりよくなる。アームバーをしているほうの肩を、肩甲骨がクラックの縁に当たるようにひねるとよい。クラックに対して真横を向くように、内

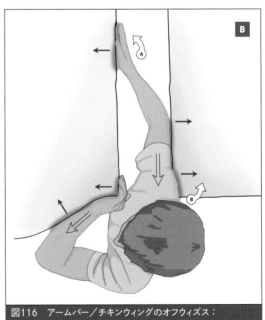

図116　アームバー／チキンウィングのオフウィズス：
アームバーとフォアアーム・スカム

側の肩をクラックの縁のほうにひねることで、クラックに対して体が最も薄くなる。そうすると、岩と体が触れ合う面積が広くなって、ジャムの効きがよくなるわけだ（体半分でスクイズチムニーを登るイメージ。6章参照）。また、内側の肩をひねってクラックに入れると、腰も同時にねじられて、尻の肉がクラックの縁に当たる。体がこのポジションに入ると、視線はクラックの奥ではなくクラックの外のフェイスのほうを向くことになる（図116）。アームバーは、このタイプのクラックでよいポジショニングをつくるための下地と考えよう。

アームバーは岩の傾斜によって、もしくはレストしているか動いているかによって、クラックの中でさまざまな角度で決めることができる（図117）。指先が真横を向く場合（先の解説）から下を向く場合まで、肩を中心に角度を変えても効くが、指先が上に向く角度だけは極端に力が必要になるので避けよう。

• 指先を真横に向けるポジション：傾斜が強いクラックに有効。また、レストしたりギアをセットしたりするために体勢を安定させるときにもよい。

• 指先を斜め下に向けるポジション：通常、この向きで決めるのが登りやすい。比較的高い位置でアームバーをするために安定し、指先が斜め下を向くくらいの角度になっていることで、上に向かう動きを起こしやすい（スクイズチムニーの動きに近い。6章参照）。

• 指先を下に向けるポジション：登るオフウィズスの傾斜が垂直より緩い場合に有効。

ショルダーバー

強、アクティブ・エクスパンションジャム

ショルダーバーはアームバーと組み合わせて使う。長いオフウィズスクライミングでは、この2つを切り替えながら登ると、それぞれに使う筋肉を休められる。筆者の経験からすると、ショルダーバーのほうがアームバーよりも痛みがなくレストしやすいが、その反面、体を一気にずり上げるなどの大きな動きには向いていない。

1 手／腕の向き：手と腕はアームバーを決めるときと同じ向きにする。

2 差し込む：腕を肩までクラックに差し込み（アームバーをするときと同じ）、上腕の背中側を

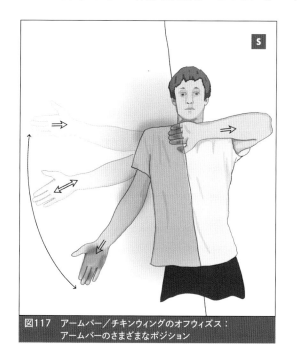

図117 アームバー／チキンウィングのオフウィズス：
アームバーのさまざまなポジション

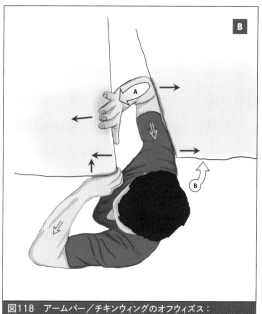

図118 アームバー／チキンウィングのオフウィズス：
ショルダーバー

一方のクラックの内壁に当てる（右腕を使って決める場合は、クラックの右内壁）。

3　押し広げる～ポジショニング：手がクラックの入り口のほうに戻るように、肘を曲げて前腕を上に挙げる（ただし、クラックの外には出さない）。指先はクラックの奥ではなく斜め上、クラックの外のほうに向ける。この肘から先を上げる動きは、クギを打つためにハンマーを振り上げるのとそっくりな動きだ。この動きと同時に、肩甲骨をアームバーのときと同様にクラックの縁に押し当てる（アームバーのステップ4）。肘を曲げてこのポジションをつくったら、手のひらは平らにして反対側のクラックの内壁に当てる。最後に、アームバーと同じく、手のひらと上腕はそれぞれのクラックの内壁を力いっぱい押す（**図118**）。

■中間サイズのクラック

チキンウィング

強、アクティブ・ローテーショナルジャム

　自分の腕を使って、羽ばたく鶏の真似をするにはどうすればいいか想像してみよう。そうすると、クラックの中でチキンウィングを使ってどのような体勢をつくればいいか、おおよそのイメージがつかめるだろう。

1　手／腕の向き：手を逆手のハンドジャム（3-1-1参照）と同じ向きにする。その向きのまま、手の甲が肩の前側、親指が脇の下に触る位置に持ってくる。このように腕を肘から半分に折り曲げ、肘を突き出すような格好をつくる（羽ばたく鶏のポーズ）。次に、体の側面がクラックに向くように（肘だけでなく）体全体を回し、肘はクラックの奥を指すようにする。

2　差し込む：腕を肘からクラックに差し込み、手のひらを逆手の向きのままクラックの内壁に当てる。つまり右腕を差し込む場合は、手はクラックの左内壁に当てる。このとき、手のひらをしっかり当てられる凹凸やホールド、岩の表面がざらついている場所などを探すことを忘れないように。

3　回す：手のひらをしっかりと効く場所に当てたら、手の位置を動かさずに腕を背後に回し、上腕の背中側を反対側のクラックの内壁に押し当てる。このジャムは力よりもむしろ体の構造を利用するため、とても効きがよいと感じるだろう。ただし、手のひらで一方のクラックの内壁を押しながら、反対側の壁に当たっている肘を手前に引くように力をかける（体重をかける）こと。この動きによってローテーショナルジャムが効き、強く引けば引くほど効きがタイトになる。これが、チキンウィングがよく効く仕組みだ。

4　「強く引けば引くほど効きがタイトになる」ため、チキンウィングを決めると大きな動きを起こしにくくなることもある。ジャムの効きによって、それぞれ次のように使い分けるといいだろう。

- 狭いチキンウィング：非常にタイトに効いていれば、チキンウィングでレストしたりギアをセットしたりするのがベスト。効きは非常によいが、解除して次の動きを起こすのはきわめて難しい。ジャムがタイトに効くときは、アームバーで動いてチキンウィングでレストしよう。

- 広いチキンウィング：クラックの幅が広くなり、親指と脇の下の距離が離れているときには、チキンウィングは動くための素晴らしいテクニックになりうる。ジャムを解除して上に動くのは楽になるが、しっかりと決めればアームバーよりも少ない力で効かせることができる。チキンウィングをうまく解除するためには、肘をクラックの奥に向けて押し込み、手のひらでクラックの内壁を押している力を抜いて、親指を脇の下のほうへ戻すとよい。ジャムが解除できたら、腕をクラックに入れたまま上へとずらしてジャムを決め直す。チキンウィングの場合、一度にジャムをずらせる距離は短い。

　チキンウィングは岩の傾斜によって、もしくはレストしているか動いているかによって、クラックの中でさまざまな角度で決めることができる。肘が真横を向く場合（先の解説）から上を向く場

合まで、肩を中心に角度を変えても効くが、下には向けないように注意。このジャムは体重をかけて引くからこそ効くということを覚えておこう。肘から先に体重がかかればかかるほど、ジャムの効きはよくなる。

- 肘を真横に向けるポジション：比較的傾斜の緩いクラックを登るときに有効。また、この肘の角度が最も体を動かしやすい。肘の位置が高すぎず、そのため体重もかかりにくく、解除がしやすい（図119）。
- 肘を斜め上に向けるポジション：この角度は傾斜の強いクラックを登るときに有効。
- 肘を上に向けるポジション：レストしたりギアをセットしたりするときに有効（図120）。ギアをセットする場合は、ジャムの上よりも下のほうがセットしやすいと覚えておこう。

■太めのクラック

ダブル・チキンウィング
強、アクティブ・ローテーショナルジャム

クラックがさらに太くなると（もしくは縁がフレアすると）、両腕を使ってチキンウィングを決めることで安定して登れる場合がある。このテク

ニックは少し玄人向けだ。というのも、このテクニックを使って登るには、下半身をしっかりと安定させる必要があるからだ。

1 まず、片腕でスタンダードなチキンウィングを決める。このとき肘は上に向けず、真っすぐクラックの奥に向けること。クラックの幅が広いため、肘は大きく開き、手が脇の下から離れた状態になる。このひとつめのチキンウィングを決めるときには、肘は真横に向けたままキープする。こうすれば、もう一方の腕を入れるときに、チキンウィングを解除したり位置をずらしたりしやすくなる。

2 もう一方の腕で、先に入れた腕の上に反対向きのチキンウィングを決める。腕と腕はできるだけ近くに入れ、登るときにはそれぞれを少しずつ動かして上にずらしていく（図121）。腕を引き抜いて左右交互に上げていくよりも、両腕をクラックに入れたままずらしていくほうが登りやすい。スイミング（3-4参照）をチキンウィングでするイメージだ。

ダブル・チキンウィングの使い方はさまざまだ。

- 登っていくためのジャムとして。

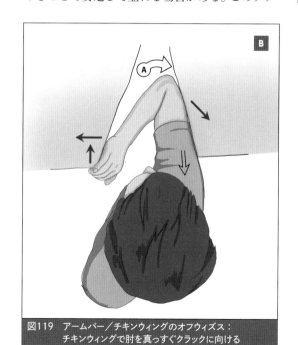

図119　アームバー／チキンウィングのオフウィズス：
　　　チキンウィングで肘を真っすぐクラックに向ける

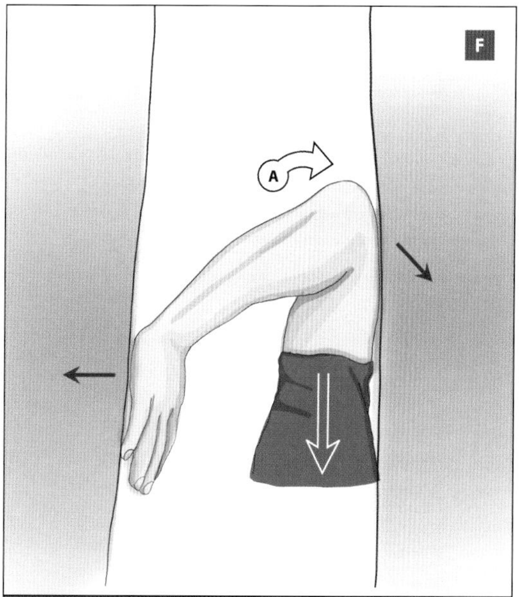

図120　アームバー／チキンウィングのオフウィズス：
　　　チキンウィングで肘を上に向ける

- クラックの中で体の向きを変えるときに。例えば、左向きから右向きに変えたいとき。
- 体の他の部分を動かすために体勢を安定させたいとき。

5-4-1-2　外側の手／腕

　アームバー／チキンウィングを使うオフウィズスでは、外側の手もクラックの傾斜や傾き、ホールドの有無やクラックの形状によって数々の使い方がある。重要なのは、外側の手はジャムをしないためジャミングの原則はあてはまらないということだ。外側の手の使い方は、通常のクライミングと同じものになる。大まかなルールとして、まずは手で使えるホールドを探すことが第一だ。そしてそのホールドは、クラックの外のフェイスにあるとはかぎらず、クラックの中に隠れていることもあると覚えておこう。ホールドを見つけて持つことができればずっと楽に登れるので、回りをよく観察するようにしよう。

■カッピング

　このサイズのオフウィズスを登るときに最もよく使われるのがカッピングで、傾斜の緩いクラックでよく効くだけでなく、傾斜の強いところでも大いに有効だ（図122）。

1　外側の手は目の高さで逆手のハンドジャムの向きにする。手の甲が自分のほうに向き、手のひらが岩のほうを向く。

2　この高さと向きのまま、手をクラックの縁に当てる。親指は下を差し、肘は真横を向く。

3　クラックの縁（岩の角）を手のひらで包み込むような形になる。

　カッピングによって体をクラックの中へ引き込み、吐き出されるのを防ぐことができる。足元の動きを確認するためにこの手を高い位置にずらしたくなるが、カッピングしている手を上げすぎると肝心の体をクラックに引き込む動きがやりにくい。足元を確認しながらこの手を目の高さに保つには、次のことを心がけよう。

- 肘を真横よりも少し上げ、脇の下から覗くようにして下を見る。この方法は、足を正確に特定のエッジやフットホールドに置きたいとき有効だ。
- 足の感覚を頼りに置き場所を決める。この方法は、外側の足が完全にクラックに入っているときに有効だ。この場合、下を見る必要はなく、そうしないほうが手と上半身のポジションが崩れ

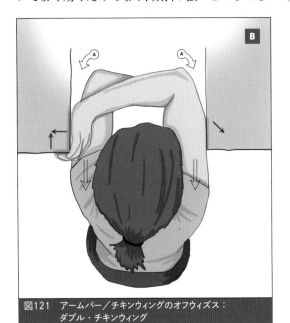

図121　アームバー／チキンウィングのオフウィズス：
　　　ダブル・チキンウィング

図122　アームバー／チキンウィングのオフウィズス：
　　　アームバーと岩角でのカッピング

ないため、効率よく登ることができる。感覚を頼りに自信を持って足を使えるようになるには時間がかかるが、マスターできれば、核心部分を素早く切り抜け、下を見るために体勢を崩して貴重な時間を無駄にすることもなくなるはずだ。

■フォアアーム・スカム〔scum：垢、カス〕

これはクラックの縁が丸かったり、フレアしていたりするときに有効なテクニックだ。

フォアアーム・スカムもカッピング（前述）と同じようにクラックに外側の手を入れるが、大きなスローパーを持つときのように、前腕全体をクラックのフレアした部分に押し当てる（図116）。自分の体と岩とが触れ合う面積をできるだけ大きくするように意識しよう。縁がのっぺりと丸いクラックでも意外なほどよく効く。ただし、縁の鋭いクラックでこのテクニックを繰り返し使うと、腕の半分がワニの口に突っ込んだかのように傷だらけになってしまう。そのため、服装も重要だ。

■ダウンワード・パーミング
〔downward：下向きの〕

このテクニックは体をクラックに効果的に引き入れるものではないので、使うのは傾斜の緩いクラックでのみだ。そのため、体がクラックにしっかりと入った状態か、下半身が安定している状態で使うようにしたい。

1 手のひらをクラックの外側のフェイスに当て、体を上へ、そしてクラックの中へ押し上げる助けとする（図123）。手の向きは指先が下を向くようにし、手のひらを岩に当てるときには肘を曲げて押し当てるようにする。肘が曲がっていないと、体をうまく押し上げることができない。体をしっかりと支えられるように、手のひらで押しやすい形状や場所を探すようにしよう。

2 手のひらでうまく押せない場合は、クラックの縁を下向きにカッピングしてもよい。指先は下に向け、腰の高さで上下逆さまにカッピングをす

る。クラックの縁はこのように使うのに、ちょうどいい手がかりになることがある。

■トラウト・ティックラー
〔trout tickler：マスくすぐり（つかみ取りのこと）〕

マスのつかみ取りをしたことはあるだろうか？クラックに入れた腕に対して、マスを岩の下に追い込むようにもう一方の手を使う、これがトラウト・ティックラーだ。これはレストをするときや、体の他の部分を動かすときに非常に有効なテクニックだ。

このジャムは、片手で決めるジャム（フィンガー、ハンド、フィスト）を、体と岩との間に決める（図124）。うまく効かせるには、次の3点に気をつけよう。

1 フィンガージャムを使う場合、肉づきが多い部分（例：前腕の内側）よりも骨が多い部分（例：前腕の外側）に決めるようにする。こうすることでジャムがずれにくくなる。

2 ハンドジャムを使う場合は、手のひらを岩に当てるようにするとよい。手のひらを体に当ててもジャムは効くが、ハンドジャムはずれやすくなる（5-2-1参照）。

3 トラウト・ティックラーは体のどの部分を

図123 アームバー／チキンウィングのオフウィズス：チキンウィングとダウンワード・パーミング

使っても決められる。内側の腕である必要はない。脚でも胸でも、もしかすると頭でも決めることができるかもしれない。ここは工夫のしどころだ。

非常に幅が広く登りにくいサイズのオフウィズズでは、ハンドスタックを体の他の部分と岩の間に決めるのもよい（ルーフクラックでは、脚と岩の間がよく使われる）。このテクニックは別名「コッド・ティックラー」と呼ばれる〔cod：タラ〕。

5-4-2　脚／足のテクニック

5-4-2-1　内側の脚／足

アームバー／チキンウィングのオフウィズズで使われる内側の脚のテクニックは、よく効くが力を使う。つまり、脚を押しつけて力を入れ続け、多少膝が痛むのを覚悟できれば大丈夫、ということだ。どうやっても絶対に痛い、ということではないが、ジャムを決め続けると脚が痛むこともあるので、その点は心の準備をしてほしい。ニーパッドが役に立つことも多い。このサイズのオフウィズズではとにかく脚に力を込めたりねじ入れたりして登るので、いろいろなテクニックを織り交ぜて負担を軽くするようにしよう。

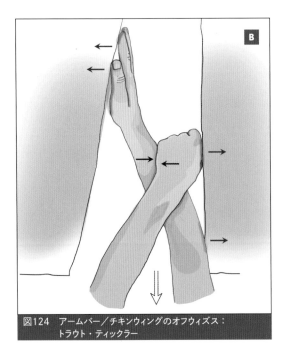

図124　アームバー／チキンウィングのオフウィズズ：トラウト・ティックラー

■レッグバー

強、アクティブ・エクスパンションジャム

これは脚をショルダーバー（5-4-1-1 参照）とよく似たやり方で決めるテクニックだ。

1　脚の向き：爪先と膝の皿をクラックの奥に向け、膝は約90度に曲げる。

2　差し込む：脚を付け根までクラックに差し込み、シューズのアウトサイドエッジ全体をクラックの内壁に当てる（右足を使う場合は、アウトサイドエッジをクラックの右内壁に当てる）。

3　膨らませる：足を入れた位置で保ちながら、膝から下がクラックの中を横切り、膝（および、できれば太もも）が反対側のクラックの内壁に当たるようにする。

4　シューズのアウトサイドエッジと膝の内側でクラックの内壁をそれぞれ反対方向に強く押す（図125）。レッグバーを長く使い続けると、腰のあたりが次第に疲れてくる。

5　クラックが奥へ行くにつれて細くなる場合は、足がクラックの中を横切るようにするとよい。踵はアウトサイドエッジを当てたほうのクラックの内壁につけたまま、足首をねじって爪先の親指側を反対側のクラックの内壁に当てる。この場合、爪先側のサポートは補助にすぎず、爪先が内壁に届いたときにだけ意味があることに注意。クラックの幅が広すぎる場合は、足首はねじらずアウトサイドエッジ全体がしっかり当たるように意識する。

■サイバー

強、エクスパンションジャム

これはアームバーと同じやり方で脚を決める。

1　脚の向き：爪先と膝の皿を上に向け、足の裏をクラックの奥に向ける。脚は真っすぐに伸ばし、できるだけ腰に近い高さまで上げる。これはカーフロック（5-1-3 参照）やニーロック（5-2-2 参照）を決めるときと同じ脚の向きだ。

2　差し込む：脚を付け根までクラックに差し込む。

3　ねじる：脚全体を内側へ90度ねじる。足首や膝ではなく、腰からねじるようにしよう。右足をねじる場合は反時計回り、左足をねじる場合は時計回りだ。

4　ここで踵の背中側が一方のクラックの内壁、爪先と膝の皿がもう一方のクラックの内壁に向く。脚を効かせるために、踵と膝をそれぞれ当たっているクラックの内壁に押しつけるようにしよう。クラックの幅が狭い場合は、太ももをクラックの内壁に押しつけてここにもしっかりフリクションを生むことができる（**図126**）。

5　クラックが奥へ行くにつれて細くなる場合は、足をうまく使うとさらにジャムの効きがよくなる。このようなクラックの中で脚をねじると、足が自然にバナナ・フットと似た格好になるので、あとはその手順に従って足を効かせるとよい（5-1-3参照）。クラックの幅が広いので、バナナ・フットの効きは悪く感じるはずだ。踵と膝を押しつけることを意識して、足先だけでジャムを効かせようとしないこと。バナナ・フットはあくまで補助として使うようにしよう。

■ニーバー

定／強、アクティブ・ローテーショナルジャム

ニーバーは普通のクライミングで使われるテクニックで、膝を使ってチキンウィングと同じように決める。特殊な場合を除いて、このテクニックは登るためには使わず、レストするために使うことがほとんどだ。スポートクライマーはコルネや大きなポケットといった形状でこのニーバーをよく使う。ニーバーのようなクラッククライミングのテクニックを常用するわりに、クラッククライミングを毛嫌いするスポートクライマーのなんと多いことか。そんな人たちも、ハンドジャムが効くことに気付けば圧倒的に楽に登れるかもしれないのに！

ニーバーができる場所を見つけてうまく決められれば、とても快適にノーハンドレストをすることができる。スポートクライマーの発想で、クラックが広く開いたところを探してみよう（この本でこんなことを書くことになろうとは！）。

1　爪先を一方のクラックの縁にスメアリング（2-3-2参照）するように当てる。どちらの爪先をどちらのクラックの縁に当ててもよい。体勢としてよ

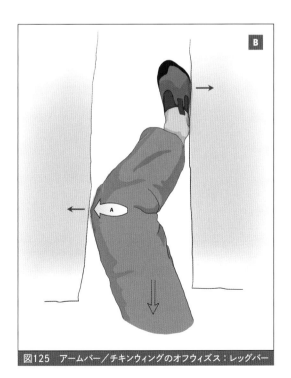

図125　アームバー／チキンウィングのオフウィズス：レッグバー

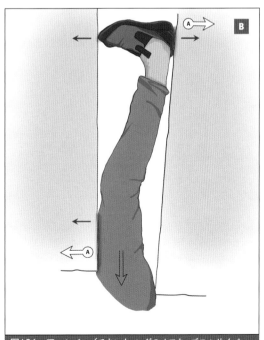

図126　アームバー／チキンウィングのオフウィズス：サイバー

5 OFFWIDTH CRACKS

り自然なほうを選ぶか、または登るときの足順から判断しよう。

2 踵が尻につくくらいまで膝を曲げる。クラックの幅が狭ければ踵は尻につけ、幅が広ければ少し離れてもよい。

3 次に、爪先がずれないように保ちながら、曲げた膝を膝先からクラックに入れる。クラックの幅が狭い場合は、膝を少し上向きにしながらクラックに入れ、それから下へずらすとよい。

4 足はスメアリング、膝はクラックの奥に向けた状態で、膝から下がクラックの中につかえるように、太ももをもう一方のクラックの内壁に当てる。スメアリングしている爪先と太ももが岩に当たり、膝から下が梃子の役割を果たしている状態になる。

5 膝がクラックに当たっているところから真っすぐ外向きに体重をかけると、ニーバーがしっかりと効く（図127）。チキンウィングと同じように、体重をかけるほどジャムの効きはよくなる。ニーバーは片足だけでも十分にレストしやすいが、両足でニーバーを決められればもっと楽だ。その場合は、先に入れた脚と同じ要領で、もう一方の脚も決めればよい。

6 ニーバーは水平のクラックに決めると、体が

真っすぐに立って足も大きなフットホールドに乗っているので、体勢としてはベストだ。クラックが縦になればなるほど、効かせるのに体幹が必要になる。

7 爪先から膝までがギリギリ届くくらいのクラック幅の場合には、脚の長さを伸ばすためにもう一工夫できる。踵を持ち上げ（足全体をべったり置くのではなく）、爪先だけで立ってみよう。こうすると、地面に爪先立ちしたときのように、脚の長さが少しだけ伸びる。ただし、岩に触れる面積が小さくなるので、足元は少し不安定になる。また、爪先で立つとふくらはぎがパンプしやすい。

5-4-2-2　外側の脚／足

アームバー／チキンウィングのオフウィズスで外側の脚／足の使い方は、クラックの中での足の角度によって区別する。使うテクニックはシンプルで、クラックの内壁の間を横切るように足を入れ、踵を一方の壁、爪先をもう一方の壁に当てる。足の入れ方は、主に次の2種類がある。

ヒール・ハイ〔heel high:踵を高く〕
強、アクティブ・ローテーショナルジャム
爪先と同じかそれよりも少し高い位置に踵を当

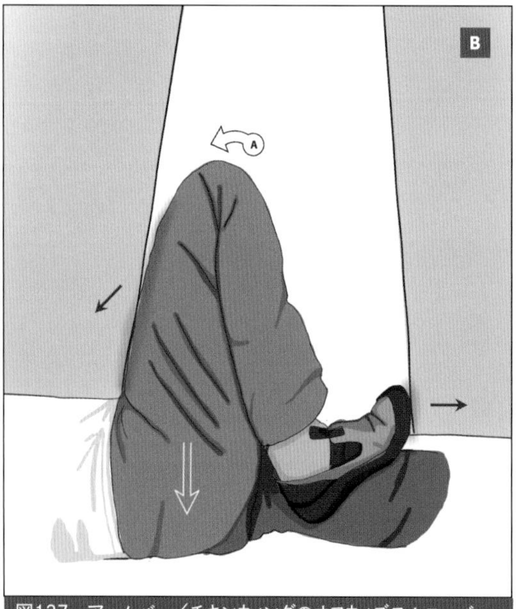

図127　アームバー／チキンウィングのオフウィズス：ニーバー

図128　アームバー／チキンウィングのオフウィズス：
　　　　外側の足のヒール・ハイ

てると、ジャムを解除して足を動かしやすい。足のスイミングで素早く登りたいときには、この高めの踵の位置を意識すると、足が効きすぎて抜けなくなるのを防げる。覚えておきたいのは、踵を高くするとジャムの効きはいくらか悪くなることだ。ジャムが滑らないようにするには、爪先をクラックの内壁に強く押し当て、できるなら爪先を曲げてシューズのラバーが岩に触れる面積を大きくするとよい。足の指と足の甲の間がV字になるのが正しいポジションだ（図128）。

ヒール・ロウ〔heellow:踵を低く〕

定、アクティブ・ローテーショナルジャム

　爪先よりも低い位置に踵を当てると、足の角度が水平になって効きもよくなる。がっちりと効きすぎてジャムを解除するのが難しくなることもあるほどだ。このポジションは登るのには向かないが、レストしたりギアをセットしたりするときにはとてもよい。足と踵(すね)の間がV字になるのが正しいポジションだ（図129）。

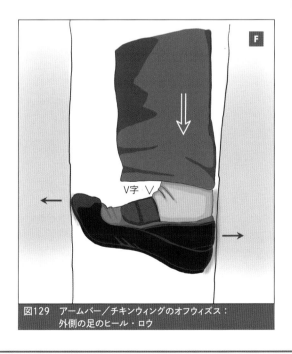

図129　アームバー／チキンウィングのオフウィズス：
　　　　外側の足のヒール・ロウ

5-4-3　ポジショニング

5-4-3-1　フェイスクラック
■直上するクラックでのポジショニング
　　　（直上するクラックの定義は2-3-1参照）
　このサイズのクラックでのポジショニングは単純明快だ。本節で紹介してきたテクニックを正しく使えば、それがそのまま正しいポジショニングになる。ただしそれに加えて、登るためのポジションをよくするための工夫はいくつかある。

1　アームバー／ショルダーバー／チキンウィング：これらのテクニックを使う場面でよくある失敗は、岩に正対するポジションで登ろうとすることだ。これらのテクニックを使うときには体を横に向け、それにより体の横幅を細くしてクラックに入れ、肩や尻をしっかりと岩に当てることができる。そのためには、クラックには肩を最初に入れるようにしよう（胸と背中がクラックの内壁と平行になるように）。クラックの中を覗き込むのではなく、クラックの外のフェイスに沿って横を向いていれば、正しいポジションだと言えるだろう。肩を開いて胸を張り、クラックの奥ではなく外の景色を眺めよう！

2　ダブル・チキンウィング：ダブル・チキンウィングを使う際、2つ目のチキンウィングを決めるときに体が岩に正対するポジションになる。これが正しいポジションで、視線は真っすぐクラックの奥に向く。

■斜上するクラックでのポジショニング
　　　（斜上するクラックの定義は2-3-1参照）
　斜上するクラックでは、腕と内側の脚については直上するクラックの場合と同じ原則があてはまる。しかし外側の脚と体の向きについては、クラックの傾き具合によって変わる。

傾きが緩い場合：
●**下を向く**：クラックの下の縁の掛かりがよい場合は、下を向いて登るのが楽だ。外側の手で

5　OFFWIDTH CRACKS

クラックの縁を持って引きやすく、クラックの傾きによって体勢が悪くなることもない。傾きが緩いため、外側の足はフロッグド・フット（5-1-3図92参照）を決めると体を押し上げやすい。クラックに入れたときに外側の足が体の真下に来ず、常に見えているともかぎらないため、足を決めるのが難しく感じるかもしれないが、ここは感覚を頼りにクラックの中に足を入れて決めるのがベストだ。

- **上を向く**：クラックの下の縁がフレアしている、丸くなっている、オフセットしている、あるいは外側の手で持てそうにない場合は、背中をそちらに当てて上を向いて登るのがよい。上を向いて登るときには、外側の足はフロッグド・フットにしてクラックの縁に当てる（5-1-3参照）。下を向く場合と違って、足を見ながら決めることができ、体を押し上げるのも楽になる。

傾きが強い場合：

- **下を向く**：クラックの傾きが強い場合、外側の足をクラックに入れるのは難しい。クラックに入れるには進行方向に対して後方（背中側）に足を置くことになるが、これはバランスが悪く、腕にかかる負担が大きくなる。この場合は外側の足をクラックの下の壁の、自分の重心の真下あたりで踏ん張るとよい（2-3-1「斜上するクラックでのポジショニング」参照）。
- **上を向く**：上を向く場合は、クラックの傾きが緩いときと同じだ。ただし、クラックの外側にフットホールドがある場合でも、それが明らかに有用でないかぎりは使わないこと。へたに使うと、バランスが大きく崩れるため逆効果だ。

5-4-3-2　コーナークラック

このサイズのコーナークラックを登るときには、直上するクラックと同じテクニック、そしてポジショニングとなる。コーナークラックのよいところは、コーナーの壁に背中を当てて体と岩が触れ合う面積を大きくできることだ。内側の肩を

クラックの奥へねじ込むと、背中全体がぴったりと後ろの壁につく。ここにフリクションが生じ、登りが安定するわけだ。この他にも、コーナーの壁があることで使える手と足のテクニックをいくつか紹介する。

手

バックワード・パーミング：外側の手はカッピング（5-4-1-2参照）をする代わりに、ダウンワード・パーミング（5-4-1-2参照）が使える。ただし、ここで手を置くのは背後にあるコーナーの壁だ（図130）。これはコーナーの傾斜が緩いときには特に有効なテクニックだ。

脚／足

- **バックステッピング**：下半身も、手と同じように使うとよい。踵が尻に近づくように脚を持ち上げ、シューズのソールをコーナーの壁にべったりとつける。あとは、この脚で体を押し上げていけばよい（図130）。さらに効きをよくしたければ、踵を掛けて足元を安定させられるようなエッジを探すようにしよう。このテクニック

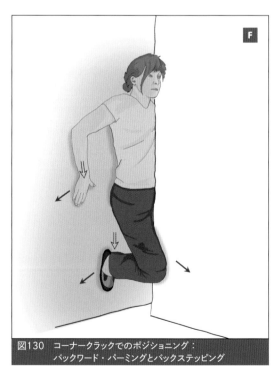

図130　コーナークラックでのポジショニング：
バックワード・パーミングとバックステッピング

は通常の外側の足のテクニックほどしっかり効かず、使う場合には足が滑らないように注意が必要だ。ただし、傾斜の緩いところでは非常によく効き、外側の足が痛くなってきたときに使えば、足を休ませることもできる。

- **ニー・クランピング** [clamp：挟んで押しつける]：バックステッピングはニー・クランピングと組み合わせて使うとよい。外側の脚をねじり、股をクラックの縁、太ももの内側をクラックの外のフェイスにそれぞれ押し当てる。外側の脚でニー・クランピング、内側の脚でジャミングを決めると、体勢はより安定する。形としては、クラックの縁を両脚で挟み込むような格好になる。

- **チキンレッグ**（強、アクティブ・ローテーショナルジャム）：コーナーの角度が90度よりも小さい場合には、外側の脚をこのチキンレッグの形にするとよく決まることがある。テクニックとしては、広めのスクイズチムニーでの下半身の使い方と同じだ（6-3-1「ヒップスラスト」参照）。タイトなコーナーをフレアしたチムニーととらえ、シューズのソールをコーナーの壁に当てる（この動きはバックステッピングと同じ）。ただし、クラックの入り口よりもいくらか遠い位置に当てるようにしよう。そして膝から下がコーナーを横切り、膝とそのすぐ上あたりが岩に当たるようにする。足はコーナーの壁に押しつけ、太ももに体重をかけるとジャムがしっかりと効く。

5-5　オフウィズスでの動き方

オフウィズスでの動きは、どんなクライマーにとっても奮闘的だ。ひとつひとつのテクニックやポジショニングをマスターしても、さっぱり動けないこともある。テクニックやポジショニングを使っていかに上向きの動きを生み出すかがわからないのだ。すべてのクライマーが、オフウィズスクライミングを始めたときに、必ずこの問題に行きあたる。感覚的には1000手くらい動いた気がするのにほんの数センチしか進んでいなかったと気づいたときには、身も心もボロボロになってやる気を挫かれそうになるものだ。

通常のクライミングと違って、たしかにオフウィズスクライミングは速く登れるものではなく、大きなムーヴを起こすことも、足を一気に上げることも、岩とのフリクションを感じずにスイスイと進むこともできない。とはいえ、1分間にほんの数センチしか進めないようなペースならば、おそらく動き方が間違っていると考えられる。オフウィズスの動きのよいところは、同じ動きが繰り返されることだ。つまり、一旦理解さえできれば、最小限の努力でどんどん上達できるということなのだ。

■基本的な動き

オフウィズスの中で動くときに重要なのは、体の部位とその役割について「クラックの外」と「クラックの中」でしっかりと区別することだ。クラックに入れた部位だけで上へ動こうとして失敗する人が多い。クラックの中の部位にだけ注意がいってしまい、体を上へ動かすために最も重要なものを疎かにしてしまっている。それが、外側の脚／足だ。

オフウィズスをうまく登るために (そして登るたびにずり落ちないために) 大切なことは、次の2つである。

1　中にある部位で体を固定する (クラックの中にある脚、足、腕、手)。

- これらの部位は、体をクラックの中にとどめるために使う。しっかりと安定した体勢ができ、それによってクラックの外にある部位を動かすことが可能になる。
- これらの部位で体を持ち上げることはできない (その補助はできるが)。そのため、中にある部位だけで登ろうとしないこと。体のあちこちに擦り傷や切り傷ができるだけだ。

2　外にある部位で体を上げる (クラックの外もしくは縁にある脚、足)。

- これらの部位は、体を上に動かすために使う。脚を持ち上げ (曲げ)、ジャムを決め、そのジャムで立ち上がる (脚を伸ばす) ことで上への推進力が生まれる。オフウィズスの中で上へ向かう動きのすべては、この外にある脚／足にかかっている。
- 上に動くのと同時に、外にある部位はクラックの中でバランスを保つためにも使う。姿勢を真っすぐにし、上半身がクラックから吐き出されるのを防ぐ働きもする。外にある部位は立ち上がるための足掛かりになり、それによって中にある部位に全体重がかからず、負担を減らせるわけだ。

■体の動かし方

いざオフウィズスを登り始めると、目を配ることがたくさんあると感じるだろう。スタック、内側の脚と足、外側の脚と足、パンプ、そして疲れ。これらすべてに目配りし続けるのは難しい。体のある部分に意識を集中すべきときに、別の部位のことを考えたり動かそうとしたりすることもあるかもしれない。重要なことは、きちんと順序立てることだ。まずはひとつの部位に集中し、そこを適切に使って必要な動きをしてから、次の動きに

移るようにしよう。一度にいくつものことを試みたり、ジャムをしっかりと決める前に次の動きを始めたりすると、クラックを登るどころか逆に後退することになるだろう。

オフウィズスでの動きには4つの段階がある。ここでは、ハンドスタックを決めている場合の動き方を解説する。ただし、これはアームバーやチキンウィングにも当てはまることなので、よく覚えておこう。

1 スタックと内側の脚／足のジャムで体を安定させる。

- スタックを決め、しっかりと効かせる。決める位置は目の高さよりも少し上にすると楽だ。頭よりも高い位置だとしっかりと効かせるのが難しくなり、逆に胸の高さだと体が岩から離れ、重心が壁から吐き出されて疲れやすい。
- 次に、内側の脚／足でクラックのサイズに合ったジャムを決める。
- この2つのジャム（スタックと脚／足のジャム）は体勢を安定させるためのもので、体を持ち上げるものではない。

2 外側の脚を持ち上げ、クラックの縁に足でジャムを決める。

- 安定した体勢を保ちながら、外側の脚を持ち上げて、足でジャムを決める。外側の脚は体を押し上げるために使うので、膝が曲がるところまで持ち上げよう。
- 疲れていたり余裕がなかったり、ジャムの効きが悪い場合は、外側の脚は一気に上げず小刻みに決めるとよい。そうでなければ、大きなムーヴでもよい。

3 外側の脚を頼りにその脚を下に押し伸ばす。

- 安定した体勢を保ったまま、クラックの中に決めた体の部位はどれも動かさないようにする。
- 外側の脚に力を込め、真っすぐになるまで伸ばす。片足でスクワットをするようなイメージだ。
- このとき内側の脚／足を使って腰をクラッ

クの奥に引きつけた状態をキープし、立ち上がるときに体が岩に近づいたままにする。この脚／足のジャムは動かさないようにしよう。
- 上半身はスタックを使って岩のほうへ引き寄せ、重心が吐き出されないようにする。外側の脚で体を押し上げるときに、スタックの引きつけで補助するとよい。ただし、スタックだけで体を動かそうとしないこと。
- この動きが終わると、内側の脚はいくらか真っすぐになり、ジャムは初めよりも少し低い位置になる。スタックは目の高さにくる。外側の脚は伸びきって固定されている。要は、この動きでは、曲げた膝が真っすぐになる分だけ体が押し上げられたのだ。クラックの中に決めた体の部位は一切動いていないのが理想だ。

4 スタックと内側の脚を決め直す。

- 外側の脚が真っすぐになったので、スタックと内側の脚／足を高い位置に決め直せる。
  - スタックの動かし方：外側の脚／足を土台として立った状態で、内側の脚／足を使って体がクラックから吐き出されないように保つ。次にスタックにかけている力を抜いて、目の高さより上のちょうどよい位置に動かす。このときスタックの形を完全に崩す必要はなく、形はそのままでただ力だけ抜いて、クラックの内壁に触れたままクラックの中を上にずらすとよい。
  - 内側の脚／足の動かし方：外側の脚／足を土台として立った状態のまま、決め直したスタックで体勢を保つ。次に内側の脚／足にかけている力を抜いて、上にずらし、ジャムを決め直す。
- すべてのジャムを決め直すことができたら、体勢は1の初めに戻る。つまり、スタックが目の高さより上で、内側の脚／足はテクニックに応じた適切な高さで決まっており、外側の脚は真っすぐに伸びて固定されている状態

だ。この状態が体勢としては最も安定するので、ギアのセットやクリップ、レストなど、他の動きをする必要があるときにはこの体勢をとるようにしよう。

■この順序を繰り返す

　この4つの段階が、オフウィズスの動きのひとつのサイクルだ。外側の脚をどれだけ持ち上げるかによって、一度に進むのが数センチから数十センチまで変わる。あとはこの1～4の順序で動き続け、オフウィズス完登への道を這い上がるだけだ！

アームバー／チキンウィングを使う場合

　前述したオフウィズスでの動き方は、ハンドスタックを使うものだが、アームバーやチキンウィングを使って登る場合は、外側の脚での押し上げをダウンワード・パーミング〔5-4-1-2参照。手のひらで下向きに押す動き〕やアームバーで補助できる。ただし、これらはあくまで外側の脚の補助なので、足使いを疎かにして腕と手のひらに全体重がかからないように注意しよう。

■ペース

　いくつも続けてムーヴを起こせる場面では、登るペースについて考えるとよいだろう。オフウィズスクライミングは大きな筋肉をいくつも使うので、同じ動きを何度も繰り返すと、さながら有酸素運動のように感じられる。ときには息が切れてしまうこともあるだろう。これはいたって普通のことで、ランニングをしたときのように呼吸が荒くなるのは想定内だ。しかしオフウィズスクライミングにおいては、この呼吸をコントロールして赤信号が点滅しないように、つまり回復しないくらい疲れ切ってしまわないようにしたいものだ。クライミングのペースを調整することで、それが可能になる。

　オフウィズスクライミングのペースは、3つに分けて考えることで、コントロールできる。

ベース：コントロールされたオフウィズスクライ

ミング。オフウィズスの動きのサイクル（前述1～4）を5～10回繰り返すが、その際、10～30秒のごく短いレスト（安定した体勢をとる）を間にはさむ。覚えておきたいのは、自分にとって心地よいペースのクライミングでも、ごく短いレストを必ずはさむことだ。レストをはさまずに登ると、赤信号が点滅してくる。

ハード：ルートの核心部や難しいセクションで、数割増しで力を出すような場合。こうしたセクションはペースを上げて速く切り抜けるようにし、その際、よい姿勢で正しいテクニックを使うことに意識を集中させよう。

レスト：クラックの中で安定して力の抜ける体勢をとって、数分間動かずにいる。レストするのは楽だが、レストする時間には注意したい。長くレストしすぎると、あまりレストせず（疲れが残ってはいる）脈が依然速い状態で登りだすよりもつらくなることもある。ベースでずっと登ってきた後に長くレストする、もしくは難しいムーヴの前後でレストするのがよいだろう。

■ジャムからジャムへの流れ　　（体の向きを切り替える）

　オフウィズスクライミングでは、体を右向きから左向きに変える、もしくはその逆の動きをすることがよくある。ずっと体の同じ側だけを使って登れるルートばかりではないので、この動きは覚えておくと役立つ。また、体の片側だけを使いすぎないためにも、切り替えは重要だ。

　体の向きの切り替えは体勢が不安定になりやすく、動きとしても難しいため、完全に疲れ切ってしまう前に行なうようにしたい。「あぁ、もう完全にパンプして落ちそうだから、体の向きを変えてなんとかしよう」と考えたときには、実際に落ちてしまう未来がもう見えている。疲れ切る前に先手を打って、まだ力が残っているうちに切り替えをするようにしよう。

　体の向きの切り替えは、

1　スタックがしっかりと効き、外側の足がク

ラックの縁に掛かって安定して立てていること
を確かめる。内側の脚／足をクラックの縁のほう
に寄せて、外側の足のすぐ上あたりにツイステッ
ド・フット（5-1-3 **図93**参照）を決める。この足
がそのまま次の外側の足となるので、しっかりと
決めよう。

2　前項1で決めた足に体重を乗せ、外側にあっ
た足のジャムを解除して、決めた足の上からク
ラックの奥に入れる。こちらが次の内側の脚／足
になる。

3　両脚がそれぞれの位置に決まったら、切り替
えた体の向きで効くようにスタックを調節する
（ハンド＋ハンド、ハンド＋フィスト、フィスト＋
フィストの組み合わせと体の向きについては本章
の各解説参照）。

　アームバーやチキンウィングを使って体の向き
を変える場合は、腕の使い方によって切り替えが
素早くできる。ただし、まずは内側の脚／足をク
ラックの手前に寄せて、クラックのサイズに合わ
せたテクニックを使ってしっかり決めること。

- クラックの縁が尖っていて掛かりがよい場合
  は、両手で左右のクラックの縁を持って、体を
  切り替えたい向きに回して、それからクラック
  の中に入り直してアームバーやチキンウィング
  を決める。この手順は切り替えをしている間、
  一瞬だが体と岩とが触れ合う面積が一気に小さ
  くなるため、体勢が不安定になり疲れやすい。
  その一方で切り替えは速く、それほど無理なく
  できる。
- ダブル・アームバーもしくはダブル・チキン
  ウィングを使って向きを変える。クラックの奥
  を覗くような向きに体を回し、これまで決めて
  いた腕の上か下にアームバー／チキンウィング
  を決める。次に、これまで決めていた腕を抜い
  て外側の腕のポジションに変える。この動きは
  安定して行なえることが多いが、上の方法に比
  べて体勢的につらくなりがちだ。

インディアンクリークのブロークントゥースにあるデンティスト・チェア
（The Dentist's Chair 5.11+）で "ライトバルブ・チェンジャー"
を使うパトリック・キングスバリー © Andrew Burr

アレックス・オノルド

アレックスはフリーソロの達人だ。彼が成し遂げてきたクライミングは、先人たちが残した偉業の、一歩どころかはるか先を行くようなものだ。その目覚ましい活躍のなかでもハイライトとなるのが、2017年にヨセミテで行なったエル・キャピタンのフリーソロ（フリーライダー Freerider 5.12d/5.13a）だろう。

■一番好きなクラックのエリアは？

間違いなくヨセミテ。考えるまでもない。あれだけ素晴らしいアクセスと気候でパーフェクトなクラックが山ほど登れるところなんて、他にある!? ヨセミテは世界一刺激的なクライミングエリアだと思う。それにヨセミテのクラックはとても手強いんだ。サラテウォール（The Salathé Wall）やノーズ（The Nose）、ミュアウォール（The Muir Wall）には、何百メートルもずっとクラックが続いているんだ。素晴らしいクライミングだよ！

■一番好きなクラックは？

ノーズかサラテかな……どちらも素晴らしい。世界的な金字塔といえる2本だよね！ だけど、もっと普通のシングルピッチのルートで選ぶなら、インディアンクリークのトリックス・アー・フォー・キッズ（Tricks are for Kids 5.13b）とそのエクステンション。世界でも指折りの美しいクラックだよ。キャメロットの0.75番を10個も15個もぶら下げて登ったのを覚えている。全然アンカーが見えてこなくて、ルートが永遠に続いているように思えた。

■印象的なクラックの体験談は？

ブギー・ティル・ユー・プープ（Boogie 'til you Poop）は印象的だった。本当に漏らしたわけじゃないんだけどね。そのルートで、ハンドスタックの効かせ方がわかったときのことはよく覚えている。スコーミッシュで初めて過ごした夏に、オンサイトでソロするつもりで行って、最初のスクイズチムニーは調子よく登れた。それで、4番のサイズのクラックの下まで来たとき、どう登ればいいかわからなくて行きづまった。いろいろ試したら、ハンドジャムが2つ組み合わさって決まって、その瞬間これがハンドスタックなんだってわかったよ。僕のクラッククライミングにおける大きな発見だった。

もうひとつ挙げるとしたら、何年も前に初めてセパレートリアリティ（Separate Reality 5.12a）を登ったときのこと。ルートの真ん中あたりで手が滑ったんだけど、足がクラックに引っかかったんだ。あのクラックは少しオフセットしていて、踵をちょっとした出っ張りに置いていたんだけど、そこに引っかかったんだね。とにかく、コウモリみたいに逆さ吊りになって、腕のパンプを抜いて、それから完登できた。今でも、ロープに体重はかけなかったから、あれはオンサイトだったと思っているよ！

■アドバイス

ヨセミテでクラックを登る人たちは足に集中するべきだと思う。ヨセミテのほとんどのルートは傾斜が緩いからね。エルキャプもそうだよ。だから、フットワークの勝負になるんだ。そうでなくても、フットワークがうまければどんなときにも役立つ。いつもジャミングで引きつけるんじゃなくて、ジャミングに頼りすぎなくてもいいように足を使うということ。残念ながら、筋力は落ちてしまうんだけどね。多分そのせいで僕はスポートクライミングが苦手なんだ。

でも、ヨセミテはスラブクライミングの一大エリアということは覚えておいてほしい。ヨセミテはクラッククライミングの一大エリアと考えている人が多いだろうけど、実はクラックのあるスラブクライミングのエリアと言うべきなのさ。個人的な意見だけどね……。

Pop Quiz　どちらが好き？

1. フィンガークラックとオフウィズス？　フィンガークラック
2. ステミングとルーフクラック？　どっちもイヤだな！ 強いて言えばステミング
3. ハンドジャムとハンドスタック？　ハンドジャム
4. ニーロックとチキンウィング？　どっちもイヤ。エレガントじゃないよ
5. テーピングはする？ しない？　しない
6. カムとナッツ？　絶対的にカム。僕はナッツをほとんど使えない
7. クラックなら砂岩？ 花崗岩？　難しいね。どっちも好きだな
8. 短くてハードなルートと、長くて持久系ルート？　短くてハードなルート
9. 痣と擦り傷、つくるなら？　どっちもイヤ
10. 思わぬ失敗に備えてクライミングパンツを選ぶなら、赤と茶色どっち？　いつも黒い服を着るからね。それに、ありがたいことにクラッククライミングでひどい目にあったことはないよ

スコーミッシュ、マリンパークのレヴィティカス（Leviticus 5.12d）を登るアレックス・オノルド © Andrew Burr

SQUEEZE CHIMNEYS
6　スクイズチムニー

　クラックがさらに太くなると、体をクラックの中にすっぽり入れられるようになる。そこにあるのはゾッとするようなオフウィズスクライミングではなく、新しいチムニークライミングの世界だ。体が完全にクラックの中に入っているので、クライミングは安定するが、それでもタイトなスクイズチムニー〔squeeze:絞る、押し込む〕は全身を使った有酸素運動だ。

　スクイズチムニーが素晴らしいのは、クラックの中で体と岩が触れあう面積がとにかく大きく、落ちる心配がないというところだ。体が抜けないのでは、ということもある。失敗しようがないなんて、なんとも素晴らしいじゃないか！　そのためスクイズチムニーを登ることができれば、太いサイズのクラックに自信がつく。見た目にはオフウィズスのテクニックを使うクラックよりも大きく、太く、もっと恐ろしげに見えるが、実際にはずっと楽なのだ。ただし閉所恐怖症の人は、より狭く閉ざされた空間に入らなければいけなくなることに注意してほしい。これから攀じ登るのは岩の表面ではなく、野獣の腹の中なのだ。

　この章では異なるサイズのスクイズチムニーで使われる3つのテクニックを紹介する。そのどれもが全身をクラックに入れるものだ。では、身支度を整えて、飛び込んでみよう！

ユタ・モアブのポタッシュロードでオフウィズス・アー・ビューティフル（Offwidths are Beautiful 5.10）を登るジェイ・アンダーソン © Andrew Burr

6-1 狭いスクイズチムニー（基本的なスクイズ）

最も基本的なスクイズチムニーのテクニックがこれだ（図131）。

6-1-1 テクニックとポジショニング

1 体勢：クラックの中で背筋を伸ばし、頭が上、足の裏が下を向くようにする。

2 手と腕：左右両方の手と腕でアームバー（5-4-1-1参照）をする。手は体のすぐ横で、指先を下に向けてアームバーを決める。こうすることで上向きに押しやすく（手のひらで壁を下向きに押す）、また下半身の重さが加わることでローテーショナルジャムが効いているので、動かずにいるとアームバーの効きが非常によく感じる。

3 背中と胸：背中はしっかりと後ろのクラックの内壁に当てる。このとき、アームバーをしている手のひらでクラックの内壁を押すことで、背中はさらに強く押し当てられる。チムニーの幅が非常に狭い場合は、胸が反対側のクラックの内壁に触ることもある。場合によっては、顔を横に向け

なければ鼻の頭を擦りむいてしまうくらいチムニーが狭いこともある。

4 脚と足：左右両方の脚でレッグバーを決める（5-4-2-1参照）。スクイズチムニーの幅がとても狭く、体の至るところが岩に当たっているようなら、片脚のレッグバーで十分体勢が安定することもある。このような場合は片脚をもう一方の脚よりも伸ばしておくと、狭いサイバーのように効かせることもできる（踵の背中側が後ろの壁、膝と太ももが前の壁に当たる。5章参照）。こうすることで尻の片側が少し細くなり、いくらか動きやすくなる。さらに、腰回りを休めることもできるので、長いスクイズチムニーを登ってこの部分に乳酸がたまるようなときには有効だ。伸ばす脚は左右で切り替え、レッグバーをして疲れた筋肉を片側ずつ休めるようにしよう。

6-1-2 動き方

基本的なスクイズチムニーでの動き方は、上半身と下半身の動きのサイクルと、呼吸のパターンが重要だ。

■動きのシークエンス

1 動きのサイクル1──上半身の動き（腕、肩、背中、胸、頭）

- レッグバーで体勢をしっかりと保つ。アームバーにかかっている力を抜き、肘を伸ばして上半身をクラックの中でずり上げる。腕を片方ずつ動かすために、肩は別々に動かすようにしよう。

- アームバーの力を抜いて動かすときには、後頭部を壁に当てて上半身の力を保つ補助をするのがコツだ。

- 上半身が伸びきったら、アームバー、背中、そして胸を決め直して、新しいポジションに体を落ち着ける。あまり高さは稼げないので期待しな

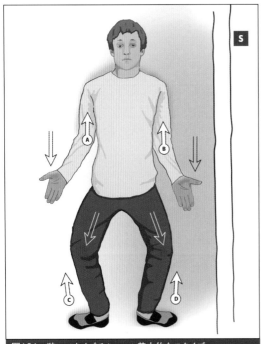

図131 狭いスクイズチムニー：基本的なスクイズ

いこと。通常は動いてもせいぜい15〜30cmほどだ。

2　動きのサイクル2──下半身の動き（脚、足、腰）
- アームバーでしっかりと壁を押して体勢を安定させたら、両脚を左右それぞれ動かして初めのポジションに戻る。

スクイズチムニーの一連の動きを少し離れて見ると、イモムシが伸び縮みする動きに似ている。

■呼吸

正しいパターンで呼吸をすることはどのサイズのスクイズチムニーでも大切だが、基本的なサイズのスクイズチムニーでは特に重要になる。チムニーの幅が非常に狭いので、動こうとするときに息を十分に吸っておくことが、どれだけ前進できるかに大きく関わってくる。

止まっているときや、動きのサイクルの終わりのあたりでは、息を吸って胸をできるだけ膨らませておく。体を上に動かすときには、息を吐き切って胸をしぼませ、筋肉をリラックスさせる。この呼吸のテクニックを逆にしてしまうと、上に向けて動こうとしたときにヘルニアになってしまうかもしれない。

なにか力のいることをするときには息を吸って体を緊張させたくなるもので、力を出すのに合わせて息を吐いてリラックスするのが難しいと感じる人もいるだろう。しかし、息を吐いてリラックスすることで、スクイズチムニーは思っていたよりも簡単に感じられるはずだ。難しく感じるということは、自分のがんばり方が間違っているのかもしれない。呼吸と動きを正しく組み合わせられているだろうか？

登るときには一呼吸を長くする。しっかり深く吸って、長く吐き出す。呼吸はテンポよく、一定のリズムに保つようにしよう。これができれば、クライミングに呼吸のパターンを合わせられる。
- 吸う：初めのポジションで体を安定させる
- 吐く：息を吐ききるまで上半身を伸ばす
- 吸う：新しいポジションに体を落ち着ける
- 吐く：息を吐ききるまで下半身を動かす
- 吸う：初めのポジションに戻る

6-1-3 その他のテクニック：Tスタック

狭いスクイズチムニーでレッグバーを使っていると、腰回りがとても疲れてくる。このような状況でレストするときに使えるテクニックが、Tスタックだ。

1　一方のシューズのアウトサイドエッジ全体を後ろ（背中が当たるほう）のクラックの内壁に当てる。シューズのソールは下に向ける。爪先は使う足と向いている方向によって、クラックの外もしくは奥へ向ける。

2　もう一方の足を、先に当てた足と前（胸が当たるほう）のクラックの内壁の間を横切るように入れる。踵は先に当てた足の土踏まずに収まり、爪先は前のクラックの内壁に当たるようにする。後から入れたほうの足の形は、ヒール・ロウによく似た形になる（5-4-2-2**図129**参照）。両足が組み合わさると、T字ができる（**図132**）。

Tスタックのテクニックは動くのには向いていないが、しっかりと効けば、長く続くこのサイズのスクイズチムニーで体の他の部位を休めることができる。

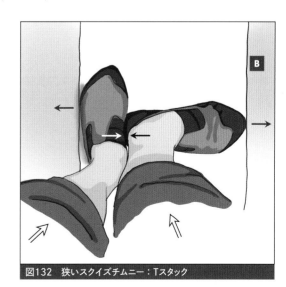
図132　狭いスクイズチムニー：Tスタック

6-2 中間サイズのスクイズチムニー（サイドワインダー）

〔sidewinder：ガラガラヘビ〕

チムニーの幅がいくらか広いときには、筆者はサイドワインダーをよく使う。これは少し上級者向けだが、慣れれば効きはとてもよく、登りの効率もよい。また、横向きになってチムニーを通り抜けなければならない場合、例えばルーフの出口やクラックの奥へ体を入れたいときなどにも、このテクニックは有効だ (図133)。

6-2-1 テクニックとポジショニング

1 体勢：腰の片側が真上、もう片側が真下を向くように、クラックの中で体を横向きに倒す。頭と足の裏は、どちらを向いて登るかによって、それぞれクラックの入り口と奥に向く（どちらでも可）。

2 手と腕：下の腕（地面に近いほうの腕）で、指先を地面に向けて下向きのアームバーを決める（5-4-1-1 参照）。クラックの中で体が横向きになっているので、この腕が全身で最も低い位置にくる。足はこの腕よりも下に下ろさないようにしよう。上の腕（空のほうにある腕）は、指先を下、肘を上に向けてチキンウィング（5-4-1-1 参照）を決める。

3 脚と足：クラックの幅に応じて、レッグバーもしくはサイバーを決める（5-4-2-1 参照）。クラックの幅が狭ければレッグバー、広ければサイバーにするとよい。両脚は高い位置に決め、特に上の脚は腰の高さよりも下に下げないようにする（上の脚は決める位置が高いほどよく効くことが多い）。脚の位置が下がってしまうと腰も一緒に落ち、このテクニックはまったく効かなくなってしまう。腰元を引き締め、よい体勢を保つためにも、脚は高い位置に保つようにしよう。

4 背中と胸：アームバーと膝の動きによって、背中が後ろのクラックの内壁に押し当てられる。チムニーの幅が広いので、胸が前のクラックの内壁に当たることはないだろう。

6-2-2 動き方

サイドワインダーのポジションでの動きは、体の部位をひとつずつ順番に動かすことが重要だ。

■動きのシークエンス

1 スタートの形：まずはしっかりとスタートのポジションをつくろう。スクイズチムニーの出だしに体が入っている場合は、チキンウィングを体より上、アームバーを体より下に決めて、鉄棒の蹴上がりのように両足を体の横まで上げる。下の脚は腰の高さ、上の脚の先はチキンウィングと同じ高さ（もしくはさらに上）になるようにしよう。

2 チキンウィング：チキンウィングを動かすためには、岩に触れている他のすべての部位に力を込めて体勢を安定させて、チキンウィングの力を抜き、肘から先に上へ動かす（5-4-1-1「チキンウィングのテンションを抜く方法」参照）。

- 上の脚で体の高さを保つ
- 下の脚で腰が落ちないように支える
- アームバーで、上半身を上に動かすとき、次い

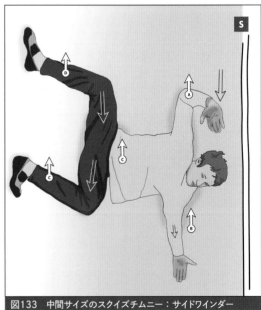

図133　中間サイズのスクイズチムニー：サイドワインダー

でチキンウィングを少し上に決め直すときの支
えとする。

3　アームバー：チキンウィングを決め直すのと
同じ要領で、アームバーを少し上に決め直す。

4　脚：次に、下半身に集中しよう。使うテクニッ
クは腕と同じで、片脚ずつ動かす。下の脚が取り
残されてしまいやすいので、まずはこちらから動
かして、上の脚に合わせるように持ち上げる。そ
れから上の脚をチキンウィングかそれよりも上の
ちょうどいい位置に決め直す。

5　腰：体の４つの部位（順にチキンウィング、
アームバー、下の脚、上の脚）を動かしたら、腰の
位置が低く感じるはずだ。この状態から腰を上げ
るためには、背中と尻の力を抜き、腰を上に向け
て素早く振るように動かす（これをヒップフリッ
クと呼ぶ）。アームバーを意識して下向きに押す
と、この動きがしやすくなる。この動きに慣れて
きたら、下の脚を動かすのと同時に腰を上げても
よい。こうすると、腰が下に取り残されないので、
上の脚を動かすときにより高い位置に決め直すこ
とができる。シークエンスがうまくつながると、
次のような流れになる。

- チキンウィングを動かす。
- アームバーを動かす。
- ヒップフリックで腰を上げながら下の脚を動か
  す。
- 上の脚を動かす。

ワイオミング・ビデプーのルシール（Lucille　5.12d）でみごとな
サイドワインダーを披露するダニー・パーカー　© Irene Yee

6-3　広いスクイズチムニー（ヒップスラスト）　[thrust：ぐっと突き出す]

　ヒップスラストはクラックの幅がさらに広く、もうほんの少し広ければチムニーのテクニックが使えるという場面で役に立つ。これはサイドワインダーに比べると簡単で、基本的なスクイズチムニーのテクニックほど力を必要としない（図134）。

6-3-1　テクニックとポジショニング

　1　体勢：クラックの中で体を真っすぐ立てた体勢をつくり、頭は上、爪先は下を向くようにする。

　2　手と腕：ダウンワード・パーミングの形で手のひらを目の前にあるクラックの内壁に当てる。手は腰の高さで壁に当て、指先を地面のほうに向ける。このサイズのクラックはアームバーを決めるには幅が広すぎるので、意識は手のひらに集中する。クラックの内壁にエッジやへこみ、ざらついた部分など、パーミングがしやすいところを探そう。手のひらを壁に当てるときには、体を押し上げられるように肘を曲げて当てること。

　3　背中と胸：背中と胸のポジションはいくつかある。膝が楽になるような体勢をとりたければ、胸を目の前のクラックの内壁に当てる。こうすると体重が太ももから胸までの広い範囲にかかるが、手のひらを当てる場所を目で確認しにくくな

る。手のひらを当てる場所を見たいときには背中を反らせるとよい（ただし太ももは壁につけたまま）。もうひとつのポジショニングは、目の前のクラックの内壁から体を離して腰を落とす（尻がふくらはぎに近づく）。チムニーの幅が狭ければ、背中を後ろのクラックの内壁に預けられることもある。こうすると膝にかかる負担が大きくなり、痛くなることもあるが、手のひらの位置は調整しやすくなり、また太ももから胸までがクラックの内壁に擦れていないので体を上に動かしやすい。

　4　脚と足：足の裏は後ろのクラックの内壁に当てる。爪先は地面のほうに向け、アキレス腱は真上を向くようにする。膝から下がクラックを横切る形になり、膝と太ももは目の前のクラックの内壁に当たる。

6-3-2　動き方

　ヒップスラストでのクライミングの動きは、歩く動きに似ている。手のひらと足の裏を別々に少しずつ上に動かすが、できるだけ体勢を安定させるために体の部位はひとつずつ動かすこと。腕は、体を上に押し上げられるように曲げておこう。

- 手のひらの力を抜いて上に動かす：足で後ろのクラックの内壁を押して、膝から太もも、腰までを目の前のクラックの内壁に押しつける。
- 足の力を抜いて上に動かす：手のひらで目の前のクラックの内壁を押して、太ももと腰を壁から離す。

　手と胸を上に動かすときには、足の位置が低くなっていく。これはつまり、両足に力をかけにくくなり、滑る可能性が増すということだ。これを防ぐには、足を伸ばしすぎないようにする。このサイズのクラックは、足が滑るとそのままチムニーの中を落ちていくくらいの幅なので気をつけよう。

図134　広いスクイズチムニー：ヒップスラスト

ユタ・リトルコットンフィールドのクラシック、トレンチ・ウォーフェア（Trench Warfare 5.12+）でのジョシュ・ユーイング　© Andrew Burr

ショーン・ビジャヌエヴァ・オドリスコル

　ショーンは世界で最も冒険的なクラッククライマーの一人。彼の初登したクラックは、世界でも最も僻地にあるルートと呼べるものが少なくない。代表的なものに、パタゴニアのセロ・カテドラル東壁のロス・ファブロソス・ドスのフリー化 (Los Fabulosos Dos 1000m、7c+) や、スコーミッシュのテインテッドラブ (Tainted Love E8/5.13d) の第2登などがある。

■一番好きなクラックのエリアは？

　ヨセミテ、インディアンクリーク、ジョシュアツリー、カダレゼ……ひとつには絞れない。僕が生まれた〔ベルギー〕グロアンアンダルの近くには、20mのルーフハンドクラックが3本あるんだ！ コンクリート製の鉄道の橋なんだけど、落書きだらけで、近くを車が走ってるから気も引き締まるよ！

■一番好きなクラックは？

　モンブラン山群にあるプティ・クロッシェ・デュ・ポルタレ北壁（300mの岩塔）のダルベレイルート。80mのオーバーハングした壁に走るシンクラックだよ。ミシェル・ダルベレイが1962年に人工登攀で初登したルートで、1989年にボルトを打って2ピッチでフィリップ・ストーレがフリー化（8aと7c+）して、2000年代初めにディディエ・ベルトーがボルトを撤去してギアをセットしながら登ったんだ。彼は2つのピッチをつないで長大なシングルピッチとして登ろうとしていたけど、それが完成する前に出家しちゃったんだ。

　2006年に僕が初めてトライしたときには、最初のハードなピッチを抜けることすらできなかった。それから何度も通って、2017年にやっとひとつ目のピッチをレッドポイントして、そのまま2つ目のピッチまでリンクして80mを一気に登ったんだ。アンカーにクリップしたときには、ビレイヤーがビレイ器具を解除してロープの末端をつまんで叫んでいたよ。「ロープ一杯だ！」ってね。

■クラックでの印象的な体験談は？

　バフィン島のスチュワートバレーにあるシタデルでカタコウム (Catacomb 5.12a、900mのオフウィズス) を初登したときに、スクイズチムニーで体が抜けなくなって、このまま死ぬんじゃないかと思ったことがある。パートナーのニコラ・ファブレス以外は誰もいない、大自然の真ん中だった。氷が張ってジメジメした900mのチムニーを24時間登り続けた後、頂上直下の暗いスクイズチムニーをずり上がっていると、だんだんチムニーが狭くなってきたんだ。外側に出てオフウィズスとして登るか、そのままチムニーの奥を行くか迷って、チムニーを行くことにした。すると、出口のすぐ手前で完全に体がはまってしまったんだ！ まったく身動きがとれないまま、40分はそこにいた。ニコにロープを切って、下降して、レスキューを呼んでくれって言おうか迷ったけど、どんなに早くても来るのに1週間はかかる。それに仮にレスキューが来てくれたとして、何ができる？ 自分がどうやって死んでいくかを想像したよ。クラックに体がつかえたまま、飢えと低体温症で……それでもう一度落ち着いて考えたら、体を斜めに動かしてこの体勢になったことを思い出した。そうしたら突然、体が抜けたんだ！ それから体を外に出して登ったら、簡単なオフウィズスだったよ。

■アドバイス

　小さいころ、自分の頭をハンマーで叩いたときのことを思い出してみよう。誰でもやったことがあるんじゃないかな？ 何度も頭を叩いたのは、叩くのを止めたときの気分がよかったからだ。しばらく続ければ、経験と想像力から、自分の頭をハンマーで叩いていたあのころのことが理解できるようになるよ。要は物事をどう見るかということだね。

Pop Quiz　どちらが好き？

1. フィンガークラックとオフウィズス？　オフウィズス
2. ステミングとルーフクラック？　ステミング
3. ハンドジャムとハンドスタック？　ハンドスタック
4. ニーロックとチキンウィング？　チキンウィング
5. テーピングはする？ しない？　しない
6. カムとナッツ？　カム
7. クラックなら砂岩？ 花崗岩？　花崗岩
8. 短くてハードなルートと、長くて持久系なルート？　短くてハードなルート
9. 痣と擦り傷、つくるなら？　擦り傷
10. 思わぬ失敗に備えてクライミングパンツを選ぶなら、赤と茶色どっち？　絶対に赤！ 茶色はイヤだな

グリーンランド、ソーテフル・フィヨルドにあるインポッシブルウォールの「ブラックホール」から抜け出すショーン・ビジャヌエバ・オドリスコル © Ben Ditto

7 チムニー

一般的に、チムニークライミングは最もやさしいクラッククライミングのひとつだと言える。これは難しいチムニークライミングが存在しない、ということではない（特にクラックが大きく開いたりフレアしたり、足元のフリクションがない場合には大いにありうることだ）。しかし多くの場合、チムニーはクラックの難度の中では低いほうに位置する。

チムニークライミングが他のクラッククライミングに比べてやさしい傾向があるとはいえ、一方で危険度はより高いことが多く、その点には注意すべきだろう。もうひとつ別のクラック、例えばチムニーの内壁に走る別のクラックなどがないかぎりは、プロテクションをセットすることが難しく、これはつまり、失敗すればチムニーの中を落ちていくということだ。クライマーがうっかり足を滑らせ、登ってきたチムニーを下まで落ちるということは、過去にも起きている。これはなにも怖がらせようとしているわけではなく、やさしいクライミングに対しても気を抜かないように、という警告として受け取ってほしい。チムニーは一歩ずつ着実に、安全に登るようにしよう。

チムニーでまず初めに考えるべきことは、どちらを向いて登るのがよいかということだ。ここで、向きを決めるときの参考になるものを、重要なものから順に紹介する。

- よいフットホールドを探す：チムニーで落ちるとしたら足を滑らせる場合のみなので、チムニーのどちら側にフットホールドが多くあるかを見極めて、そちら側を足で使うようにしよう。
- チムニーが傾いていないか見る：チムニーの壁に傾斜の強いほうと緩いほうがあれば、傾斜の緩いほうに足を置くようにしよう。足は傾斜が緩いところに置くほうがよく効く。
- フリクションや障害物のない壁を探す：こちら側の壁には背中を当てるようにしよう。これは上に向けて動いていくときに背中をずらしやすく、また服やギアが引っかからないようにするためだ。

次に、3つのサイズのチムニーで使うテクニックをクラックの幅が狭いものから広いものの順で見ていく。

サウスダコタのカスター州立公園のシルバンレイクで、クリーン・ゲタウェイ（A Clean Getaway 5.11+）を登るハリソン・トイバー
© Andrew Burr

7-1　狭いチムニー（バックアンドフット）

　狭いチムニーを登るテクニックは、他のサイズに比べて動きの順序が重要になる〔バックアンドフットとは、クラックの中で背中と足を突っ張りながら登る技術〕。どちらの足をバックステップ〔後ろに突っ張る足〕にするかで混乱するという人もいるだろう。しかしテクニックを順序よく使い、文字どおり一度に一歩進めるようにすれば、快適なリズムで効率よく登ることができる。

7-1-1　テクニックとポジショニング

1　体勢：背筋を伸ばして座るポジションをつくる。

2　背中：背中は後ろのクラックの内壁に当てる。

3　脚と足：両足がチムニーを横切る形をつくる。この幅のクラックでは、膝が少し曲がる。チムニーの幅が狭く膝が曲がっているほど、ポジションとしては安定するが、その分動きにくくなる。足は体の前方のクラックの内壁にスメアリングする（2-3-2 参照）。このとき片足がもう一方よりも上になるように、少しずらして置くとよい。

4　手と腕：両手のひらを、腰の高さで後ろのクラックの内壁に当てる。指先は地面のほうに向け、腕は少し曲げる。これによって、手のひらで壁を下向きに押しやすくなり、腕を伸ばすことで上向きの推進力を生むことができる。

7-1-2　動き方

　バックアンドフットで効率よく動くには、背中にかかる圧力をうまく抜いて、できるだけ小さい力で上にずらしていくことだ。腕と手だけで押して抜くよりも、片足の力を合わせて使うとよい。腕＋腕＋足のほうが、腕＋腕よりも楽だ。

　先述したテクニックとポジショニングは、バックアンドフットのスタートの形だ。次にその動きのサイクルを見ていこう。

1　スタートの形をつくる。

2　低い位置にスメアリングしているほうの足を目の前の内壁から離し、後ろの内壁にソール全体がつくように当てる。膝を曲げて踵が尻に近くなるほど、この後、体をより強く上へ押し上げるこ

図135　狭いチムニー：バックアンドフットの動作のはじめ

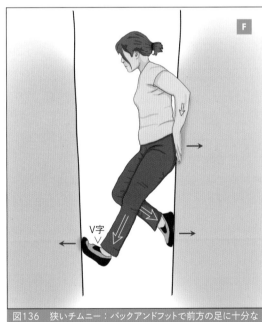

図136　狭いチムニー：バックアンドフットで前方の足に十分な圧力をかける

とができる。ただし、その分体勢を変えにくくなる。これはスクワットをするのと同じで、膝を曲げた分だけ上への動きは力強くなるが、膝の曲げ伸ばしにはより強い力が必要になる。そのため、足の疲れ具合とフットホールドの掛かり、そしてチムニーの幅によって、どれだけ曲げるかを判断しよう。

3 片足と両手のひらが後ろの内壁に当たっているところから、この三点を使って背中にかかっている圧力を抜く。圧力を抜くことができたら、両手（手のひらが壁についている）と両足（一方は前の内壁、もう一方は後ろの内壁に当たっている）で体を上に押し上げる（図135）。目の前の内壁に当てている足が真っすぐになるまで体を押し上げ、その足で背中を後ろの内壁に押し当てる。

4 体を押し上げるときには、前方の内壁には片足しか当たっていないため、そちらの足の力を抜かないことが非常に重要だ。この足が滑ると、前方の内壁に向かって頭からつんのめり、そのままチムニーの中を落ちていく憂き目にあうかもしれない。これはよくない！　この足に力をかけ続けるためには、体を押し上げるときに踵を下げるのがコツだ（図136）。こうすると足の裏が岩にしっかりと当たり、スメアリングのポジションを保ちやすくなる。足の甲と脛の間がV字になるように、アキレス腱はしっかりと伸ばそう。

5 体を押し上げたときに前方の内壁に当てた足が滑りそうだと感じる場合には、片手を前方の内壁に突いて支えてもよい。こうすると体勢はより安定する。厄介なチムニーで手と足の位置を選べない場合にはこれができないこともあるが、できるだけ足とは反対の手を使うようにしよう。

片手を前方の内壁に突くときには、内壁との距離によってさまざまな使い方が考えられる。壁が近い場合は、指先を下に向けて突くとよい。内壁が遠い場合は、指先だけを内壁に突くということもありうる。いずれにしても、手を前に伸ばしすぎると後ろの足の力が抜けて滑りやすくなるので注意が必要だ。バランスのいい突き方を見つけよう。

6 体を押し上げて体勢が楽になったら、後ろの内壁に当てていた足を前の内壁に戻す。もう一方の足よりも高い位置にスメアリングしよう。足を後ろから前に戻すときには、必ずもう一方の足よりも高くなるようにすると上に動き続けやすくなる。これで体勢はスタートの形に戻るわけだが、足の高さは左右で逆になっているはずだ。これが1サイクルの半分になる。左右逆の足でもう半サイクル動くと、スタートと完全に同じ形に戻る。スタートの体勢や半サイクル動いた体勢が最も安定しているので、この体勢でレストしたり、可能であればギアをセットしたりするとよい。

7-2　中間サイズのチムニー（スタンダードチムニー）

チムニーの幅が広くなると、バックアンドフットは足が滑りやすくなり、不安定になってくる。中間サイズのチムニーでは、スタンダードチムニーで登るのが最も楽で確実だ。

7-2-1 テクニック、ポジショニング、動き

1 バックアンドフット（7-1-1参照）と同じポジションをとる。ただしチムニーの幅が広いため、足はより真っすぐになる（図137）。

2 スタートのポジションから、手のひらを使って背中にかかる圧力を抜く。次に、両手のひらと両足を使い、体を上に押し上げ背中を後ろの内壁の高い位置に当てる。膝は初めからあまり曲がっていないので、バックアンドフットに比べると一度に動ける距離は短くなる。

3 次に、低いほうの足を高いほうの足よりも上に上げ、両手のひらを腰の位置に戻す。以降はこの繰り返し。

図137　中間サイズのチムニー：両足を同じ壁に当てる

図138　中間サイズのチムニー：ステミング

左右の足を上下にずらして内壁に当て、高く上げすぎないようにすると、体を押し上げるときに腕にかかる負担は少なくなる。ただし、押し上げるときに低いほうの足が滑らないように注意が必要だ。両足を同じ高さに揃えたり高い位置に当てたりすると（図137）、体勢はより安定するが動くのに力が必要になる。

チムニーの幅がとても広い場合は、踵を持ち上げるとさらに遠くまで足が届く（爪先立ちするようなイメージ）。これができるのはクラックの内壁に足を置けるようなエッジがある場合のみで、足が滑らないように細心の注意が必要だ。チムニーの幅がさらに広く、どんなに伸ばしても足が届かずに背中が浮いてしまう場合には、チムニーの中でステミングのテクニックを使うとよい（図138）（次章8-2「チムニーでのステミング」も参照）。

7-3　広いチムニー（ボディブリッジ）

チムニーの幅がさらに広く、スタンダードチムニーもステミング（次章）もできない場合、最後の、そして唯一の手段がボディブリッジだ。これは体の長さをフルに使ってクラックの中に手足を突っ張るものだ。体がビスケットのように折れないためには、体幹と肩の強さが必要だ。

7-3-1 テクニック、ポジショニング、動き

1　両手のひらを一方の内壁に当てる。指先はどの方向に向けてもよい。筆者は真上よりも少し外側に開くことが多い。こうすると肩が安定しやすく、体を押し上げやすい。

2　両足はもう一方の内壁に、爪先を下に向けて足の裏を平らにして当てる。こうすると顔が真っすぐ下を向くような体勢ができるはずだ。足の位置が高いほど疲れやすいが、体勢は安定する。足の位置が低ければポジションを保つのは楽になるが、足が滑る可能性は高くなる。筆者としては、足の高さは手よりも少し低くするのがおすすめだ（図139）。

3　あとは単純に、両手両足を少しずつ上に上げていく。安定した体勢を崩さないように、一度に動

かす部位はひとつ、ということを忘れないように。

　ボディブリッジで重要なのは、腰を下に落とさないことだ。腰が落ちてしまうと体が中央で折れ曲がり、チムニーの中を落ちていくことになる。しかも顔からだ！　腰をしっかりと上げ、体がアーチを描くようにキープしたい。小川に架かる橋をイメージしてみよう。アーチ状の橋が多いのは、これが中央から崩れにくく強い形だからだ。この原理を体にも応用してみよう。

　ボディブリッジは横向きに決めることもできる。右半身を左半身より下にしても、その逆でも可だ。顔は下ではなくチムニーの奥、もしくは外に向くことになる。体が横を向くと足でエッジを拾いやすくなるため、このポジションは足を正確に運ぶ必要がある場面で有効だ（図140）。

　このテクニックは下になっている腕をうまく使えるかがすべてだ。この体勢をとるとすぐわかる

が、下の腕にかかる荷重が大きく、そのためこちらの腕に意識を向ける必要があるわけだ。下の腕に意識がいかずフォームが崩れてしまうと、ボディブリッジの体勢そのものが崩れてしまう。足や上の腕を動かすときには、下の腕を伸ばしてがっちり固定しよう。こうすることで体を支えることができ、しかも使う力も少なくて済む。腕が曲がっていると、体が下に落ちて下の腕にかかる荷重がより大きくなり、一方で足から壁には圧力がかけられなくなり、体全体が崩れ落ちてしまうだろう。下の腕が真っすぐな支柱で、そこに体を預けながら他の体の部位を動かす、とイメージしよう。

　もう一方の腕をしっかりと決めなければ、下の腕を動かすのは難しくなる。下の腕を動かすためのポイントは、

- 下の腕を、次に決めたい位置にくるまで何回か細かく跳ね上げるように動かす。
- 上の腕／手をいくらか低い位置に決め（胸の前にアーチを描くように決める）、下の腕を動かすための支えにする。

　下の腕を動かしたら、その腕はできるだけすぐにもとの真っすぐなポジションに戻すようにしよう。

図139　広いチムニー：下を向いたボディブリッジ

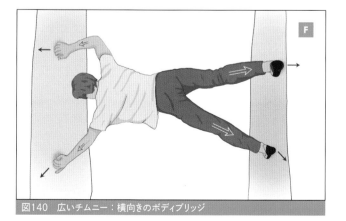
図140　広いチムニー：横向きのボディブリッジ

ヘイゼル・フィンドレイ

ヘイゼルは世界でも随一のテクニックを持ったクライマーの一人で、クラッククライミングにおいてもその才能を発揮している。特にクラックがコーナーにあれば、彼女はまさにマスターだ。パーミングとスメアリングを巧みに使い、なめらかな花崗岩のコーナーをまるで階段を駆け上がるように登っていってしまう。スコーミッシュでテインテッドラブ（Tainted Love E8/5.13d）を初登する映像は一見の価値あり。圧巻だ。

■一番好きなクラックのエリアは？

ありきたりだけど、間違いなくインディアンクリークね。あの景色を見るだけでも行く価値があるけど、スプリッターもそうでないものも、五つ星のルートが他では考えられないくらいの密度であって圧倒される。広い青空と満天の星の下で送る砂漠でのユニークな生活も魅力のひとつ。それにあそこは、まさにクラックの道場。自分が鍛えたいサイズを選んで、仲間とカムをシェアし合って、あとは突っ込む。でも、手の皮と血を捧げて、自信を打ち砕かれる覚悟はしていかないとね。

■一番好きなクラックは？

エルキャプのサラテのヘッドウォール。谷底から800mの高さにあって、自分の足元から下にある森まで何もないくらいオーバーハングしてる。そのヘッドウォールを70mのクラックが稲妻みたいに貫いている。プロテクションも最高。このヘッドウォールでは、その気になれば10cmごとにギアを決められるんじゃないかな。ギアのセットが超ヘタクソでも、どこにもぶつかることはない。それでもあの高度感はすさまじくて、胃が痛くなって登るのをやめたくなるくらい。ヘッドウォールはとてもテクニカルで強烈なボルダープロブレムから始まって、浅いグルーヴを抜けてメインのクラックにつながって、それから持久力が必要な50mのフレアしたタイトなハンドから細いフィンガーになってレストがある。最後にある10mのボルダーセクションはクラックがすごく細くて巨大なガバまでのパワフルなレイバック。この最後の一手を止めたときは、まさに私のクライミング人生で最高の瞬間のひとつだった。

■クラックでの印象的な体験談は？

フリーライダーのモンスターオフウィズを初めて登ったときのこと。クライミングというよりは、ものすごく大きな花崗岩のモンスターと戦っているような感じだった。半分まで登ったところでコツがつかめてきたような気がしたんだけど、次の瞬間にはクラックから吐き出されそうになった。足の周りと肩を擦りつけて、皮がどんどん剥がれていってね。登り切ったときには、2ℓの水とフルコースの料理がないと次のピッチのことは考えたくないくらいだったなあ。

■アドバイス

クラッククライミングがうまくなるのも他のことと同じで、とにかく練習が必要。苦手だと感じたら、もしかしたらそれは練習が足りていないのかもしれない。もしこれが自分のことのように思えたら、テーピングを片手にガイドブックでクラックを探してみるのがオススメ。冷静に考えれば、クラッククライミングはフェイスクライミングよりも安全で、すごく魅力的に感じるはず。もうひとつの魅力は、世界最高のルートや岩場には、クラッククライミングのテクニックが必要だということ。練習するモチベーションがあれば、もう怖いものはないよね。

Pop Quiz　どちらが好き？

1. フィンガークラックとオフウィズ？　もう！ フィンガーに決まってるでしょ
2. ステミングとルーフクラック？　ステミング
3. ハンドジャムとハンドスタック？　ハンドジャム！
4. ニーロックとチキンウィング？　チキンウィング
5. テーピングはする？ しない？　しない
6. カムとナッツ？　カム
7. クラックなら砂岩？ 花崗岩？　どちらも
8. 短くてハードなルートと、長くて持久系なルート？　長くて持久系なルート
9. 痣と擦り傷、つくるなら？　擦り傷
10. 思わぬ失敗に備えてクライミングパンツを選ぶなら、赤と茶色どっち？　赤（経験あり）

カリフォルニア、ヨセミテ国立公園のサラテのヘッドウォール（The Salathé Wall 5.13c）を登るヘイゼル・フィンドレイ © Jonny Baker

8　ステミング

体で最大、最強の部位である二本の脚で立ち、ズボンのファスナーを閉めて、登る前にトイレに行ったことを確認しよう。ここから脚を大きく広げて、不安を抱えながら、つらい世界に踏み出していくのだから。手の甲が傷つく領域（もはやこれも懐かしい！）は終わり、ここからは傷ひとつなかった手のひらを擦り減らす新しい世界に入っていく。擦りむけるとしたら手のひらなので、手の甲にテーピングをする必要はもうない。必要なのはキツキツのラバーソールとゴムのような手のひらだ！

ステミングで大切なことがあるとすれば、それはクライミングを、まさしく掌を返すように、表裏を逆に考えるということだ。引くのではなく押す。腕ではなく脚を使う。通常のクライミングとは逆のことをするわけだ。腕は肉をそぎ落とし、脚を鍛えて太くしよう。サイクリングがステミングのためのいいトレーニングになるかもしれない！

ステミング〔stem：茎、幹。転じて、体を突っぱり棒のようにして登ること〕は、片脚では届かないようなやや広めのチムニーでスタンダードチムニー（7-2参照）の技術が決められない場合に使われる。どちらか一方の内壁に足を置くのではなく、両脚を開いて両側の内壁に踏ん張る。ステミングは簡単な場面でも（例：フットホールドが豊富なチムニー）、高難度技術が試される場面でも（岩のフリクションとスメアリングだけで登るフレアしたオープンブックのコーナーなど）使われる。どのような形状であれ理屈は同じだが、やさしいところでは体勢が安定する一方、難しいところでは足が滑り続けるように感じるかもしれない。ツルツルの、濡れた魚のように！

スコーミッシュのグランドウォールにあるザ・シャドウ（The Shadow 5.13b）で空中浮揚するティム・エメット　© Andrew Burr

8-1　コーナーでのステミング

このテクニックの本当の難しさは、コーナーでのステミングにある。クライマーはなんとか壁にとどまろうとするが、フレアしたコーナーは絶えずそれを跳ね返そうとする。一般的に、手や足で使えるホールドがたくさんないと、コーナーの角度が広ければ広いほど登るのは難しくなり、コーナーから吐き出されやすくなる。まず基本的なテクニックとポジショニングを解説した後、動きの指針について見ていく。

8-1-1　テクニックとポジショニング

1　手

- 岩には掌底を当てる（図141）。まずはエッジなどの手のひらが掛かるものか、手のひらを当てて体を押し上げやすい形状を探そう。

- 手のひらは、指先をコーナーの中心に対して外側かつ少し下に向けて岩に当てる。体をコーナーの内側へ押し込みながら押し上げる格好になる。単純なようだが、体は上へ、かつ内側へ押し、下や外側へ押さないこと。

- 両手は体から離して岩に当てよう。そうすると

肩甲骨が寄り、胸が開くはずだ。両手を体の軸よりも後ろへ張れば、体は自然にコーナーの中へ入り、後ろへ倒れにくくなる。

2　腕

- 腕は肩よりも低い位置にキープしよう。腕が高すぎると体を押し上げにくい。高い位置に上げるしかない場合は、手で引けるホールドを探すこと。

- 腕を真っすぐ伸ばすことで、筋肉よりも骨（骨格）を使って登ることができる（1章「鉄則4」参照）。これは体の他の部位を動かしたりレストしたりするときに有効だ。

- 一方、体を押し上げるときは筋肉を使う。肘が曲がるように手を壁に当て、そこから腕を外向きに伸ばして体を押し上げよう。

- コーナーの形状によっては、手や腕を体の軸より後ろに伸ばせないことがある。手のひらを当てるところがなくて体勢的に無理がある場合などだ。この場合、自分の体とコーナーの間に手を持ってくる。これには次のやり方がある。

  - 右手をコーナーの右の壁に当て（もしくは左

図141　コーナーでのステミング：標準的なステミング

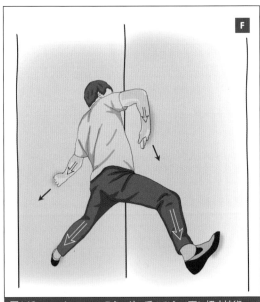

図142　コーナーでのステミング：手のひらで下に押す技術

手を左の壁に当て）、手のひらで下向きに押す（マントルの動き）。肘は上、指先は下を指し、このポジションで体を押し上げる（図142）。

- 右手をコーナーの左の壁に当て（もしくは左手を右の壁に当て）、チキンウィングの形をつくる。腕はチキンウィングを決めるように肘からコーナーの中へ入れ、手のひらは指先をコーナーの外へ向けて壁に当てる。右手を使う場合は、手のひらがコーナーの左の壁、上腕（三頭筋のあたり）が右の壁に当たる（図143）。形としては、緩いチキンウィングのようになる（5-4-1-1参照）。

3 脚

- コーナーの中で脚を大きく開くと、その分だけ体勢は安定する。脚の開きが小さく、両足がコーナーの中心に近いと、上半身がコーナーから吐き出されやすい。脚を大きく開いて上半身をコーナーの中へ倒すのが、最もリラックスできるベストなポジションだ。体を押し上げられるように、膝は曲げておこう。

- コーナーでステミングをすると下半身には大きな荷重がかかるため、脚は非常にパンプしやすい。解消するための工夫は次のとおり。

  - 脚をシェイクする（通常のクライミングで腕のパンプを抜くのと同じ）。これは片脚ずつ行なってもよいし、パーミング〔手のひら全体を押しつけて保持すること〕で体勢が安定したりぶら下がれるホールドがあったりする場合は、両脚を一度にシェイクしてもよい。

  - 脚を真っすぐに伸ばす。伸ばすと、曲げた状態で筋力に頼り続けるのではなく、体の骨組みを使える。

  - 掛かりのよいフットホールドがあれば、そこに爪先ではなく踵側の足裏を置いて立つと、ふくらはぎの筋肉を休められる。

4 足

- なによりもまず、エッジのようなよいフットホールドを探そう。

- これといったフットホールドがない場合は、ス

メアリング（2-3-2図35参照）するしかない。スメアリングには、常に守るべきルールがある。それは、手をめいっぱい伸ばそうとするあまり、踵を持ち上げてはいけないということだ。踵は下に落としたままにし、必要ならもう何歩か進めて手を出そう。遠いホールドに手を伸ばすときには、脚を真っすぐに伸ばすが、このときアキレス腱を柔軟に使って、踵は低くキープすること（脛と足の甲の間がV字になるように）。

8-1-2　動き方

ステミングしながらの動きでは、体の部位を動かすためにできるだけ自分の体重を分散させることが重要になる。ステミングの基本的なルールと、どのように動くかについて解説していく。

■ルール

ステミングをしているとき、自分の体重（もしくは外向きの圧力）の50％がコーナーの左右の壁にそれぞれかかっている。これを合わせると自分の体重の100％になる。

- 完全なステミングのポジション、つまり両手両足で壁を押しているポジションのときは、左右の壁に均等に体重・圧力がかかっている。これ

図143　コーナーでのステミング：チキンウィング

はあくまでステミングをして止まっている場合の話で、ホールドを手や足で押したり引いたりすれば、そのホールドのある壁により大きな荷重がかかる。

- 一方の壁にかかる荷重が50％を下回ると、体勢が不安定になる。スリップする、もしくはそのまま落ちることもありうるわけだ。

岩に触れている4点（両手と両足）の荷重が均等であれば、それぞれの点には体重の25％がかかっているということだ。しかし実際には、完全に均等になることは滅多になく、手よりも足に大きな荷重がかかっていることが多い。ここで、体重をどのように分散して、どのように移し替えて動くかを見てみよう。

左の壁には：
- 左足は効きのいいスメアリング：体重の45％がかかっている。
- 左手は効きの悪いパーミング：体重の5％がかかっている。
- これらを合わせて、体重の50％が左の壁にかかっていることになる。
- この状態で左手を壁から離して動かしたければ、左手にかかっている5％の荷重を左足に移

して、左足に50％全部をかけることになる。

右の壁には：
- 右足は効きの悪いスメアリング：体重の20％がかかっている。
- 右手は効きのいいパーミング：体重の30％がかかっている。
- これらを合わせて、体重の50％が右の壁にかかっていることになる。
- この状態で右足を壁から離して動かしたければ、右足にかかっている20％の荷重を右手に移して、右手に50％全部をかけることになる。

この例のように、手足を動かすためには他の部位に荷重を移し、そこにかける荷重を大きくする必要があるわけだ。

■動きの例

次に簡単な例を見ながら、特定の体の部位を使ってどのように動いていくかを解説していく。まずは次のステップを踏む。

1 体の4つの部位（左手、左足、右手、右足）から、次に動かすものを選ぶ（以下の例は、左足を動かす想定）。

2 他の3つの部位のうち最も安定しているもの

図144 ステミングの動き：
足を動かすために両手の荷重を合わせる

図145 ステミングの動き：
足を動かすために手足の荷重を合わせる

を選び、そこに体重の50％を預ける。そして残りの50％をもう2つの部位に分散させる。

　まずは基本的なステミングのポジションをとっていると仮定してみよう。左手と左足は左の壁、右手と右足は右の壁にある。そこから左足を動かすところをイメージしてほしい。

左手の効きがよい場合：単純に荷重を左足から左手に移し、左足を上げる。

左手の効きが悪い場合：この場合は左足の荷重をすべて左手に移すのには不安がある。その代わりに、右壁に当てている部位のどちらかを離して左壁に当てる。考えられるのは次の2パターン。

- **右手の効きが悪い場合（両手を合わせる方法）**：右手を左の壁に当て、効きの悪い左手のサポートに使う。これによって両手にかかる荷重は同じ（25％）になり、腕の負担が軽くなる。そして、体重の50％は右足にかかる（図144）。こうすることで、足を動かす際に左手にかかる荷

重を効きのいい右足に移せるわけだ。なお、両手を同じ壁についた体勢では足を高く上げにくくなり、ハイステップをするのには向かないので注意が必要だ。

- **右足の効きが悪い場合（足を手に合わせる方法）**：右足を左の壁に置き、効きの悪い左手のサポートに使う。こうすると左手と右足にかかる荷重が同じ（25％）になる。そして、体重の50％は右手に預ける（図145）。こうすることで効きの悪い左手にかかる荷重を効きのいい右手に移すことができる。

　ステミングでは体のどの部位がしっかり効いているかを見極めて体重を預け、同時に効きの悪い手や足の荷重を分散させることが重要だ。荷重を移すための手足の組み合わせは、この他にもたくさん考えられる。極小エッジや指先がほんの少しだけかかる形状などでも、荷重を分散させて望みの体の部位を動かす助けになるはずだ。

8-2　チムニーでのステミング

　チムニーでのステミングは、スタンダードチムニーとボディブリッジ（7-2、7-3参照）の間のサイズで使うテクニックだ。

　チムニーでのステミングは、コーナーでのステミングとテクニックや動き方の原則は同じだ。ひとつ異なるのは、チムニーではコーナーのように体が外に吐き出されることはなく、壁の形状に体

を押し込む必要もないので、手を肩甲骨より後ろに出さなくてもよいことだ。

　腕と手は体を押し上げやすいように肩よりも低い位置でキープし、肩甲骨と平行に動かす。動き方のルールとテクニックは、コーナーでのステミングと同じだ（8-1-1 図141参照）。

ニコラ・ファブレス

　世界最強の「登るアーティスト」であるニコラは、最高難度のトラッドルートや世界最大のビッグウォールを優雅に、驚くほど簡単に登って見せる、クライミングの申し子だ。2013年にはノルウェーのローガランで極めて困難なクラック、リカバリードリンク（Recovery Drink 8c+）を初登している。

■一番好きなクラックのエリアは？

　僕にとっては、間違いなくヨセミテだよ。僕がクラッククライミングの何たるかを学んで、たくさん経験を積んだ場所だから。それにヨセミテの壁とキャンプ4に集まるクライマーからはいつも大きなモチベーションをもらっている。クラックのことで言えば、ありとあらゆるサイズのクラックがある。取り付きやすいルートばかりじゃないけどね。エルキャプのルートの高いところにあるクラックは、漂う雰囲気も相まって最高だよ。

■一番好きなクラックは？

　サラテのヘッドウォールだね。地面から800mの高さにあって、エルキャプでも最も高度感のあるパーフェクトなクラックだよ。これぞクラックというきれいなピッチだけど、一筋縄ではいかない、とんでもなくハードな8aだよ！　60mのなかにフィンガリーなボルダームーヴ、ハンドジャムとフィンガージャムでのスタミナ、チムニー、オフウィズスと、あらゆる要素が詰まっている。僕は昔の彼女と登ったけど、全ピッチを自分でリードして、荷揚げして、ビレイもした（彼女がユマールしたがらなかったから）。全部で7日間かかったうち、4日はそのヘッドウォールの下の、最高に高度感のあるところでポータレッジをぶら下げて過ごした。夢のような時間だったね！

■クラックでの印象的な体験談は？

　パタゴニアに行ったときに、トーマス・フーバーに会ったんだ。なぜだかヨセミテとオフウィズスの話になって、彼が知るかぎり、エイハブ（Ahab 5.10b/フレンチグレード6a）をオンサイトしたヨーロッパ人はいないって教えてくれた。それで、次にヨセミテに行ったときにトライしてみた。ヨセミテで経験を積んだクライマーはソロで登っていたそうだけど、僕にはそれこそすべてを賭けた挑戦になった。45分もがき続けて、それまで経験したことがないくらいに出し切って、やっとアンカーにたどり着いたけど、5分後に吐いちゃったよ。その当時、僕はスポートルートの9aを何本かレッドポイントしていたけど、6aがこれほどつらいなんてね！　これこそがクラッククライミングさ。謙虚に学び続けること。だからこそ、僕は大好きなんだ。

■アドバイス

　スポートクライミングみたいに登り方を難しく考えるのはやめて、手と腕をできるだけ奥まで突っ込んで、あとは全力で行くのみ！

Pop Quiz　どちらが好き？

1. フィンガークラックとオフウィズス？　　選べないな
2. ステミングとルーフクラック？　　ルーフクラック
3. ハンドジャムとハンドスタック？　　ハンドスタック
4. ニーロックとチキンウィング？　　チキンウィング
5. テーピングはする？　しない？　　しない
6. カムとナッツ？　　ナッツ
7. クラックなら砂岩？　花崗岩？　　花崗岩
8. 短くてハードなルートと、長くて持久系のルート？　短くてハードなルート
9. 痣と擦り傷、つくるなら？　　擦り傷
10. 思わぬ失敗に備えてクライミングパンツを選ぶなら、赤と茶色どっち？　　赤

カリフォルニア、ヨセミテ国立公園のアイ・オブ・サウロン（Eye of Sauron 5.13a/b）の核心ピッチを登るニコラ・ファブレス © Drew Smith

ROOF CRACKS
9　ルーフクラック

　ここからは垂直の世界を離れ、水平の世界へとご案内しよう。これまでの章で学んだことを総合し、そこに本章の解説を加えれば、傾斜の強いクラックをうまく登るにはどうすればいいか、その感覚がつかめていくはずだ。物事をとにかく立体的に考えていってほしい。

　ルーフクラックでは、効きのよいジャムはガバのようであり、ムーヴのシークエンスは他のどのタイプのクライミングよりもジムナスティックで複雑なものになる。そのため、一見不可能に近い強烈なルーフクラックを思いがけないやり方であっけなく登れてしまうということが起こりうるわけだ。だからこそルーフクラックはクライミングのなかで最も面白く、充実感のあるもののひとつだ、というのが筆者の意見だ。誰だって巨大なルーフを快適なハンドジャムでスルスルと登ることができれば、もう気分は最高だろう！　さあ、腹に力を入れて力こぶを盛り上がらせ、指を、手を、拳を、そして足を水平に延びるクラックに気持ちよくねじ込もう。

　本章では、これまでの章で取り上げたすべてのサイズのジャムとそのテクニックをこの水平の世界でどのように使うか、新しいものも織り交ぜながら解説していく。

ユタ・モアブのアナル・フレア（Anal Flair V3）で逆さの世界を進むメアリ・イーデン　© Irene Yee

9-1　フィンガーサイズのルーフクラック

ルーフのフィンガークラックは難しく、これが何手も延々続くというルートは滅多にない。あるとすれば、極めて高いグレードのルートになるはずだ（フィンガークラックのテクニックは2章参照）。

■スタンダードなフィンガージャム
〔フィンガーロック〕

ルーフでのスタンダードなフィンガージャムには、順手、逆手、薬指が下の順手など、さまざまな決め方が考えられる。こうしたジャムをルーフで決めるうえで厄介なのは、前腕が下に落ちてクラックから離れてしまいやすく、クラックに沿って引くのが難しいということだ。前腕が下に落ちると、指に十分なねじりが加えられず、ジャムが効かなくなる。それを防ぐ工夫をいくつか紹介しよう。

• 幅広のフィンガージャムを決めるときのように親指を使う（2-1-2参照）。ピンチグリップをするように親指をクラックに入れると、前腕が下に落ちてもジャムの補助になる。

• 前腕をできるかぎりクラックに近づける。言うは易しだが、ルーフに前腕をつけるのはそれほど簡単ではない。ポイントは、全身の隅々まで力を入れることだ。腕と肩の力で上半身を壁のほうへ引き寄せ、加えて体幹と背中の下のほうに力を入れて腰が落ちないようにする。体がルーフにしっかり寄せられれば、前腕は自然とルーフに近づき、ジャムの効きはよくなる。残念ながら、これはテクニック云々よりもボディテンション〔体幹の力〕の強さが物を言う。

■ドーナッツジャム

ドーナッツジャムは前腕をクラックに沿わせる必要がなく、そのまま真下に力をかけるので、ルーフクラックでも決めやすい。これはつまり、ジャムを効かせるために体幹を使う必要がないということだ。ほとんど一本指でルーフにぶら下がることになるのが、このジャムを使う欠点だ。げげっ！

■対面ジャム

対面ジャムとは、スタンダードなフィンガージャムと逆向きのフィンガージャムを組み合わせて使う。先行させている手は〔スタンダードなフィンガージャムで〕自分の体のほうに引き、もう一方の手は逆向きのフィンガージャムを決めて進行方向へ引き上げる。クラックの狭まりがあれば、このテクニックはぐっと使いやすくなる。

手をねじる動きは通常と同じだが、両手を向き合わせるような方向に力をかける。イメージは、ボルダリングで使われるコンプレッション（挟み込み）と同じだ。こうすることで、スタンダードなフィンガージャムの効きがよりよくなる。前腕は岩から離れてしまうかもしれないが、挟み込む力によってジャムは効き続けるというわけだ。対面ジャムは、両手の間隔が肩幅よりも広いときに最も効く。両手が近いと挟み込む力が弱くなり、ジャムの効きは悪くなる。

ジャムがうまく決まる場所があれば、このテクニックを何手も続けて使うこともできる。その場合は、スイミング（3-4参照）に似た動きになる。また、足を切って体の向きを変える（9-5参照）ときにも使える。

9-2　ハンドサイズのルーフクラック

　ハンドサイズのルーフクラックは、まさに夢のようなサイズだ。完璧なハンドジャムはガバのようで、威圧的に見える壁でも比較的簡単に登ることができる。ここではフェイスクラックでのハンドジャムとは異なる、ルーフクラック特有のテクニック、ポジショニング、動き方を見ていこう。

9-2-1　手のテクニックとポジショニング

■ハンドジャムのポジショニング

　ハンドジャムはジャム自体の膨らみによって効くものなので、どの方向に引いても効きは変わらない。垂直に近い壁ではクラックの延びる方向に指先を向けるが、ルーフクラックではジャムの真下にぶら下がるかたちになるので、指先を真っすぐクラックの奥に向けると体勢がずっと楽になる。

　最も無理がないのは、肩を入れ〔肩甲骨を背骨のほうへ引き寄せるイメージ〕、腕を伸ばしたポジショニングだ。もちろん、動くときには多少腕を曲げて力を入れる必要がある。ジャムを決めた手には肩を使って力をかけ、腕はできるだけ伸ばしておくと、使う力は少なく腕がパンプしにくくなる。

　大きなムーヴを起こすときには、指先をクラックの走る方向に向けたり、腕で引きつけて距離を稼いだりすることもある（9-2-4「大きなムーヴ」参照）。

■シンハンドのポジショニング

　指先を真っすぐクラックの奥に向けると、シンハンドジャムに対しての体のポジションがよくなる。この体勢の欠点は、親指の肉をクラックにきっちり入れるのが難しいことだ（手のこの部分はハンドジャムでは特に重要）。ルーフでシンハンドジャムを決めるときに心がけるべきことはいくつもある。

- 親指の腹を小指に向けて押しつける：どのタイプのハンドジャムでも、この動きがジャムを効かせるカギになる。
- 親指の側面をクラックの内壁に押しつける。
- この他、ジャムの効きをよくするのにクリンプハンドをするのも効果的だ（3-1-2 参照）。
- フレアしたクラックでは指先をクラックの奥に向けて決められないので、手を親指側から入れるとよい。この決め方には長所と短所がある。長所は、親指の肉がクラックに入っているためジャムが効きやすいこと。短所は、ジャムが回転してクラックから吐き出されないよう、クラックに沿って引きつける必要があり、そのためルーフでのフィンガージャム（9-1 参照）と同様、体幹など他の力を使わなければならないことだ。

■浅いクラックでのポジショニング

　クラックが浅い、もしくは奥で閉じている場合、指先から差し込むと手全体をクラックに入れられなくなる。安定した強いジャムを決めるためには2つの方法がある。

- 親指を奥にして手を入れる（親指側を上にする）：これはシンハンドジャムを決める形によく似ている。異なるのは、この場合は手全体をクラックに入れられることで、そのためクラックに沿って引きつける必要はなく、ジャムでそのままぶら下がることができる。手首がいくらか無理のある方向に曲がるので、それに耐える必要がある。最終的には、手の親指側が上（クラックの奥）、指先がクラックの走る方向に向き、小指側はクラックの外にはみ出る。登りが手先行と足先行のどちらであれ、両手の指先は自分の進行方向と元来た方向のどちらを向いてもよい。向きの組み合わせは、ルートとムーヴに合わせて変えよう。

- 小指側から手を入れる（小指側を上にする）：親指でなく、小指側から入れる方法。これで重要なのは、親指の肉がクラックからはみ出さないようにすること。さもないとジャムの効きが悪くなる。最終的には手の小指側が上（クラックの奥）、指先がクラックの走る方向を向き、親指側はクラックからはみ出す（可能なかぎりクラックに入れよう）。足先行で登る場合、指先は自分が元来た方向に向け、手先行で登る場合、指先は進行方向に向ける。

　ハンドサイズのルーフクラックを登るときには、手の向きをクラックのサイズや登っていく方向に合わせて変えたり組み合わせたりすることが重要だ。例えば、少し太めのハンドクラックを足先行で登る場合、カッピングとねじる動きがしやすいため、小指側を上に向けたジャムが自然にぴったりくる。一方、細めのハンドクラックを足先行で登る場合、親指の肉がクラックにしっかりと入るため、親指側を上にしたジャムがぴったりくる。筆者はジャムの種類、クラックの形状、疲れ具合、登る方向によって手の入れ方をいつも変えるようにしている。

9-2-2　足のテクニック

　巧みなフットワークは、これまで同様、重要だ。ルーフクラックで足を正確に使えなければ、腕だけでぶら下がってあっという間にパンプしてしまう。ルーフで足にどれだけ体重を預けられるかというと、ハンドジャムがよく効くクラックならばフットジャムだけでノーハンドでぶら下がれるくらいだ！

■オーバーツイスト

　ルーフクラックでのフットジャムのテクニックは、通常のフットジャムと同じだが（3-2-1参照）、一工夫で効きがよりよくなる。膝をねじってクラックの線に合わせるときに、膝がクラックの正面を行きすぎるくらい強くねじるのだ。これは

ムーヴを起こすために片足だけでジャムを決めて（もう一方の足はルーフから垂らしてバランスをとり）、その足を支えに体を押すときに特に有効。これはいわゆるドロップニーによく似たポジションだ。

■クロスヒール

　これはルーフクラックでのみ使うことができる新しいテクニックだ。両足を使うとよく効き、レストするときに役立つ。足をねじる必要がないため、爪先や足首も休められる。

1　ハンドサイズのクラックに通常のフットジャム（3-2-1参照）を決めるのと同様、クラックに一方の足を差し込む。足の裏と甲がそれぞれクラックの内壁に当たり、膝はクラックの線から外れ、横を向く。次にもう一方の足を同じやり方でクラックに差し込む。位置は、先に入れた足のすぐ手前かすぐ後ろにする。両足をできるだけ近くに入れると効かせやすい。

2　爪先をしっかりと固定して、そのまま踵をルーフのほうへ押しつける。このとき、両足の踵をそれぞれ逆方向に押しつけ、両足がクロスしてXの形ができるようにする。これによって足の甲がクラックの内壁に押しつけられ、土踏まずがクラックの縁に当たる。

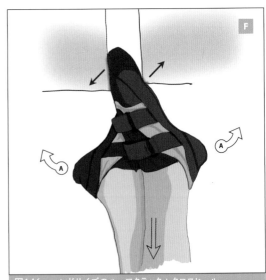

図146　ハンドサイズのルーフクラック：クロスヒール

3 膝をクラックの線の位置まで持ってくるために、脚が真っすぐになるように両足を遠くへ押しやる。腰は下に落ち、脚は伸びきって、両足はクラックの中にさらにねじ込まれてジャムの効きが強固になる（図146）。2と3の動きは一度に行なうと効率的だ。

4 両足がすぐ隣同士に差し込まれていれば、一方の足をもう一方に押し当てられ、ジャムがさらにしっかりと効く。

5 脚を伸ばして腰を落とすとレストしやすい体勢になり、それまでルーフクラックを登って脛にかかっていた負担を軽くできる。ただし、登るときに脚が伸びきっていると、動きの妨げになるので注意。このテクニックを登るムーヴのなかで使うときには、脚を曲げて（膝はクラックの線から少し外側に外れる）腰は持ち上げておく。ただし、ジャムを効かせるために、踵はクロスして、かつ壁のほうへ上げた状態で維持すること。膝が曲がっていると効きはいくらか悪くなるが、レストのポジションのように脚が伸びて体が岩から離れることはなく、そのほうが手を動かしやすくなる。

このテクニックは手先行で登るときにも使えるが、足先行で登るときに使うとより効果的だ（9-5-2参照）。これは、足先行にすると足で押し出す動きではなく、足に向けて手を寄せていく動きになるためだ。手先行で押し出すようにしてもクロスヒールは効くが、フットジャムを十分に効かせるために、通常のフットジャム（片足をねじって膝をクラックの線に合わせる）と組み合わせて使うことになる。

9-2-3 オフセット／コーナークラックでのポジショニング

ルーフクラックでは、オフセットに対して手のひらを当ててもよいし、当てなくてもよい。組み合わせて使うのもよいだろう。オフセットに手のひらを当てる主な利点は次のとおり。

• **前腕のフリクション**：体がオフセットの方向に流れ、前腕がその形状に当たる。これを利用すると、フォアアーム・スカム（5-4-1-2参照）のようにフリクションが生じる。オフセットが大きく角が立っていて、スラブのように傾いていれば、前腕に生じるフリクションは相当なものになり、ハンドジャムを完全に休められることもある。

• **フェイスのホールドが使える**：体が自然と、オフセット形状のフェイスホールドを使いやすい向きになる。

• **ジャムの効きがよくなる**：クラックが細い場合は、手のひらをオフセットに当てるとジャムの効きがよくなる。手が完全にクラックに入っていなくても、親指の肉と手のひらを岩に接触させられるからだ。

9-2-4 動きのスキル

ルーフクラックでの動きの原理は、垂直以下の傾斜のクラックのそれとよく似ている。両手を交互に出しても、スイミングで登っても、どちらでもよい（3-4参照）。ルーフクラックはジャムの効きが悪くなると途端に難しくなるが、効きのいいジャムを大きなムーヴでつないでいければ、この水平の世界はずっと快適になる。ここでは細くいやらしいジャムを飛ばして、効きのいいジャムをつなぐための動き方のテクニックを見てみよう。

1 大きなムーヴ：引きつけと押し出し（スタティックな動き）

この動き方は疲れやすいが、ムーヴを正確に起こすことができる。遠い一手を出して次のジャムを正確に決めて、そのジャムを使って動いていかなれればならないときに有効だ。両手でルーフに体を引きつけ、動かさないほうの腕でロックオフ〔肘を曲げた状態でぶら下がる〕し、そのポジションのまま両足の力で体を押し出す。このとき体がクラックから離れないように、ロックしたポジションを保つようにしよう（図147、148）。

2 大きなムーヴ：スウィング（ダイナミックな

動き）

　この動き方は疲れにくい一方、動きの確度は
ずっと低くなる。次のジャムを正確に決めなくて
も十分にそこに動けるくらいよく効く場合にのみ
使おう。

　片腕を伸ばして体をルーフの中で前後に振り、

図147　ハンドサイズのルーフクラック：大きなムーヴ
　　　　対角の手と足の引きつけと押し出し

図148　ハンドサイズのルーフクラック：大きなムーヴ
　　　　同じ側の手と足の引きつけと押し出し

腕を伸ばす

前後に体を振る

図149　ハンドサイズのルーフクラック：
　　　　大きなムーヴでのスウィング

その動きを利用して次のジャムを決めにいく（図
149）。動かすほうの手でクラックの手前のジャ
ムやホールドを中継すると勢いをつけやすい。動
きを起こすときのジャムがよく効いていれば、次
のジャムが決まるまで何度か体を振ってみても外
れないはずだ。次のジャムに手が入ったら、その
手を小刻みに動かしてジャムをしっかり効かせる
とよい。

3　大きなムーヴ：手足の組み合わせ

　ルーフでの大きなムーヴは、どちらの足で体を
押すかの違いが成否を分ける。ここで重要なのは、
クラックに両足を入れて押し出すよりも、片足だ
けで押したほうが遠くまで楽に手を伸ばせるとい
うことだ。

　手足の組み合わせについては厳密なルールはな
く、ジャムやその場の状況によって異なるが、コツ
がいくつかある。

• **対角の手足で引きつけて押し出す**：体の対角線
　を使って伸びることができるため、引きつけと
　押し出しにはこの組み合わせがベストなことが
　多い。これは通常のクライミングと同じだ（例：
　右手と左足）。また、フットジャムがハンドジャ
　ムから遠い場合は、左右逆の手足を使うほうが
　少ない力でロックオフのポジションを保つこと
　ができる（図**147**）。

• **左右同じほうの手足で引きつけて押し出す**：左
　右同じほうの手足で体を押し出す場合（例：右
　手と右足）、もう片方の足をクラックから外し、
　ジャムを決めている足の下を交差するように流
　す（アウトサイドフラッギングする）とよい（図
　148）。同じほうの手足で、対角を使うよりも大
　きなムーヴを起こすには、次のようなコツがあ
　る。まず、使う手足を近い位置に決め、フット
　ジャムを決めるときのように膝をクラックの線
　に合わせてねじる。次に引きつける腕の肘を曲
　げて、膝の内側に当てる。肘をこのポジション
　に入れるとロックオフのポジションを保ちやす
　くなり、足が近い位置にある状態で体がルーフ
　にぐっと近づく。これによって足で体を押しや

すくなり、驚くほど遠くまでスタティックに手を伸ばせるわけだ。

- **左右同じほうの手足でスウィングする**：スウィングする場合はこの組み合わせ（例：右手と右足）がベストなことが多い。手足を伸ばしたときに全身がクラックの真下にきて、振り子のようにスウィングしやすくなるためだ（図149）。

- **対角の手足でスウィングする**：対角の手足（例：右手と左足）では、いくらか勢いがつけにくくなる。体を振っても次の手を出すには引きつけの体勢になり、十分にスウィングできず、次のホールドに届かないことが多い。このポジションで体を大きくスウィングするには、クラックから外した足をルーフに当てて押すとよ

い。

4 大きなムーヴ：指先の向きを変える

ルーフクラックを登るときには、たいてい指先を真っすぐクラックの奥に向けている。しかし、この向きのままでは手の長さを最大限に活かすのが難しい。より遠くまで手を伸ばすためには、指先を前後方向（クラックが走る方向）に向けるようにしよう（指先の向きを変えるのは、9-2-1「浅いクラックでのポジショニング」参照）。その場合は順手のジャム（親指が上）から逆手のジャム（親指が下）を決めにいくとよい。このようにムーヴを起こすと肩から指先までが伸びて、礫のような格好になる。

9-3 フィストサイズのルーフクラック

ルーフのフィストクラックも、原則は垂壁のフィストクラック、または少しオーバーハングしたフィストクラックと同じテクニックと動き方で登る（4章参照）。ただしフィストジャムが浅いところに効く場合以外は、手を交互に出すのは難しく、スイミングで登るのがベストだろう。

大きなムーヴを起こすときには、引く手を逆手（手のひらが上）、出す手を順手（手のひらが下）にすると手が最も遠くまで伸びて力を入れやすく、より正確に動けることが多い（4-4参照）。ルーフのハンドクラックのテクニックと動き方のスキルを応用できる（9-2参照）。

コロラド・レッドロックスのデザートゴールド (Desert Gold 5.13a) を登るバーバラ・ツァンガール © François Lebeau

9-4　オフウィズスのルーフクラック

ルーフのオフウィズスクライミングは上下逆さ、つまり足と脚を頭よりも高く上げてクラックにしっかり入れ、コウモリのようにぶら下がって登ることになる〔英語では一般的に Inverted Style、日本では通称インバージョンと呼ぶ〕。足を手のように使えれば、クライミングは一気にやさしくなる。垂直方向に登る通常のオフウィズスのテクニックを使うこともできるが、傾斜の強い長大なオフウィズスをアームバーとニーロックで登るには強靭な肩と膝が必要になる。成功をつかみ取るためには発想も体も柔軟に逆転させ、頭に血がのぼるのを覚悟しよう。

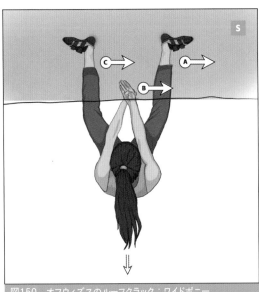

図150　オフウィズスのルーフクラック：ワイドポニー

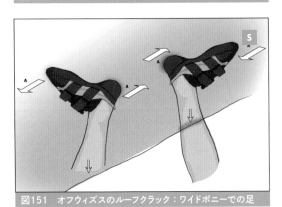

図151　オフウィズスのルーフクラック：ワイドポニーでの足

9-4-1　ハンド＋ハンドサイズの ルーフクラック

このサイズのルーフクラックでは、体のポジショニングがカギとなる。スタンダードなハンド＋ハンドのオフウィズスのテクニックを応用することもできるが、ポジショニングと動きのスキルが異なる。

このタイプのオフウィズスを登るときの基本的なポジションは2種類。ワイドポニーとトレンチフットだ。

■ワイドポニー〔pony：小馬〕

このテクニックを使う場合は、両手を足の間に入れて、カニのように横向きに動いていくことになる（図150）。

1　手:

- 手はバタフライジャムを決め（5-1-1参照）、一方の手のひらが自分の顔のほうを向く。こちらの手のひらは上体を起こす補助として使える。手のひらをクラックの内壁に当てて引き、体が下に落ちないようにキープしながら、もう一方の手をバタフライジャムのポジションに入れるとよい。

- ここで重要なのは、どちらの手のひらを顔のほうに向けるかだ。右足を先行させて登るのであれば、右の手のひらを顔のほうに向ける。逆の場合は左手だ。こうすると動いていく方向に手を伸ばしやすくなり、手の使い方を変えることもできる（例：クラックの縁を持つ）。また、先に入れるほうの手がクラックに届きやすくなり、それによって全身のバランスもよくなる。ハンドスタックで引きつけると、自然と進行方向に向かって少し横向きに引く形になるので、先行する足がより遠くまで届き、少ないムーヴで長い距離を進むことができる。

2 脚：脚はハンドスタックの両脇に差し込む。このサイズのクラックでは、脚は通常膝から下が半分程度までクラックに入る（脚と足の大きさによる）。クラックの奥まで差し込むのは難しいが、差し込んだ分だけ上体を起こしてスタックを決めるのが楽になる。脚を奥まで無理に差し込むと脛が少し痛むが、腹筋にかかる負担を減らすために我慢するべきだろう。

3 足：足をクラックに差し込んだら、フロッグド・フット（5-1-3参照）を使って効かせる（図151）。

4 全体のポジション：このテクニックでの全体のポジションは、ポニーに跨るような格好で上下逆さにルーフにぶら下がる（もしくはコウモリのようにぶら下がる）というものになる。スタックは体よりも上、顔の前にあり、両脚はガニ股になってスタックの両脇に入っている。股関節を大きく開いて両足をクラックに入れられる人にとっては、ワイドポニーがこのサイズのクラックで最も体のバランスがよいベストなテクニックだと言えるだろう。

■ トレンチフット［trench：溝］

このテクニックを使う場合は、足先行で登ることになる。

1 手：前述のワイドポニーと完全に同じ手のポジションにする。

2 脚：脚は両方とも進行方向に出し、爪先を自分のほうに向けてスタックよりも向こうでクラックに入れる。いわゆる足先行の体勢だ。ワイドポニーと同じく、このサイズのオフウィズスでは脚は膝より下が半分程度までクラックに入る。

3 足：スタックに近いほうの足はツイステッド・フット、遠いほうの足はフロッグド・フットを使って効かせる（5-1-3参照）。近いほうの足は踵の内側とシューズのアウトサイドエッジ（小指側の側面）をそれぞれクラックの内壁に当てる。遠いほうの足は踵の外側とシューズのインサイドエッジ（親指側の側面）をそれぞれクラックの内

壁に当てる。両足の踵と爪先が、それぞれ同じほうのクラックの内壁に当たるようにしよう（足が大きければ、使わないほうのインサイドエッジもしくはアウトサイドエッジもまたクラックの内壁に当たって、よりフリクションが得られることもある）。トレンチフットで登る場合には、この組み合わせが最も効きがよい。ただしクラックの幅や形状、傾きによっては、別の組み合わせのほうがよく効く場合もある。ある組み合わせで効きが悪く感じたら、別の組み合わせを試してみよう。組み合わせは以下のとおり。

- 両足の爪先と踵はそれぞれ同じほうのクラックの内壁に当て、両足を時計回りにねじる（図152）。
- 両足の爪先と踵はそれぞれ同じほうのクラックの内壁に当て、両足を反時計回りにねじる。
- 両足の爪先のアウトサイドエッジと踵の内側をそれぞれクラックの反対側内壁に当てる（爪先を外側、踵を内側にねじる）。
- 両足の爪先のインサイドエッジと踵の外側をそれぞれクラックの反対側内壁に当てる（爪先を内側、踵を外側にねじる）。

4 全体のポジション：このテクニックでの全体のポジションは、足が手よりも先行して爪先が手前を向く形になる。股関節が硬くワイドポニーのポジションがとりにくい人は、脚と足をこのよう

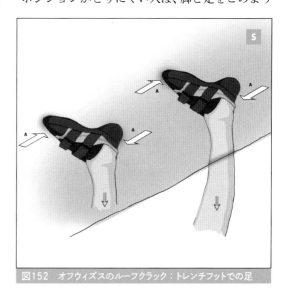

図152　オフウィズスのルーフクラック：トレンチフットでの足

に使うとよい。また、体をこの向きにするとクラックに入れるときに足を最も幅狭の方向にねじりやすいため、足が大きい人にもよいテクニックと言える。その一方で、このテクニックはスタックを動かすときに体がクラックと足から離れやすく、少しバランスがとりにくい。

9-4-2　ハンド＋フィストサイズの ルーフクラック

　このサイズでは、ハンド＋ハンドサイズのオフウィズスと同じテクニック、ポジショニング、動きのスキルが使える（9-4-1参照）。ただし、いくつか微妙に異なる点があるので覚えておこう。

1　手： ハンド＋フィストのスタックは、通常ハンドジャムを手前にして、手のひらが自分のほうに向くように決める。これはスタックを決めるときにクラックが引きやすくなるからだ。しかし、フィストを手前にして決めることもできる。異なる組み合わせを使い分けることでスタックにかかる負担を減らせるので、さまざまな組み合わせを使えるに越したことはない（ひとつの組み合わせを使い続けると疲れがたまりやすい）。クラックの形状やシークエンスによっては、フィストを手前にしたほうがいいこともありうる。

2　脚： ハンド＋ハンドのオフウィズスよりも幅が広いので、脚はクラックのさらに奥まで差し込める。これを利用しない手はない。脚が奥まで入るということは、脚のフリクションが大きくなる（足の負担が減る）ということで、さらにはスタックを決めるために上体を起こす動きも小さくて済む（腹筋への負担が減る）ということだ。

　レッグレバー： 脚が膝下までクラックに入ると、レッグレバーと呼ばれるテクニックを使えるようになる。踵を一方のクラックの内壁に強く押し当て、脚は伸ばし、脛の上のほうを逆側のクラックの縁に当てる。この動きによってジャムをして脛と足にかかる負担を少し軽くできる。

　レッグレバーは脚が痛く、特にクラックの縁が尖っている場合には痣ができることもある。この

テクニックを多用するとわかっているときには、脛のほうまでカバーするニーパッドをつけることをお勧めする。なお、レッグレバーは細いクラックでも決められるが、脛が相当に痛むことが多く、使わないほうが得策だ。レッグレバーが有効なのはハンド＋フィストサイズ以上の幅のクラックと心得よう。

3　足（フロッグド・フットとバナナ・フットを掛け合わせた、フラナナ・ジャム）： このサイズのオフウィズスでの足のテクニックは、フロッグド・フットを使うことが多い（5-2-2参照）。しかしクラックの幅がもう少し広くなると、フロッグド・フットにバナナ・フット（5-1-3参照）を掛け合わせて使えるようになる。完全なバナナ・フットのポジションをつくれることは少ないが、フロッグド・フットからバナナ・フットのポジションに足をねじり、その中間くらいの位置に踵がくると最も安定する。これはしっかり決まると足がクラックから抜けなくなり、登る動きには向かないくらい効くこともある。このフラナナ・ジャムはレストに最も適したテクニックだと言えるかもしれない。

9-4-3　ハンド＋ハンド、 ハンド＋フィストのルーフクラック そのポジショニングと動きのスキル

■クラックの傾斜ごとのポジショニング
　傾斜の強いオフウィズスを登るときには、できるかぎり体力を温存することが重要になる。体力を消耗しやすい動きのひとつが、クラックに手を入れるために上体を起こす動きだ。クラックの傾斜に合わせてポジショニングを調節して手を決める位置を変えることで、この動きを楽に行なえる。目指すべきは、この上体起こしの動きを最小限にして、それに応じて下半身のポジショニングを変えることだ。いくつか例を挙げると、

1　ルーフ： ルーフで最も力を使わずバランスがよいポジションは、ワイドポニーだ。スタックは顔の前で真っすぐクラックに入れる。

2 135度のオーバーハング：クラックの傾斜が緩くなってくると、後続するほうの脚に近いところにスタックを決めたほうが、両脚のちょうど中間に決めるよりも上体を起こす動きが小さくて済む。先行するほうの足にかかる負担は大きくなるが、上体を起こすのはずっと楽になる。

3 115度のオーバーハング：クラックの傾斜がさらに緩い場合、両脚の間にジャムを決めようとすると腹筋を相当酷使しないといけなくなる。この場合は後続するほうの脚よりも下にスタックを決めると、そんな腹筋を使った離れ業をする必要はなくなる。足はトレンチフット（**図152**）でもよいし、ワイドポニー（**図153**）の向きに決めてもよい。

4 その他に、トレンチフットを使いつつ先行する脚を変えるというポジショニングもある。まず先行する脚をフロッグド・フットの形で決める。次にもう一方の脚を先に決めた脚と交差させて遠くへ伸ばし、爪先からクラックに差し込む（トレンチフットと同じ要領）。この脚が新しく先行する脚になる。先行する脚は真っすぐに伸ばし、後続する脚は少し曲げ、脚がクロスした形ができる。このポジションの利点は、足同士が近い位置に決まるため、手前のスタックを決められる範囲が広くなることだ。また、このポジショニングはピボット（9-6-5参照）をするときに必要な手順を減らせる。これは後続する脚がピボットをしやすい位置に入っていることで、先行する脚をクラックから抜きやすくなるためだ。

■動きのスキル

これらのタイプのクラックでの動きは非常にシンプルだ。動かす体の部位が、左足、右足、スタックの３つしかないからだ。これらの部位を動かすためには、オフウィズスを登るときの基本に立ち返ろう。

「一度に動かす体の部位はひとつ」だ。

これら２つのサイズのオフウィズスの場合、動かす部位は３つなので、動きは次の３段階に分け

られる。

1段階：スタックと後続する脚で体勢を安定させ、先行する脚を進行方向へずらし、股を開く格好になる。

2段階：両脚で体勢を安定させ、スタックを先行する脚へ向けて動かす。

3段階：先行する脚とスタックで体勢を安定させ、後続する脚をスタックのほうへ寄せる。これで初めのポジションに戻る（動きの順序は**図150**参照）。

この動きのサイクルは、長く続くルーフクラックで行なうとカニの横歩きに似ている。

繰り返しになるが、体の部位を動かすときにはクラックから抜く必要はない。勢いよく押すかクラックに沿ってスライドさせるようにしよう。こうすると体と岩の接触を保ち、より力を使わずに岩の上（内側）にとどまることができる。ただしクラックが細くなってきたときには、その部分をかわすために体の部位を（ただし一度に一部分のみ）抜かなければならないこともある。

図153　オフウィズスのルーフクラック：傾斜の違うクラックでのポジショニング

9-4-4 フィスト+フィストサイズの ルーフクラック

ルーフのフィスト＋フィストサイズのオフウィズスを登るときには、クライマーはクラックにほとんど飲み込まれる。この傾斜を耐え抜くために、体をクラックのより深いところまで入れ、スタック、パーミング、クラックの縁の保持など、さまざまなテクニックを使うことになる。

ポジショニング
1 手：手のポジショニングにはいくつか種類がある。

- **スタック**：このサイズのクラックではフィスト＋フィストのスタックを使う（5-3-1参照）が、脚がクラックの奥まで入っているため（後述）、手を入れるスペースがなくなりジャムを決めにくい。この場合は両脚の間ではなく、後続の脚よりも後ろにスタックを決めると実は楽だ。体がクラックの深くまで入っているので、上体を起こすのに使う力も少なくて済む。

- **クラックの縁を持つ**：このサイズのクラックは、クラックの縁を手で持ちやすい。というのも、腰がクラックの縁に当たるくらいの位置にあり、クラックの縁を持つのにちょうどよいところに手がくるからだ。まずはクラックの内側にハンドホールドが隠れていないか探してみよう。小さいものであっても、何かしらホールドが見つけられると、上腕の力をあまり使わず楽に脚を動かすことができる。

- **パーミング**：クラックの一方の縁がオフセットしている場合や、ルーフクラックがコーナー状になっている場合には、壁の張り出しに尻を預けることができる。この張り出しをダウンワード・パーミングで押して腰をクラックの中へしっかりねじ込むこともできるし、進行方向へ押せば動きの補助にもなる。腰の位置は少しずつ（繰り返し小刻みに）しか動かせないので、大きなムーヴを起こすために腕を曲げて押す必要

はない。ほとんどの場合、パーミングをしている腕は真っすぐに伸ばしたままキープしてポジションを安定させ（筋力よりも骨格を使う）、肩の動きを利用して体を押していくとよい。体の他の部分を動かしながら、こちらの真っすぐにした腕も進行方向に動かしていこう。

- **プライベート・パイレート**：このテクニックは、ダウンワード・パーミングとクラックの縁の保持を組み合わせて、ルーフや傾斜の強いクラックを登っていく助けにするものだ。パーミングをする必要があるので、これが使えるのは壁の張り出しがある場合のみだ。先行する手はクラックの縁を持ち、後続する手はダウンワード・パーミングのポジションにする。引きつけと押し出しを同時にすることで、壁の張り出しに預けた尻を浮かせて進行方向に動かしやすくする（図154）。脚を進行方向へ動かす助けとして、リバース・プライベート・パイレートという素晴らしいテクニックがある。クラックの縁を持っている手を逆向きにして、縁をガストンの向きで持つ。肘が空を向くことになる。この持ち方は、後続の脚よりもさらに後ろのほうがやりやすい。〔パイレートは海賊の意味。筆者がアメリカのロックトリップ中に考案したテクニック名。海賊の雄叫びのように吠えまくったことにちなむ〕

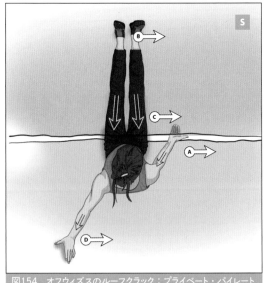

図154　オフウィズスのルーフクラック：プライベート・パイレート

2　脚：脚は完全にクラックの中に入れ、脚の付け根あたりにクラックの縁がくるようにする。最終的なポジションは、両脚でサイバー（5-4-2-1参照）を決める形になる。ただし、頭を下にした体勢でだ。クラックのエッジが脚の付け根に当たるようにすることが重要で、これができるかどうかで成否が分かれる。脚がクラックから吐き出されたらゲームオーバーだ。このタイプのクラックでは、クラックに深く入り込んだ分だけ感触がよくなり、成功が近づくと覚えておこう。

3　足：このクラックの幅であれば、バナナ・フット（5-1-3参照）を決めるのがよい。

■動きのスキル

　フィスト＋フィストサイズのオフウィズスでの動きのスキルが、ハンド＋ハンドやハンド＋フィストと異なるのは、体を預けられる壁の張り出し（オフセット）がある場合のみだ。体の部位はひとつずつ動かす、というルールは変わらないが、この場合は動かす体の部位が多い。このサイズのオフウィズスで動かさなければならないのは、クラックの縁を持つ手、パーミングをする手、左脚、右脚、そして腰だ。

1　クラックの縁を持つ手を動かす：他の部位で体勢を安定させ、クラックの縁を持つ手を進行方向へ動かす。

2　脚を動かす：脚をより楽に動かすためには、太ももから下にかかっている体重を尻に預ける必要がある。クラックの縁を持った手を引いて、尻を壁の張り出しに押しつけると、脚への荷重が抜けて動かせるようになる。クラックの縁を持つ手に力を入れにくければ、リバース・プライベート・パイレート（前述）をすると尻をより強く壁の張り出しに押しつけられる。

3　腰を動かす（ヒップフリック）：腰を動かすためには、尻への荷重を抜く必要がある。これには、パーミングで体を押すとよい。荷重が抜けたら、腰を振るようにして進行方向にずらす。力を込めて素早く動かそう。腰をゆっくり動かそうとする

と、動きの途中で尻が壁の張り出しに当たらなくなり、クラックから吐き出されていく。こうなると体は落ちる一方だ。腰は素早く振る。これがキモだ。

4　パーミングする手を動かす：下半身で体勢を安定させ、後ろの側壁の張り出しに沿ってパーミングする手をパッと手前に寄せる。この動きは簡単だ。

9-4-5　アームバー／チキンウィングのルーフクラック

　アームバー／チキンウィングのサイズのルーフクラックでは、クラックを底なしのチムニーとして考える必要がある。体を完全にクラックの中に入れ、どの部位も外に出さないようにすることが重要だ。つまりクラックに完全に飲み込まれるということだ。このサイズのクラックの威圧感はすさまじい。フレアしている場合は特にそうだが、暗く、奥が深く、ムーヴも複雑そうに見える。しかし実際には体と岩との接触する面積が広いため、実践を重ねればルーフのオフウィズスとしては最も安定して簡単に登ることができる。

　ここで紹介するテクニックは、クラックが奥で細くなっている場合にのみ使えるものだ。奥で細くなっていない場合は、頭を上にした向きで全身をクラックの内側に入れ、基本的なスクイズチムニーのポジションで登る（6-1-1参照）。しかし奥が細くなっている場合は、頭と肩をクラックに入れるのは難しい（頭を上にしたポジションをとりにくい）。脚や腕ならばそれらよりも厚みがないので、クラックの奥まで入れることができるというわけだ。このサイズのルーフで使えるテクニックは、サイドワインダーとフルインバートの2つがある。

■サイドワインダー

　体のポジショニングは、スクイズチムニーで使う通常のサイドワインダーと同じだ（6-2-1参照）。異なるのは、体の部位を少しずつ動かし、腰は上

に跳ね上げるのではなくルーフに沿ってずらしていくという点だ。体を上に動かす必要がなく、ただ同じ高さを保って動けばよいので、実は体が横に倒れたこのポジションでは上に進むよりも前に進むほうが楽だ。

■フルインバート

クラックが奥でとても細くなっている場合は、サイドワインダーのポジションをとるのに欠かせないチキンウィングを決めるのが難しくなる。その場合に使えるのがフルインバートというテクニックだ。このポジションは、見た目にはとんでもなく苦しそうだが、体と岩との接地面積が非常に大きくてクラックから吐き出されずに済むため、実際にはルーフのオフウィズスの他のテクニックに比べて使う力がずっと少なくて済む。この登り方に特有の問題点としては、頭に急激に血がのぼることだろう。体が上下逆さなうえに、完全に岩に挟まれているので、上体を起こして頭の向きを戻すことができないからだ！

ポジショニング

1 腕：両腕は、手のひらを肩の高さで岩に当てて上下逆さのチキンウィングのポジションをつくる。体をクラックから引っぱり出す方向に働く重力によって、チキンウィングはがっちりと効く。そのため、手のひらが滑らないかぎり（または手を動かすときに体が抜けないかぎり）、安定した体勢から落ちることは人体の構造的にありえない。

2 足／脚／腰：腕以外の体の部位を使って、クラックから吐き出されないように突っ張る必要がある。後ろのクラックの内壁は、踵の後ろ側（クラックがより細い場合は、形の崩れたバナナ・フットを使うこともできる。5-1-3参照）、尻、そして背中で押す。目の前の内壁（鼻が触るほうの壁）は、膝、太もも、そして手のひらを使って逆方向に押す（図155）。

ポジションのつくり方

このタイプのクラックでの動きは単純だ。まず両手のチキンウィングで体勢を安定させて、脚を片方ずつ動かし、腰を少しずつずらす。次に足から腰までを使って体勢を安定させ、チキンウィングを片方ずつ動かす。どのようなタイプのオフウィズスでも、体の部位は一度にひとつずつ動かし、動かすときには大きな動きは避けて素早く小刻みに、ということを頭に置いておこう。

体を反転させる方法

サイドワインダーもフルインバートも全身をクラックにねじ込むわけだが、その体勢をつくるまでが最も力を使い、苦しいところだ。体を上下反転させるときの状況はそれぞれに異なるが、役に立つ技をここでいくつか紹介しよう。

1 片手で決まるジャム、またはホールドを探す：まずは、体を反転させてクラックに引き込めるようなジャムやホールドを探そう。

2 手のひらで押す：体がいくらか反転したら、手のひらで押せそうな形状を探して体を押し上げよう。

3 レッグバーを決める：両脚をクラックに入れられたらすぐにレッグバーを決めて、反転した体勢をキープする。脚ですぐにジャミングを決められないと、縦向きのフロントレバーをするような

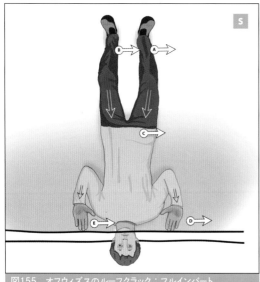

図155　オフウィズスのルーフクラック：フルインバート

格好になってしまう。この状態は非常に苦しい。

4　チキンウィング：腰がクラックの縁よりも奥に入ったら、いつでもチキンウィングを決められるようにしておこう。チキンウィングをできるだけ早く決めることが、いち早く全身をクラックに入れて安定させられるかどうかにつながる。

脚をクラックの奥まで入れるよりも先にチキンウィングを決められることもある（フットジャムまたはレッグバーがよく決まっている必要がある

る）。そのためには、下半身を使ってぶら下がり、クラックのほうへ上体を横向きに起こしてチキンウィングを決める。決めるのは体の正面ではなく、真横の位置だ。チキンウィングが決まったら脚を上体の真上へずらしていく。

チキンウィングを使って反転するときには、体を時計の針のようにイメージしよう。大きく円を描きながら体を持ち上げ、12時（フルインバートのポジション）を指す、という具合だ。

9-5　スピンスルー

スピンスルーは難しいセクションをより楽に切り抜けることができる、便利なテクニックだ。足先行の登りへの切り替えにも使う。ただし、このテクニックは足や上半身をどこにもつけず動かすというものなので、強い体幹が必要だ。上体を起こしたり足を上げたりする力が弱いと、スピンスルーはまず使えない。しっかり腹筋を鍛えて、足を切って体をスピンさせれば、このテクニックのよさが理解できるだろう。

9-5-1　足のスピンスルー

このタイプのスピンスルーは、手でジャム（フィンガー／ハンド／フィスト／スタック）を効かせて足を切り、大きく振って足先行のポジションに入るまでの流れを指す。ルーフのクライミングは、必ずしも手を先に出すとは限らないわけだ！

1　足を切って手のジャムだけでぶら下がる。フィンガージャムを決めている場合は、対面ジャム（9-1参照）を使うとよい。

2　体を180度スピンさせ、足を進行方向に上げてクラックに入れる。腕を引きつけてロックし、背中を丸め、膝を曲げて胸につくくらいまで上げ、体をルーフにできるだけ近づけた状態でスピンするとよい。腕を伸ばし、背中まで伸ばして足をだらりと下げてしまうと、そこから体をもう一度

持ち上げなければならない。力を抜いてぶら下がるのではなく、力を込めたままできるかぎりルーフに近いところで体を動かそう。次に手を決める場所よりも向こう側に、足をしっかり決められる場所を探すのが理想だ。次の一手を足よりも向こうに決めなければならない状況はできれば避けたい。もし次のフットホールドが遠いと、足を届かせるのに体操選手がやるフロントレバーのようなムーヴをしなければならず、体幹への負荷がとても大きくなる。そんなときは、使えそうなフットホールドがあればという条件付きだが、まず近くのフットホールドに足を置いてから、フットジャムを決めたい場所まで少しずつ足を送っていくとよい。

ルーフで足を少しずつ送る方法は2つある。

図156　スピンスルー：大きな手のムーヴ

- **足を交互に送る**：これは手を交互に出す動き（3-4 参照）と同じだ。足をクロスさせながら交互に動かしていく。こうすると素早く足を動かすことができるが、一方で疲れやすく、手前にある足で次に足を送る場所が見にくくなるため、フットジャムを決めづらくなることがある。
- **スイミング**：これはクラックに沿って足を交差させずに送るものだ。動きは少し遅くなるが、ジャムを確実に決めることができ、クラックの割れ方が一様で足をクラックから抜かずにずらせる場合には特に有効だ。足を送るときの中継に使えるフットホールドやジャムがない場合は、岩についていないほうの脚の運び方に注意すること。こちらの脚を曲げて体に近づけ、もう一方の脚をフットホールドに向けて伸ばすとよい。片足を曲げたフロントレバー（ハーフレバー）をするイメージだ。

3　両足がちょうどいいポジションに入ったら、それが手の代わりになるようにしっかりと効かせて、次のハンドホールドに手を出す。

4　スピンスルーの後に大きな（手の）ムーヴをする必要がある場合は、片足をクラックに入れ、もう一方の足は空中に流したほうがやさしくなることがある。こうすると体をねじってルーフに近づけやすくなり、肩甲骨同士が寄って胸が開く（図156）。ただし、足が滑ると体が放り出されてしまうので、フットジャムはしっかり効かせること。

9-5-2　足先行で登る

ルーフクラック、特にハンドとフィストのサイズのクラックでは、足を先行させたほうが楽に登れる場合がある。この登り方では足が先行して腕のような役割を果たすため、腕が楽になる。手先行で登る場合には、前進するために体を引き上げる（これが最も力を要する動き）のは腕の役割になり、足はその後をついていくわけだ。これを逆にして、足が体を引き上げて手はただついていくだけの形にすることで、最も力を使う動き（すなわち前進）を足に任せるという仕組みだ。足先行で登る欠点は、足では大きなムーヴを起こすことができず、クライミングの動きが少し遅くなることだ。長く続くルーフクラックでは登り方を工夫し、手先行と足先行を使い分けるといいだろう。

9-5-3　手のスピンスルー

手でのスピンスルーは、両手を離して効きのよいフットジャムだけでぶら下がらなければならないため、実際には、クラックの幅が広いところでのみ使うことができる。クラックの幅が広くフレアしていてスタックが決めにくいセクションは、手ではなく足をうまく使うと楽に切り抜けられることもある。

1　足のスピンスルー（前述）をして、クラックが広がっている部分に入れる。フロッグド・フット、バナナ・フット、レッグバーなど、決め方はどれでもよい。

2　次に、下半身でしっかりと体を支え、両手をクラックから離してコウモリのように逆さにぶら下がる。そこから上体を起こして足よりも向こう側にジャムを決め、幅の広い部分を越える。

9-6　リップを越える

リップは水平方向のクライミングが再び垂直方向に変わる場所だ。このセクションとその後のクライミングがルーフのクライミングの核心になることが多い。というのも、体を頭が上のポジションに戻す動きはしんどいものになることがあるからだ。筆者の経験上、リップの越え方にはどれひとつとして同じものはなく、ルートごとに異なる動きが求められるものだ。クラックの外にあるホールドやフレア、壁の張り出し、クラックの屈曲など、条件はさまざまで、そのため登り方の一

般的ルールというものも定めにくい。だから、自分の登りをその場にあるものに合わせて修正し、登ろうとしているリップの形状によってルールと呼べるものを見いだしてほしい。

ここからは、ごく基本的なテクニックをいくつか紹介する。ルールではなく、ヒントとして読んでみてほしい。

9-6-1 フィンガー、ハンド、フィストサイズ

これらのサイズのルーフクラックのリップを越えるうえで最も難しいのは、まず胸をリップの上に出すところ、続いて腰と脚を持ち上げるところだ。

1 胸をリップの上に出す：胸をリップの上に出すためのカギは、足の存在を忘れないことだ。これを忘れて、胸を擦りつけながらリップを越えるのに必死で、足が置き去りになっているクライマーがよくいる。大抵それは、掛かりのよいホールドやジャムに手が届いて、足のことを疎かにしてしまっているからだ。

腕で体を引き上げる前に、まずは足を使って体を外へ押し出し、リップにべったりと張りつかないようにする。足で体を押し出しながら、手を上へ伸ばしていこう。逆の順にはしない。岩に擦れないように胸をリップの上まで上げられたら、自分を褒めてあげよう。

2 腰と脚をリップの上に持ち上げる：通常、リップが腰か太ももの位置までくれば、足を踏ん張ることで体を上に押し上げることができるようになる。この段階まできたら、次に必要なのは腰と脚をリップの上に出すことだ。体が柔らかいクライマーは、片足をルーフの中に残したまま（こちらの足を土台として体をルーフから押し出し）、もう一方の足でリップの上にハイステップをするとよい。体勢は窮屈に感じるが、脚が片方上がれば簡単に立ち上がることができるはずだ。体がそれほど柔らかくないクライマーは、他の手段として、手のジャムを効かせて足を切り、ぶら下がった

状態から爪先か踵、もしくはフットジャムをリップよりも上で決めるとよい。どちらの方法にしても、ダイナミックかつパワフルな動きが必要だ。

9-6-2 ハンド＋ハンドサイズ

これが最もリップを越えるのが難しいサイズだ。膝が細いクライマーなら、まずニーロックを試してみるべきだろう（9-6-3「ハンド＋フィストサイズ」参照）。しかしそれができる人は少ないので、足を先行させ続けるのがベストだ。

1 ルーフのリップに近い位置でしっかりとハンド＋ハンドのスタックを決める。手をこのポジションに入れるには、先行する脚でリップよりもさらに上にジャムを決めるとよい。

2 後続の脚をクラックから抜く。これによって体が先行する脚からぶら下がる形になり、後続の脚によってルーフの中に引き戻されなくなる。

3 抜いた後続の脚をリップよりも高く上げ、先行する脚よりも下（手前）でクラックに入れる。そのまま両足をクラックに沿って上げ、それに合わせて手も上げていく。傾斜の緩くなったところでも上下反転し続けることになるが、足を先行させることで下にぶらぶらさせていたのでは存在しなかったフットホールドを得られる。この動きは力を使い苦しく感じるが、十分な距離（リップから自分の体ひとつ分もしくは半分程度）を進んだらスタックをしっかりと決め、足をリップのほうに下ろすことができる。これで体は正しい向きになり、そこからはこのサイズのクラックのスタンダードなテクニック〔5-1-3参照〕を使って登っていけばいい。逆立ちの体勢から足を下ろすのが早すぎると、脚がクラックに入れられず空を掻いてしまうので注意。

9-6-3 ハンド＋フィストサイズ

このサイズのクラックでは、前項のハンド＋ハンドサイズと同じく上下反転するテクニックを使うか、正しい向きでニーロックを使って登る。

1 ハンド＋フィストのスタックをできるだけ

リップより高い位置に決める。そのためには、先行する脚をリップよりも高い位置に入れ、上体を起こしてスタックを脚のすぐ下に決めるか、もしくは脚よりもさらに上に決める。脚よりも上にスタックを決めやすくするには、ピボットという動きをするとよい（9-6-5 参照）。

2　スタックが決まったら、先行する脚でスタックよりも下（リップのあたり）にニーロックを決める（5-2-2 参照）。この動きをするには脚を一度クラックから抜く必要があるかもしれないし、場合によっては膝をクラックの中で上に向けて押すだけでよいこともある。

3　ニーロックを決めやすくするために、後続する脚はクラックの縁に沿って下ろし、外側の足のポジションでクラックの縁に当てる（5-1-3 参照）。

4　以上でスタンダードなオフウィズスのポジションができる。傾斜こそ強いが、スタック、ニーロック、外側の足が決まっているので、あとは通常の動きでオフウィズスを登る（5-5 参照）。

5　外側の足を使ってまずリップから体を水平に押し出し、それから上に引き上げる。これは胸がリップに引っかかって登りの妨げにならないようにするためだ。ここからはフィンガー、ハンド、フィストサイズのクラックと同じ要領でリップを越える（9-6-1 参照）。

9-6-4　フィスト＋フィストサイズ

　フィスト＋フィストサイズのクラックでリップを越えるときには、いかに腰をルーフのリップよりも上に上げるかが特に重要だ。腰がリップを越えれば、あとは鼻歌を歌いながら登っていくことができるだろう。

1　ルーフのリップ近くで、テクニックを正しく使って脚をできるだけ深くまでクラックに入れる（9-4-4 参照）。脚が浅い位置にあると、リップを越えるのが難しくなる。腰の位置をできるだけ高くキープしよう。

2　手：フィスト＋フィストのスタックか、ダウンワード・パーミングか、リップをつかむか、ク

ラックの縁を持つか。自分にとってベストな使い方を見つけよう。このサイズのルーフクラックでは、使うテクニックをあれこれ変えながら登ることが多い。例えば体を引き上げるときに、まずクラックの縁を持ち、途中からダウンワード・パーミングで押し上げるとよいこともある。登っていくにつれて別のテクニックが使えるようになることもあるので、テクニックの選択肢は多く用意しておきたいところだ。

3　脚：腰と上半身を押し上げてリップを越えるときには、脚でその動きを補助する必要がある。脚の補助がないと、非常につらい体勢になるだけでなく、それ以上動けなくなってしまう。両脚を時計の針のようにイメージしてみよう。まずは先行する脚が12時の位置（自分の体の真上）にあり、後続する脚は10時くらいの位置にする。腰がリップを越えていくのに合わせて、両脚はクラックの奥のほうへ入れていく。先行が左脚なら時計回り、右脚なら反時計回りだ。腰の位置が高く上がるにつれて、脚は徐々に下に向け、最後は6時の位置まで下ろして体を真っすぐに立てる。そこからはスタンダードなオフウィズスのテクニックを使って登る（5-3 参照）。

4　この時計の動きでは、脚がルーフクラックから下に出てしまわないように注意。両脚を確実にクラックの中に残しつつ、腰を持ち上げた分だけ下げていくようにしよう。

5　このサイズのクラックでリップ付近がコーナー状になっている場合には、フライング・パイレートというポジションで登るとよい。足／脚のテクニックはここまでで解説したとおりだが、手と腕を使ってコーナーの形状をうまく活かすことができる。ここで使うのは、スタンダードなステミングでコーナーを登るときの手と腕のポジションだ（クラックの形状を手で使う必要はなくなる）。

　まずは足と脚をリップよりも高い位置でしっかりと決める（このとき、できるだけ深くまでクラックに入れる）。次に、一方の手はリップの周辺、

もう一方の手のひらはコーナーの壁に当てる（指先は体と反対方向に向ける）。上半身をコーナーの形状に押し込むように、腕は体よりもいくらか後ろの位置で、肩よりも低くする。このポジションでは、肩甲骨同士が近づき、胸を開く格好になる。そして、両方の手のひらを使って上半身をコーナーの形状に押し込み（8-1「ステミング」と同じ要領）、それと同時に腰を小刻みに動かしてリップを越える。尻はコーナーの壁の張り出しに当てておく（ルーフの中からリップの上にかけてコーナーになっている場合）、もしくは腰がリップを越えたところで張り出しに当てる（クラックの内壁がリップのところでそのままコーナーの壁になって延びている場合）。尻はできるだけ早くコーナーの壁に当てるようにしよう。腰がリップを越えて尻がコーナーの壁に当てられると、そこからの登りはぐっと楽になる。パーミングしている手は、脚で時計の動き（前項3）をするのに合わせて上にずらしていく。

9-6-5 ピボット 〔pivot：片脚旋回〕

　ピボットは、上下反転したポジションから足／脚を支点に体を回して、頭が上の元のポジションに戻る動きのことだ。リップを越えるときのように、傾斜の強いオフウィズスをインバージョンで登って傾斜の緩い部分に入る場面で使われることが多い。しかし、クラックの傾斜が変わらないところで、頭が上のポジションに戻りたいときにも使える。やることはシンプルで、上半身を回して先行する脚／足よりも上に入れるだけだ。

　ピボットはどのサイズのオフウィズスでも使うことができる。ここではピボットをうまく行なうためのヒントをいくつか紹介しよう。

- 先行する脚を支点にして体を回す：先行する脚は、初めはスタックや腕の前後どちらに入れても構わない。どちらのポジションにしてもこの脚がピボットをするときの支点になる。

- 先行する脚のジャムを確実に決める：ピボットをするときには先行する脚で体を支えることになるため、しっかりと決めたい。先行する脚／足は体を回すための支点だ。

- 後続する脚はクラックの縁に沿って下ろす：後続の脚をクラックの縁に沿って下ろすことで、手を先行する脚よりも上に入れやすくなり、上半身を回しやすくなる。後続する脚が高い位置にあると、上半身を動かしにくく、ピボットが大きな上体起こしに近い動きになり疲れやすい。また、後続する脚がクラックの奥に残っていると、上半身を回して先行する脚を越えようとするときに抜けなくなることがある。後続の脚をクラックの縁に沿って下ろす動きは、上半身を回す動きに合わせて行なおう。体の一方を下げればもう一方が上がり、これでバランスがよくなる。

- 後続する脚を完全にクラックから出す：これは常にするべきことではないが、後続する脚を下ろすときに完全にクラックから出すことで体のポジショニングがよくなり、先行する脚よりも上にジャムを決めやすくなることがある。これにより後続の脚がクラックから抜けなくなるのを防ぐこともできる。

- 後続する脚を使って上半身を押し上げる：後続の脚を正しく下ろすことができたら、こちらの脚を使って上半身をさらに動かし、より高い位置にジャムを決める助けとしよう。クラックの縁のあたりにジャムを決めるか、時にはフットホールドやスメアリングを使ってもよい。

- 上半身が上がってきたら、先行する脚をクラックの中を下げていく：上半身が、先行する脚よりも高く持ち上がったら、先行する脚は少しずつ下へずらしていき、最終的に通常のオフウィズスで使う内側の脚として使えるようにしよう。

トム・ランドール

トムはクラックの登攀歴にかけておそらく世界一だ。彼は攻撃的なボルダー課題から奮闘的なシングルピッチのハードルートまで、ありとあらゆるサイズの最難クラスのクラックを登っている。なかでも最も有名なのは、ユタのキャニオンランドにあるセンチュリークラック（Century Crack 5.14b）の初登だろう。

■一番好きなクラックのエリアは？

クラックの多彩さと岩の質でオルコ渓谷を超えるエリアはなかなかない。難しいクラックとかスプリッターの数で言えばもっとすごい場所があるかもしれないけど、もう一捻りほしいっていうクライマーには、オルコはまさにパラダイス。スラブも、テクニカルなシームも、オーバーハングも、ルーフもあって、開拓の余地もたくさんある！　ルートはシングルピッチから200mのものまであって、ギアもよく効くんだ。フレンズの6番からRPまでしっかりとね。キャンプ生活と食べ物も最高だよ！

■一番好きなクラックは？

今でもやっぱりピーク・ディストリクトにあるロンドンウォール（London Wall E5 6a/5.12a）。自分が登った中で一番難しかったルートではないけど、どんなスタイルで登ってもいいルートで、今でも折にふれて登りに行く。初めて登ったとき、僕は大学生で、E5を登るのが精いっぱいだった。そのグレードでは2本目だったと思うな。上部のランナウトがものすごく怖かった。ルートの7割5分を落ちずに登って勢いに乗っていたから、気持ちで負けられない最後のセクションでも腹を括れた。残っていたギアは最後に決めたプロテクションにぶら下げて、それから突っ込んだよ。

■クラックでの印象的な体験談は？

ここ数年では、ピート・ウィタカーと行ったクラウン・オブ・ソーンズ（Crown of Thorns 5.14b）のトライが特に印象的だった。キャニオンランドのホワイトリムにある、センチュリークラックによく似たきれいなクラックなんだけど、違いは、はっきりとした核心がある

ことと、その一方でいいレストポイントが二、三カ所あるから、極限までパンプしてもそこで休んで気持ちの切り替えができること。ルートの後半は幅が広くてとても決めにくいハンド＋フィストのスタックとチムニーのルーフで、その最後の核心で完全に限界がきて、本当に最後の1％まで振り絞って、落ちた。ロープにぶら下がったら一気に気分が悪くなって、全身に乳酸がたまってパンパンなんだってわかったよ。ピートにすぐ降ろしてくれって大声で叫んで、それから10分は地面で痛みに震えていた。しんどかったな！　ボロボロになった僕を見て、ピートはこっそり笑っていたんじゃないかな。

■アドバイス

僕の一番好きなエリア（オルコ渓谷）に関するアドバイスとしては、トライするルートに合ったシューズを選ぶこと。垂直のハンドクラックで大きめのベルクロのシューズを愛用しているとしても、それが垂直のテクニカルなフィンガークラックにいいとは限らない。ルートに求められるものは何か、どんな足使いをして、そのためにはどんなシューズが明暗を分けることになるか。登る前に、頭を柔らかくして考えてみよう！

Pop Quiz　どちらが好き？

1. フィンガークラックとオフウィズス？　オフウィズス
2. ステミングとルーフクラック？　ルーフクラック
3. ハンドジャムとハンドスタック？　ハンドジャム
4. ニーロックとチキンウィング？　ニーロック
5. テーピングはする？　しない？　する
6. カムとナッツ？　カム
7. クラックなら砂岩？　花崗岩？　砂岩
8. 短くてハードなルートと、長くて持久系ルート？　長くて持久系ルート
9. 痣と擦り傷、つくるなら？　擦り傷
10. 思わぬ失敗に備えてクライミングパンツを選ぶなら、赤と茶色どっち？　赤

英国版インディアンクリークとも呼ばれるピーク・ディストリクトのミルストーン・エッジのロンドンウォール（E5 6a）をソロするトム・ランドール。このルートがソロで登られることは滅多にない　© Mike Hutton

エル・キャピタンのサラテ (the Salathé Wall 5.13c)、ヘッドウォールを行くブラッド・ゴブライト　© Drew Smith

10　ギアのセット

クラックはその形状のおかげで体と同様にトラッドギアも食い込ませることができ、それによって安全を確保できるルートとなる。これはありがたいことで、体のどこかしらを入れることができれば身を守るためのギアも入れられる、ということなのだ。思うに、ギアをセットできる場所を見いだし、的確にセットしてそれを信頼できることは、クライミングそのものと同じくらい重要なことだ。ギアのセットについてよく理解していなければ、自分の限界に近いクライミングはできない。

ギアのセットはひとつのスキルであって、そのさまざまな要素をすべてマスターするには膨大な量の練習が必要だ。トラッドクライミングの経験がない強いクライマーが、登る能力は低いもののトラッドに熟練したクライマーにこてんぱんにやられる、ということも大いにありうる。そのため、この章はこれまでのすべての章を合わせたのと同じくらい重要だと考えてほしい。

本題に入る前に、次の2つの質問について考えてみてほしい。

- 自分は正しい知識を持っているか？　ギアがどのように効き、どうセットしたらよいかを知っているだろうか？　その仕組みと働きがわかっているだろうか？　自分が使おうとしている道具の正しい使い方について、まずは確認してみよう。
- 自信が持てるか？　セットしたギアがよく効いているか否か、自信を持って判断できるだろうか？　このことは、そのギアをセットしてからのクライミングで正しい判断ができるかどうかに関わってくる。正しい判断ができれば、その日のクライミングは安全なものになるだろう。重要なのは安全であることで、それを疎かにすれば明日からのクライミングはないと思おう。

本章では、ギアのセットについて3つの段階に分けて解説していく。

- ギアの選択
- ラッキング
- クライミング中のギアのセット

10-1　ギアの選択

　クライミングを始める前にまずするべきこと
は、必要なギアを選ぶことだ。使いもしないのに
大きくて重いカムを持っていっても仕方がない
し、小さなマイクロナッツを置いていったばかり
に厄介な状況に陥る、というのも避けたい。安全
に登るためのプロセスは、登りだす前から始まっ
ているということだ。

　まずはルートを下から眺めてみよう。後ろに下
がったり、見る角度を変えたりしてルートをよく
観察し、できるかぎりたくさんの情報を手に入れ
たい。ルートがよく見えず詳しいことがわからな
ければ、さまざまなギアをそれなりの数持つ必要
がある。ルートをよく見ることができれば、そこ
からわかることはたくさんある。

1　自分が登るルートについて大まかに把握しよ
う。例えば、これから登るのはオフウィズスか、シ
ンクラックか、それともシームの走るコーナーな
のか？　これらのクラックにはまったく違うギア
が必要になる。フィンガークラックを登るのなら、
4番のカムは必要ないわけだ！　岩質やセットで
きる場所の形状にも注目したい。インディアンク
リークのようなスプリッタークラックで、ナッツ
をたくさん持っていっても仕方がない。逆にイギ
リスのシークリフでは、ナッツを置いていくと大
変な目に遭う。ギアの大まかな選択ができたら、
そこから明らかに使いそうにないものを間引いて
ギアの数を減らしていくとよい。大体の目安とし
ては、

- スプリッターにはカムがよく効く。
- 狭まりのあるクラックにはナッツがよく効く。
- ピンスカーにはオフセットカムがよく効く。

2　必要なギアを正確に見極められるという人は、
予備のギアを持たずに登ることもできるだろう。
筆者の場合、それだけの確信が持てるのはスプ
リッタークラックのみで、普段は使うと確信でき
るギアとそのハーフサイズ上下のものまで持つよ
うにしている。ギアの予想がしにくかったり、ク
ラックの形状が一様でなかったりする場合には、1
～2サイズ上下のものまで持つのが確実だろう。
特定のギアについて持っていくべきか悩むときに
は、常に持っていこう、念のために。

3　同じサイズのギアを複数個使う可能性も考え
ておきたい。サイズの一様なスプリッタークラッ
クでは、同じサイズを2つ、3つ、もしくは4つ以
上持っていくこともよくある。

4　この他に考えるべきことは、

- **他にギアをセットできる場所があるかもしれな
  い**：自分が登る形状だけにこだわらず、その周
  囲のフェイスやカンテの反対側、コーナーの奥
  などにも目を向けよう。隠れたところに思わぬ
  発見があるかもしれない。
- **小さなギアは大きなギアよりも軽い**：オフウィ
  ズスを登る場合でも、細いシームやチムニーの
  奥にある別のクラックなどで小さなギアを使う
  可能性はある。例えば、小さなギアを10個持つ
  ほうが、大きなギアを5個持つよりも軽くて楽
  だということもある。一方で、大きなギアを2
  つ使い、クラックの中をずらして上げていくほ
  うが、小さなギアをいくつもセットしては登る
  ことを繰り返すよりも安全で効率がいい、とい
  うこともありうる（10-3-7「カムをスライドさ
  せる」参照）。臨機応変に対応しよう。

10-2　ラッキング

　使うギアが決まったら、次はそれらを整理してハーネスに掛ける。取り出しやすいように、どのギアがどこにあるかを自分でわかるようにしておくべきだ。登りながら必要なギアを探していてパンプしてしまう、ということはできれば避けたいものだ。ハーネスのどこにあるかを完璧に把握してすぐに取り出せるようにするか、少なくともどのギアループに掛かっているかを覚えておいて、数個の中から選ぶだけにしておきたい。

　ギアの掛け方についてはこれといった決まりはなく、個人の好みによるところが大きい。とはいえ、いくつかコツがある。以下をもとに、自分の好みや状況に合わせて掛け方を考えてほしい。

1　ギアの種類ごとにまとめる。カム、ナッツ、クイックドローをそれぞれまとめてハーネスに掛ける。

2　同じようなサイズでまとめる。ギアの種類ごとにまとめたら、それらをサイズごとに分類してまとめるとよいだろう。例えば、小さいサイズ、中間サイズ、大きいサイズという具合だ。サイズごとにまとめておくと、どのギアを使うか迷ったときに、まずは必要なサイズを「小」「中」「大」のどれかで判断し、そのサイズでまとめたものをハーネスから取ればよい。

3　ハーネスの左右のバランスを考える。ギアを分類して、例えばカムをハーネスの一方、ナッツをもう一方にまとめて掛けてしまうと、左右のバランスが悪くなりクライミングの妨げになりかねない。ギアのまとまりは、ハーネスの左右の重さのバランスを考えて掛けるようにしよう。一方にカムやヘックス（重いギア）、もう一方にクイックドロー（軽いギア）をまとめた結果、ウエストベルトが片側にずり落ちてしまうのは避けたいところだ。

4　同じギアを振り分ける。同じサイズのギアを2つ使う場合は、左右にひとつずつ掛けるとよい。

これはハーネスの左右のバランスをとるだけでなく（前項）、そのサイズを最初に使うときにどちらの手でも取り出しやすくなる。

5　スペースを節約する。ギアが多い場合は、ハーネスのギアループがいっぱいになる。こうなると使うギアをハーネスから外しにくくなり、ギア同士が絡まることもある。これを防ぐには、

- 他のギアに掛けておく。例えば、クイックドローの半分をハーネスのギアループに掛け、そのクイックドローの上のカラビナに残りの半分を掛ける。これでギアループに直に掛けるカラビナの数を減らすことができる。この方法はカムにも応用できる。同じサイズをひとつにまとめて掛けておくのが最もシンプルな方法だ。違うサイズ同士をまとめて掛けてはいけないわけではないが、その場合、ギアループに直接掛けるギアはルートの後半で使うものだけにする必要がある。

- カラビナをひとつにする。小さめのカムを2、3個まとめてひとつのカラビナに掛けておく（次項8参照）。使うときには、まずカムをセットして、カラビナから外し、そこにクイックドローを掛ける。この方法は軽量で持ち運びやすい小さめのカムでのみ使うことができる。

- 延長用のスリングは肩に掛けておく。両肩に振り分けて掛けるとバランスがよくなる。

- 肩掛けのギアラックを使う。肩掛けのギアラックは、掛けたギアを体の横にずらすことができるためクライミングの動きに干渉しにくく、オフウィズスを登るときには非常に便利だ。体の向きを変えたいときにギアをハーネスから外して掛け替える必要もない。

6　プロテクションは前、クイックドローは後ろに掛ける。プロテクションをハーネスの手前のほうに掛けておくことで、ハーネスから選んで外すときに目で見て確認できるというのが重要だ。使

うプロテクションは一度でミスなく手に取れるようにしたい。クイックドローは〔スリングの〕長さ以外は基本的に同じだ。そのため、ハーネスの後ろのほうに掛かっていても、手に取るときにそちらを覗く必要はあまりないわけだ。

7　カラビナの色分けをする。カラビナの色は、それを掛けておくプロテクションと同じにする。持っていくギアが多いときには、どのカラビナがどのギアに掛かっているかを見分けるのが難しくなる。登りに余裕がないときであればなおさらだ。カラビナの色分けにより、ギアループを一目見るだけで必要なギアをすぐに見つけられる。この方法はカムやヘックスによく使われるが、ナッツで使うのもいいだろう。ナッツの「小」「中」「大」に合わせて、まとめるカラビナの色を変えるとよい。

8　ナッツのラッキング。ナッツを持ち運ぶときには、ひとつのカラビナに選んだナッツをまとめて掛けるとよい。使うときには、まずナッツをセットし（他のナッツはカラビナに掛けたままで）、カラビナからそのナッツを外してクイックドローを掛ける。ナッツのラッキングをよくする工夫に次のようなものがある。

- **ひとつのカラビナにナッツを多く掛けすぎない。**ひとつのカラビナに掛けるナッツの数が多いと、ナッツの束が大きくなってワイヤー同士が絡まってしまう。また、たくさんのナッツが掛かったカラビナでは、使うナッツを外そうとしたとき、どういうわけか他のナッツがカラビナからするりと抜け落ちてしまうことがよくある。まとめるカラビナの数を増やして、ひとつあたりに掛けるナッツの数を減らそう。

- **オーバル型のカラビナを使う。**オーバル型のカラビナは横幅が広いため、掛けたナッツのワイヤーが重なり合うのを防ぐことができる。また、この形のカラビナはひっくり返しても同じ形をしているので、1個のナッツをセットするとき、残りのナッツ同士が絡まりにくい。

- **ワイヤーゲートのカラビナは使わない。**ワイヤーゲートのカラビナは、ゲートのワイヤーが

カラビナ本体にはまる部分にアゴがある。このアゴが、ナッツをカラビナから外すときに引っかかり、特にパンプしているときには非常にストレスだ。ゲートの部分にアゴがないカラビナを選ぼう〔最近は、ワイヤーゲートでもアゴのないタイプのカラビナが増えている〕。

9　オフウィズスやコーナーでは適切な側にギアを掛ける。オフウィズスやコーナーを登るときには、体の片側が岩に当たることが多い。この状況で通常のようにギアをハーネスに掛けていると、必要なギアを探したり手に取ったりしにくくなる。特にオフウィズスクライミングではギアがクラックの中に引っかかり、動きの妨げになるものだ。そのため、ギアは体の外側、つまり岩に触れないほうに掛けるようにしよう。例えば、体の右側を入れてオフウィズスを登る場合には、プロテクションはハーネスの左側に掛けておくとよい。

10　レッドポイントのためのラッキング。ルートをレッドポイントする場合には、使うギアについてはすべて知っているはずなので、次の3点を考えるとよい。

- **ギアを使う順番に掛ける。**ハーネスに掛けるギアは、そのルート上でセットする順番に並べよう。初めに使うものは前、後で使うものは後ろにする。1個目のギアをセットすると、2個目のギアが一番手前にくる。つまり、常にハーネスの一番手前にあるギアを取ればよいため、ギアループを見て選ぶ手間が省けるわけだ。

- **どちらの手でセットするかによってギアを振り分ける。**左手でセットすることが決まっているギアは、ハーネスの左側に掛けておこう。逆の場合も同様。この左右の振り分けと、使う順番に合わせたラッキングを組み合わせるとよりよい。

- **必要なギアはクイックドローとセットにしておく。**クイックドローを掛ける必要があるギアは、あらかじめセットにしておき、余計なカラビナなどは外しておこう。さらにこだわるなら、カラビナが回らないようにスリングにテープを巻

き、正しい向きで固定するという方法もある。

11　オンサイトのためのラッキング。 オンサイトのときに重要なのは、「これまでにこなしたこと」と「これからこなすこと」を常に把握することだ。ルートを登っていくにつれて状況は変化し、それに合わせてラッキングの順番を変えることも多い。

● 次のセクションを観察するときには、そこでどのギアを使いそうか推測しよう。そしてそれがハーネスのどこに掛かっているかを覚えておき、必要であれば取り出しやすいところに移動させておこう。どちらの手でセットするかわかる場合は、ハーネスの反対側から移し替えることもありうる。この一連の作業は、ルート上のレストできるところで次のセクションを見上げながらするとよいだろう。

● ギアをセットしたら、後で探すことがないように、そのギアを使ったことを覚えておこう。同じギアを2個持っていてそのうち1個を使ったという場合は、残りがハーネスのどちら側に掛かっているかを覚えておき、必要になったらすぐに手に取れるようにしよう。

● 簡単なセクションで、セットできるギアの選択肢が多い場合には、その後で使いそうなギアは残しておき、別のものをセットしよう。

12　軽さは正義。 ギアを大量に持つ場合は、最新の軽量なものを使うことでより楽に登ることができる。古いギアと新しいギアは、1個だけではそれほど重さの違いを感じないものだ。しかし数が増えれば、ひとつひとつの微妙な重さの違いが大きな差を生む。新しいギア30個と古いギア30個を比べてみると、その重さの違いがわかるはずだ。

10-3　プロテクションのセット

ギアを選んでラッキングできたら、いよいよクライミングだ！　クライミング中のギアセットについては、考えるべきことがたくさんある。セットしたギアは自分の命を守るものなので、慎重を期すべきだ。ここからは、それらのポイントを見ていこう。

10-3-1　いつセットするか

登るのを止めてプロテクションをセットするタイミングは、いつがベストなのだろうか？　ハードなセクションをランナウトで切り抜けても大丈夫だろうか？　ランナウトして腕もパンプした状況で、それでも安全のためにギアをセットしなければならないだろうか？　ギアのセットには、ベストな場所を見つけることが重要だ。フィンガージャムで必死でしがみついてなんとか小さいカムを決めたけれど、そこから数手登ったところに巨大なガバがあった、ということもある。筆者自身、そうした経験は何度もしてきたからよくわかる。

ここでは、ギアを極力楽に決めるためのヒントをいくつか紹介しよう。

1　ギアをセットしやすいポジションを見つける。 ギアのセットのために、常に掛かりのよいホールドや楽なポジションを探すようにしよう。ギアをセットする余裕があるなら、ハンドホールドやフットホールドの掛かりを確かめる余裕もあるはずだ。いいホールドは隠れていることもあると覚えておこう。

ギアのセットに時間がかかるようなら、ポジションや使うホールドを変えて、たまってくる疲労を体の別の部位に分散させるとよい。

また、ギアは自分よりも下の位置にもセットできることを忘れないように。セットする場所が必ずしも下から見えるとはかぎらず、そこを通り過ぎてよいホールドに手が届いてから見つかることもあるからだ。

2　難しいセクションの前でギアをセットし、最もハードな部分を越えてから次のギアをセットす

る。これはルートとリスクに対する個人の判断による。もちろん、危険だと判断した場合には難しいセクションの途中でもギアのセットを考えるべきだ。

3 一度登って、下りる。 すぐ先に難しいセクションが控えている場合に、一度いくぶん難しいムーヴをこなしてできるだけ高い位置にギアをセットし、それからレストできるところまでクライムダウンする、という作戦もある。自分の準備が整ったときには、ギアはすでに上に決まっているので、あとはセットのことを考えず一気に登るだけだ。筆者はこの作戦を、難しいルートをオンサイトするときによく使い、時にはルートの大半をそうして登ることもある。

4 ルートを登る前に、どのようなルートかを認識しておく。 これから登るルートは次のどれに該当するだろうか。

- 明確な核心部があってプロテクションはよい。
- 明確な核心部があってプロテクションは悪い。
- 持久系でプロテクションはよい。
- 持久系でプロテクションは悪い。

　そのルートがどのようなルートかを登る前に考えておけば、いつプロテクションをセットすべきかについてのヒントが得られる。大まかなところでは、

- **明確な核心部があるルート**：核心部の手前でギアをまとめてセット（固め取り）し、難しいセクションは一気に登る。核心部が長く続いて危ない場合は、次に使うギアをすぐに取り出せるようにしておこう（口にくわえるなど）。
- **同じくらいの難しさが続くルート**：ギアは等間隔にセットしていく。地面に近いところでは安全のためにいくらか短い間隔でセットし、高くなるにつれて間隔を長くしていく。
- **プロテクションが決めやすいルート**：プロテクションを決めやすいルートであれば、セットしやすい場所で1個から2個のギアを入れていけば十分だろう。
- **プロテクションが決めにくいルート**：プロテク

ションが信用できない場合は、3個以上のギアをセットするのも躊躇しないこと。筆者は以前、9個のギアを1カ所にまとめてセットしたことがある。その上のセクションはとても長いランナウトになるが、それぞれのギアの効きに満足できなかったからだ。覚えておいてほしいのは、墜落によって抜けたギアは次のギアにかかる衝撃を和らげ、たとえその効きが多少悪くても抜けにくくなるということだ。

5 岩の形状によっては、ギアをセットできるところがまったくないこともある。このような場合には、自分がその後のセクションを落ちずに登りきることができるかを考え、判断する必要がある。

10-3-2 　どこにセットするか

　プロテクションのセットにベストな場所はどこか？　自分の手元に残っているギアと、岩の形状が示すものを考え合わせたらどうだろうか？　今自分がプロテクションをセットしようとしている場所が、手持ちのギアから考えてベストであるかどうか、よく確かめよう。山ほどギアをセットしても、場所を間違っていたら意味がない。ここでは、ギアを迷いなくセットするためのヒントをいくつか紹介しよう。

■岩の質

　まず判断すべきなのは、岩の質だ。登るルートの内容によって、判断は1秒で済むことも数分かかることもある。視覚だけに頼らず、他の感覚も使うように心がけよう。

見た目：岩を観察しよう。表面が砂っぽいか、風化しているか、剝がれそうか、硬いか、なめらかか、もしくは粗いか、などなど。ギアをセットする場所の周りにも視野を広げるとよい。クラックの表面が硬くても、形状の他の部分（例：大きなフレーク）が壊れたりしないだろうか？まずは目で見て考えてみよう。

感触：ギアをセットする場所を触ってみよう。その感触は見た目どおりだろうか？　さらにそ

の周りを手で叩いてみよう。岩は安定している
だろうか？　セットする場所の内側や周りが、
欠けたり剝がれたりしないだろうか？

音：セットする場所を叩いてみて、その音を聞
いてみよう。レンガの壁を叩くような音なら、
その部分は硬いといえるだろう。中に空洞が
あったり、振動が感じられるような音や、部屋
の仕切りを叩くような音なら、場所を考え直す
必要がある。

■登りとプロテクションの関係

プロテクションをセットするときには、その動
作がその後の登りの妨げにならないように注意し
たい。

ホールドにはセットしない。 他にセットできる
場所がないということもありうるが、その場合
でも、自分の手や足を入れるまさにその中心位
置だけは外すように努力しよう。ナッツはハン
ドホールドやフットホールドの下の端、カムは
上の端にセットするというかわし方がよく使わ
れる。

頭よりはるか上にはなるべくセットしない。 ク
リップするためにロープを余計に手繰る必要が
あり、そのためクリップに失敗すると墜落距離
がずっと長くなる。また、クラックを登りながら
ロープをクリップすると、そのロープはクラッ
クに沿って垂れるのでジャミングの邪魔になり
やすい。そうするよりも、ギアは胸から腰の高
さでセットするとよい。この高さならプロテク
ションを引いて食い込ませたり、テストしたり
しやすく、安全にクリップできる。また、ロープ
が邪魔になるのは足を入れるときだけだ。とは
いえ、頭よりも上にギアをセットしなければな
らないことはもちろんあるので、これに関して
は、厳密なルールではなく目安として考えてほ
しい。

10-3-3　どれをセットするか

セットするギアの選択は正しいだろうか？　そ
れがベストな選択かどうかを、よく確認するべき
だろう。セットする場所がよくても、入れるギア
が間違っていたばかりに、そこを過ぎたあとにギ
アが外れて落ちていくのを眺める羽目になるので
は意味がない。決めた場所にセットするギアをど
のように選ぶか、そのためのヒントを見ていこう。

1　岩のタイプを観察する：

• **なめらかな岩**：表面がなめらかな岩では、パッ
シブ・プロテクション〔ナッツ類〕がよく効く。
アクティブ・プロテクション〔カム類〕は驚くく
らいによく滑る。アクティブ・プロテクション
を効かせるためにはフリクションが必要だ。

• **脆い岩**：アクティブ・プロテクションがよく効
く。これは、岩がいくらか欠けてもプロテクショ
ンが動いて新しいポジションに収まるためだ。

• **ぐらついている岩**：アクティブ・プロテクショ
ンに比べて岩を押し広げる力がかからないた
め、パッシブ・プロテクションがよい。岩のぐ
らつきによって外れてしまわないよう、少し大
きめのサイズを選ぶとよい。

2　セットする場所の形状を観察する：

• **セットする場所の割れ方はパラレルだろうか？**
これによって選ぶギアのタイプが決まる。パラ
レル〔平行〕に割れているところではアクティ
ブ・プロテクション、狭まりがあるところでは
パッシブ・プロテクションがよい。

• **クラックの縁の形状はどうなっているか？**　こ
れはギアの形に関係する。例えば、縁が丸かっ
たりフレアしていたりする場合にはオフセット
型のギア（オフセットの向きに注意）がよい。そ
うでなければ通常のギアでいいだろう。

• **クラックが奥で広がったり、手前で広がったり
していないか？**　これはギアをセットする深さ
に関係する。ギアが抜けてしまわないよう、位
置を調整しよう。

3　セットする場所のサイズを観察する：

- **大きめのサイズ（ハンドサイズ以上）**：カム、ヘックス、ビッグブロ。
- **小さめのサイズ（ハンドサイズ以下）**：ナッツ、ヘックス、カム。

　使うギアのサイズ（とその色）が自分の体のどの部位と同じ大きさなのかを、よく覚えておこう。例えば、ハンドジャムをしている場合には黄色のカムを使う、という具合だ。体の部位の形や大きさは人によって違うので、それに合うギアも人によって違う。自分自身のサイズ感をしっかり把握しよう。

10-3-4　どのようにセットするか

　選んだギアは、どのようにセットすればよいのだろうか？　これまでのステップが正しくできていたとしても、ギアを正しくセットできなければすべて台無しだ。ここでは使われることが多い2種類のギア、カム（アクティブ）とナッツ（パッシブ）について、正しくセットするポイントを見てみよう。

■カム

1　よいセット：これが目指すべきベストなセットだ（**図157**）。回収できないくらい閉じ気味（後述2）でも、カムがずれてしまうくらい開き気味（後述3）でもない。カムはトリガーがまだ少し動くくらいの余裕を残してセットするが、余裕を残しすぎるとカムが歩いて開き切ってしまう。

2　閉じすぎのセット：これが二番目によいセットの仕方だ。カムがクラックに対してタイトな状態で入ることになる（**図158**）。これもしっかりと効くが、カムの回収がしにくくなる。カムローブが完全に閉じたままカムをクラックの奥の奥まで押し込む前に、〔回収する〕フォローの人のことを少し考えるようにしよう。確かに効きはよいけれど、そのカムはもう二度と戻ってこないかもしれない！

3　開きすぎのセット：使うカムに対してクラックの幅が広すぎる場合には、カムローブの先端だ

けが岩に当たっている状態になる（**図159**）。このセットの仕方はできるだけ避けたい。小さいカムは抜けやすく、大きいカムはクラックの奥へとずれていってしまう傾向がある〔「カムが歩く」と言う〕。登っていて下を見たら、最後にセットしたカムがずれて外れてロープを滑り落ち、下のギアにぶら下がっている、なんてことがあったら最悪

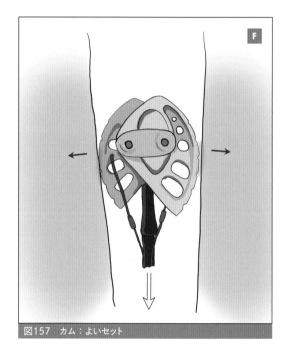

図157　カム：よいセット

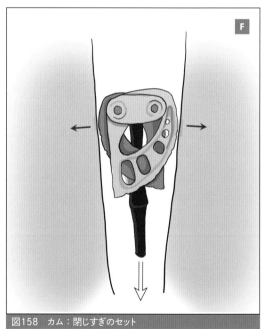

図158　カム：閉じすぎのセット

だ！　それを防ぐ方法としては、クイックドローを長くしてロープの重さやドラッグがカムにかからないようにするとよい。

ステムの向き：カムは、クライマーが墜落して力がかかる方向にステム〔カムの軸、芯棒〕が向くようにセットしよう。つまり、外向きではなく下向き

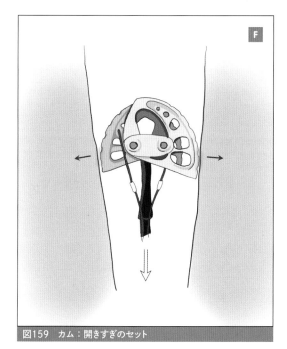

図159　カム：開きすぎのセット

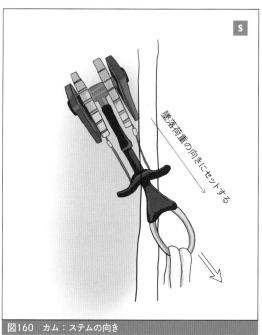

図160　カム：ステムの向き

だ（図160）。この向きにすると、墜落したときにそのカムのカムローブがクラックの中で回って動くことがない。セットする場所が浅く、ステムを墜落の方向に向けてセットすることができない場合もある。こうした場合にはフレキシブルなステムのカムが役に立つが、必ず外側の2枚のカムローブがしっかりと効くようにしよう。浅い場所にセットするとこの2枚のカムローブが先に外れやすいからだ。

岩に触れる部位：すべてのカムローブが岩に触れているか確認しよう（図161、162）。これには外側の2枚と内側の2枚をそれぞれ正しい方向にきちんと向ける必要がある。

水平にセットする場合：水平のクラックでは、可能なかぎり外側のカムローブを下に向けてセットする。この向きのほうが、カムが安定しやすい。

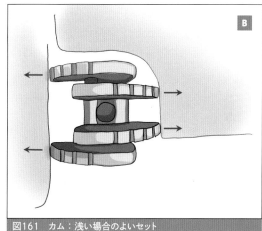

図161　カム：浅い場合のよいセット

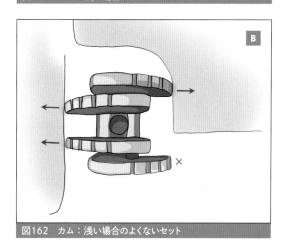

図162　カム：浅い場合のよくないセット

■ナッツ

1　よいセット：これが目指すべきベストなセットだ。ナッツの両側が岩にぴったりと触れていて、ナッツの形状（カーブ）が岩の形状に合っている（図163）。

2　狭めのセット：これが二番目によいセットの仕方だ（図164）。この場合、下に引かれてナッ

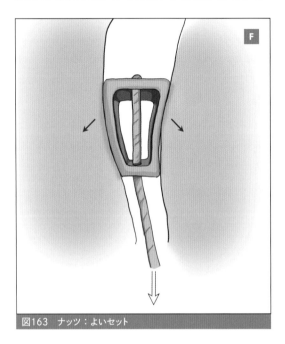

図163　ナッツ：よいセット

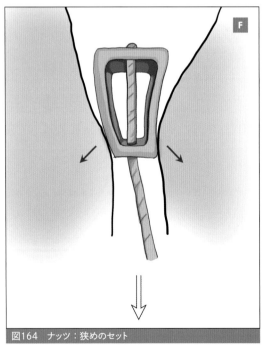

図164　ナッツ：狭めのセット

ツがクラックから抜けることはないので、狭めのセットでも特に問題はない。ただし、岩とナッツとの接地面積が小さいため、クライマーがセットした場所を過ぎるとナッツが上に引かれて外れやすくなる。これを防ぐにはクイックドローを長くして、ロープの重さやドラッグがかかってナッツを動かすことがないようにするとよい。

3　広めのセット：このセットの仕方は非常にリスキーだ（図165）。ナッツがセットする場所よりも微妙に大きいだけなので、荷重がかかると簡単に抜けてしまうことが多い。このようにセットしたナッツが効く保証はないので、心配であれば2個以上セットするべきだ。可能であれば、ナッツを2つ組み合わせてスタックさせるという方法もある。これには両手を使う必要があるので、レストできるよいスタンスに足を置くことが重要だ。

ナッツの向き：ナッツは墜落したときに力がかかる向きにセットする。これも外向きではなく下向きだ。墜落したときにナッツが回転したりせずに岩に食い込むようにすることが重要だ。

セットする向き：ナッツの向きは3種類考えられる。立体的に考えてみよう。

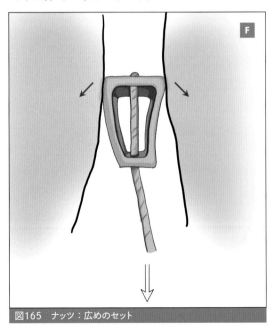

図165　ナッツ：広めのセット

- **正面**：これがナッツのセットとしては普通の向きだ。ナッツの最も大きな2つの面がそれぞれ岩に触れる（**図163**）。正しいサイズを選んで十分な深さにセットできれば最も安定する。

- **横向き**：この向きにすると、ナッツの2つの側面（この面には穴が開いていることが多い）が岩に触れていて、大きな面が手前、小さな面がクラックの奥を向く（**図166**）。ナッツを横向きでセットするのは、より幅の広いものをセットしたい場合（ナッツは横幅のほうが広い）、クラックが浅い場合（この向きのほうが奥行きが短くなる）やクラックがフレアしている場合（**図168**）に有効だ（多くのナッツは台形をしているので、横向きにすることでフレア形状に合いやすくなる）。

- **横向き（前後逆）**：このセットもナッツを横向きにするが、小さな面がクラックの奥ではなく手前を向くようにする（自分から小さな面が見える状態）（**図167**）。これを使うことは稀かもしれないが、岩は予想もできない形をとることがあるので、念のため覚えておこう。この向きでセットするときには、ナッツを奥から手前にスライドさせる。

水平にセットする場合：水平のクラックでは、クラックの手前よりも奥が広がっているところを探す。ナッツはセットしたい場所の横でクラックが広く開いているところから入れてスライドさせる。水平にセットして効いたナッツやヘックスは、垂直のクラックにセットしたどのプロテクションよりもよく効く、というのが筆者の見解だ。

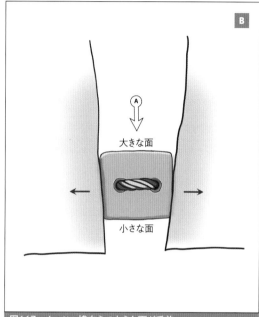

図167　ナッツ：横向きで小さな面が手前

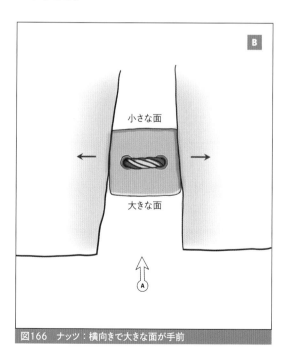

図166　ナッツ：横向きで大きな面が手前

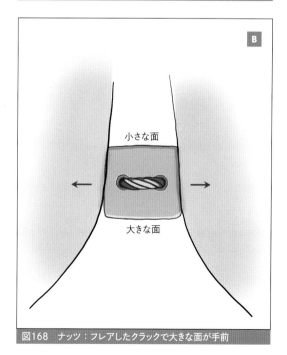

図168　ナッツ：フレアしたクラックで大きな面が手前

10-3-5
プロテクションを効かせ続けるために

　プロテクションをセットしたら、ロープをクリップした後もそれが効き続けることが重要だ。そのためには、適切な長さのクイックドローを使う必要がある。自分からビレイヤーまでロープが一直線に延びていれば、ロープドラッグは最小限にできる。クラックの線に合わせる、というのは、ロープでも同じなのだ！　ここで、場面ごとに注意すべきことを見てみよう。

- **ルートの下部**：登り始めてすぐのところが難しい場合は、クイックドローよりもカラビナ1枚を直接プロテクションに掛けて使うのがよいだろう。ルートの出だしがやさしく落ちない自信があれば、クイックドローを長くしてルートの上部でかかるロープドラッグを小さくするとよい。ルートと自分の力を照らし合わせて判断しよう。

- **ルートの上部**：プロテクションの効きが非常によく（まったくずれることがない）、プロテクションが一直線に並んでいる（クイックドローを長くする必要がない）ということでなければ、クイックドローを使ってギアがロープドラッグによって回ったり、動いたり、持ち上がって外れたりしないようにするべきだ。一般に、登れば登るほどロープドラッグは大きくなるものだ。

- **ルートから横に逸れたところにセットする場合**：長いクイックドローか延長できるクイックドローを使い、ロープが真っすぐに延びるようにしよう。つまり、自分が登るラインに沿ってロープが流れるようにする。こうすることでロープがジグザグにならず、ロープドラッグを小さくできる。

- **効きの悪いプロテクション**：セットしたギアの効きが悪く、ずれたり外れたり、あるいはカムが完全に開いたりしそうな場合は、長いクイックドローを使ってロープの動きでプロテクションが引かれないようにするとよい。

10-3-6
コーナークラックでのプロテクション

　コーナークラックはプロテクションをセットしにくいことが多い。コーナーの壁が目の前にあったり、もしくはレイバックで登っていたりと、いずれにしても視界が狭くなりやすい。そんなコーナークラックでのプロテクションのセットにも、いくつかポイントがある。

1　レイバックの体勢で登っている場合には、体を引きつけてコーナーに正対する体勢になってプロテクションをセットしよう。それができなければ、一度コーナーを覗き込んでセットする場所を確認し、それから比較的安定するレイバックの体勢に戻って手探りでプロテクションを入れる。そしてセットしたプロテクションをもう一度見てチェックする。覗く、セットする、チェックする。この順番だ。

2　難しいクライミングでコーナーを覗く余裕がない場合は、セットのすべてを感覚に頼ることになる。この場合、筆者はカムよりもナッツを使うことが多い。見えないところにうまくセットするときには、次のことを意識しよう。

- 奥が深くパラレルに割れているところを探す。
- 指や手のサイズからクラックの幅を判断し、それをもとにプロテクションのサイズを決める。

　プロテクションをセットしたら、自分の目と感覚を頼りにチェックしよう。そのプロテクションがどれだけ効いているか、次のように考えて判断するとよい。

- **トリガーはどれだけ引かれているか？**　開き気味よりも閉じ気味でセットするほうがよい。

- **トリガーが傾いていないか？**　トリガーが真っすぐになっていれば、両側のカムロープが同じくらい効いていることがわかる。

- **カムはどれだけ奥に入ったか？**　カムのステムはどれだけクラックの中に入っているだろうか？大まかに言えば、セットする位置は浅いよりも深いほうがよい。できるだけ奥まで入れよう！

オフウィズスでのプロテクション

　オフウィズスを登りながらプロテクションを
セットするときにも、いくつかポイントがある。
ギア、ロープ、そして自分の体が互いに引っかかる
ため、体を入れて登るオフウィズスの形状は厄介
な障害物になる。セットしたプロテクションに体
が当たって外れてしまうとか、ロープが岩と体の
間に引っかかってしまうというのはよくあること
だ。プロテクションがなくなったり、あるいは体
が動かなくなったりと、どちらの場合も大いに焦
ることになる。使うギアのサイズが大きければそ
の分重くなり（しかも値段も高い！）、いくつも持
ち運ぶのは大変だ。オフウィズスでのこうしたギ
アの厄介ごとを解決するためのポイントを紹介し
よう。

1　ロープは内側の脚の膝に掛ける。ロープは、内
側の脚の太ももから膝の中心のほうへ掛けてから
クラックの中に垂れるようにしておくと、ハーネ
スからただ真っすぐ下に垂らしておくよりも登り
やすい。こうするとロープが体と岩の間に挟まる
のを防ぐだけでなく、外側の足の邪魔にならない
というのも重要なポイントだ。この方法は、ロー
プの扱い方に最大限の注意が必要で、ロープが常
に膝に掛かっているようにしたい。これが外れる
と、岩と太ももの間に挟まってしまいやすい。ロー
プをクラックの中に入れておくことで、セットし
たプロテクションにクリップしやすくなるという
のもポイントだ。

2　ロープの輪を長くする。非常に狭いスクイズ
チムニーでは、ハーネスの正面にあるロープの結
び目が体の動きを妨げることがある。これを防ぐ
にはハーネスに通す輪を長くし、結び目がハーネ
スよりも下で脚の間にぶら下がる形にするとよ
い。この場合、長くなった輪の部分をギアにクリッ
プしないように注意が必要だ。

3　カムをスライドさせる。持つギアの数を減ら
すには、登りながらカムをクラックの中でスライ

ドさせるのがよいだろう。それによって常に体が
上から吊られたトップロープのような状態にな
る。カムは手が届きやすいようにクラックの入り
口近くにセットするとよい。

• お金に余裕があれば、スライドさせるカムを2
つにすることもできる。この方法では、ひとつ
のカムを上にずらすときでも、もうひとつが自
分の近くにセットされているので安心だ。安全
に登りたいときには素晴らしい方法だ。

• トップロープ状態で進むということは、ロープ
が引っかかるとカムがスライドさせられなくな
るということだ。ビレイヤーからつながってい
るロープは、岩と体の部位の間、特に脚に引っ
かかりやすい。解決策のひとつは、セットした
プロテクションからスリングを延ばしてセル
フビレイをとり（ただし体重はかけない）、ロー
プはクリップせず、自分の動きに合わせてプロ
テクションをスライドさせるという方法だ。こ
の方法で一定の安全は確保できるが、落ちると
その衝撃がスリングに直接かかるので注意が必
要だ。そのため、このスリングは必要以上に長く
しないことをお勧めする。

4　両手を使ってセットする。オフウィズスはプ
ロテクションをセットしにくいこともあるので、
両手を使うとよい。外側の手でギアをハーネスか
ら外し、頭の上のクラックの縁近くに一度セット
する。それを内側の手で動かしてクラックの奥に
セットし直す。

**5　体を動かしやすいようにプロテクションは奥
にセットする。**セットしたプロテクションに体が
当たらないように登るのは難しいことが少なくな
い。プロテクションをクラックの奥にセットして
体を動かすスペースを確保すれば、そうしたアク
シデントを避けることができる。

10-3-8
ルーフクラックでのプロテクション

　ルーフクラックでのクライミング自体が余裕を持ってこなせても、ギアのセットを間違えると、より簡単なセクションに入ったときにロープドラッグやロープの引っかかりによって身動きが取れなくなり、大変なことになってしまいかねない。ルーフクラックでのプロテクションについても、覚えておくべきポイントがいくつかある。ルーフに入るとき、ルーフを登るとき、リップを越えるときの3つに分けて考えてみよう。

1　ルーフに入るとき
　ロープドラッグを極力小さくするために、
- ルーフの付け根のプロテクションには延長できるクイックドローを掛ける。
- 手をルーフ本体のほうに伸ばしてできるだけルーフの付け根から遠いところにプロテクションをセットする。

　これらの方法で、垂壁から水平ルーフに入るときにロープが鋭角に折れ曲がるのを防ぐ。

2　ルーフを登るとき
引かれる方向：ルーフでも、墜落した場合にギアが引かれる方向は真下だ。これはつまり、カムのステムやナッツは（垂壁のクラックのように）クラックに沿わせるのではなく、地面のほうへ向けるべきということだ。

セットする場所：ルーフの付け根あたりにいて垂直の壁が近くにある場合以外は、墜落したときに体は空中に投げ出されるだけでどこにもぶつからず痛くもない。ルーフクライミングは露出感があるが、実は非常に安全なのだ。そのため、自分の目の前にプロテクションをセットしても、クラック沿いに延びたロープがハンドホールドを隠してしまうだけであまり意味がない。そうではなく、プロテクションは腰のあたりにセットする。こうすると正しい方向（真下）に引いてテストしやすくなり、ギアやロープが次のジャムの邪魔にならない。例外があるとすれば、ジャムの効きが非常に

よく、前方にしかプロテクションをセットできそうな場所がなく、そこにセットしなければならないという場合のみだ。

3　リップを越えるとき
　ルーフのリップを越えるときに気をつけるべきことは、ロープが岩と最後にセットしたカムの間に挟まらないようにすることだ。これを防ぐには、動くロープとカムローブの間にフリクションが生じにくくするか、そもそもそれらが触れ合わないようにする必要がある。これを怠ると、自分で自分の首を絞めることになる……。筆者はロープがあまりにタイトに挟まってしまってそれ以上登れなくなってしまったことが何度かあった。クライムダウンするには難しすぎるし、飛び降りるのは危険すぎる。結局は、ロープを解いて登り続けるしかなかった。皆さんにはこんな経験をしてほしくない。

　解決策はいくつかある。

- ロープはカムローブと岩の間に挟まりやすいが、他のタイプのギアなら挟まりにくい。最後のプロテクションとして、太いクラックではビッグブロ、細いクラックではナッツを使うとよい。これらのプロテクションなら、ロープはスムーズに流れる。筆者は、ルーフのリップでロープが挟まらないように秘密兵器をクラックに詰め込んだことが何度もある。例えば、木片やクライミングシューズなどだ！

- ルーフのリップでカムしかセットできない場合は、そのカムを越えて登るときに、ロープがカムローブと岩の間ではなく、2つのカムローブの間に通るようにする（カムの中心よりも少し下側）。この位置にロープを通したときには、ビレイヤーがロープの張り具合を調整して、ロープがこの位置から外れないようにすることが重要。パートナーとのコミュニケーションがカギだ。

- ルーフのリップを越えたら、メインのクラックから外れたところにプロテクションがセットできないか探そう。セットできればロープがク

ラックの中に入らなくなり、ルーフの中の最後のプロテクションに干渉するのを防ぐことができる。プロテクションをセットできない場合は、岩の微妙な形状にロープを掛けてメインのクラックから外すとよい。小さな結晶や、岩とロープとの間のフリクションを利用することもできる。これが驚くほどうまくいくこともあるのだ！

- ロープがどうしてもクラックの中を通ってしまう場合は、プロテクションをリップの近くにはセットせず、ルーフの奥にセットするように努力しよう。こうすることで、最後のカムに当たってロープが折れ曲がる角度を小さくできる。ビレイヤーに頼んでロープを十分に緩めてもらうことで、クラックにロープが入ってスタックするのを防ぐこともできる。どちらの方法でも、ルーフの中の最後のプロテクションへのロープの擦れを減らすことができるはずだ。

ロン・フォーセット

ロンはイギリス各地で数々の名ルートを初登したレジェンド。今も1970年代当時と変わらない愛をクライミングに注いでいる。彼のルートの多くは、当時として非常に先進的なもので、現在のトップクライマーにとっても憧れの的だ。ロンは指が非常に太いことで有名で、1980年に北ウェールズのトレマドッグで初登したストロベリーズ（Strawberries E7 6b/5.12d）はまさにイギリスのクライミング界に新たな時代の幕開けを告げるものだった。

■一番好きなクラックのエリアは？

このところトラッドの世界から離れてはいるけれど、間違いなくヨセミテ。当時僕はまだガキで、汚いところでむしろで寝て、素晴らしい友人たちとクライミングをした。もちろん、そのころはまだカムがなかったから、ヘックスをパラレルなクラックに決めてランナウトして登った。楽しかったね。

■一番好きなクラックは？

イルクリーのカウ・アンド・カーフロックにあるミルキーウェイ（Milky Way E6 6b/5.12b）。もう随分昔の話だけどね。僕がそのころ住んでいた家からすぐのところにあって、たくさんの強いクライマーがトライしては跳ね返されていた。難しいフィンガージャムからしんどいハンドクラックに入るルート。当時クラックといえばダービーシャーのミルストーンが注目されていたけれど、ハンチング帽とハードなルート、いや、すごくハードなルートといえばやっぱりヨークシャーだよね。

■クラックでの印象的な体験談は？

最近、何十年も前に登ったクラックのことが思い出せなくてね！ ずっとずっと昔、ミルストーンの石切り場でよくフリーソロをした。イカれてるよね。Eがつくルート〔Eグレードはイギリスのトラッドグレード。Extremeの略〕だらけのサーキットをしていたんだ。恐ろしいアレートとか、もちろんクラックも山ほど登った。高いところに核心部がある難しいフィンガークラックがあって、指の太い僕にはなかなか厄介だった。ルートの名前はコベ

ントリーストリート（Coventry Street E4 6b/5.12a）で、いつもソロで核心部の前まで登っては這う這うの体で降りたよ。でも一度、覚悟を決めて突っ込んだことがあった。もちろんムーヴのシークエンスは完璧に記憶していたけど、頼れるロープもプロテクションもなしだから、手足の先まで感覚が研ぎ澄まされて、最後の平らなジャグを取ったときはもう……。心からホッとしたけど、ちょっとどうかしてたね。もう二度とやらないよ！

■アドバイス

とにかくやりこむこと。人工壁では学べないから、岩場に出向いて練習あるのみ。まともなアドバイスに思えなかったら申し訳ないけれど、基本がわかったらあとは岩場で練習あるのみだよ。

Pop Quiz　どちらが好き？

1. フィンガークラックとオフウィズス？　僕はフィンガーだな
2. ステミングとルーフクラック？　ステミング。僕にはルーフクラックは無理だよ
3. ハンドジャムとハンドスタック？　ハンドジャム。僕の手は大きいから、スタックをしなくても大丈夫さ
4. ニーロックとチキンウィング？　チキンウィング？僕はベジタリアンなんだ。それにマットがなかった時代に飛び降りすぎて膝はもうガタが来ているんだ
5. テーピングはする？　しない？　昔はテーピングなんてしなかったものだよ
6. カムとナッツ？　ナッツ。初めてカムを使って登ったとき、あんまり重いから投げ捨てちゃった
7. クラックなら砂岩？　花崗岩？　グリットストーンはほとんど砂だから、砂岩ってことになるね
8. 短くてハードなルートと、長くて持久系なルート？長くて持久系なルート。それほど強くなくても、長くぶら下がることはできたから
9. 痣と擦り傷、つくるなら？　何度となく手術をした僕には嫌な質問だな。パス！
10. 思わぬ失敗に備えてクライミングパンツを選ぶなら、赤と茶色どっち？　半ズボンが好きで、だいたいブカブカで汚れたのを履いているし、安ければ色はどっちでもいいかな

イギリス・ヨークシャー北部、イルクリーでミルキーウェイ（Milky Way E6 6b）を初登するロン・フォーセット ©Fawcett Collection

EQUIPMENT

11 装備

この章ではクラックを登るうえで大切な装備について、クラックのサイズごとに解説する。テクニックやポジショニング、動きのスキルを知ることは重要だが、自分の向き合う目標に対して適切な装備を選ばなければ、そのルートを必要以上に難しくしてしまうだけだ。適切な道具選びが、クラッククライミングの成否を分けることがあるものだ。例えば、ルートやクラックのタイプによってそれに最適なシューズは異なる。シューズ選びを間違えば、大して苦労しなかったかもしれないルートで足がクラックにうまく入らず、ほとんど不可能に感じるかもしれない。

クラッククライミングは手の皮膚にも負担がかかる。この非常に繊細な部分が岩にこすりつけられ、擦りむける。その皮を保護する方法も正しく選べば、擦りむいたり痣ができたり、そしてなにより痛みがひどくなるまでの時間を稼ぐことができる。痛みを感じていると、クライミングに集中するのはほぼ不可能だ。テクニックを使うどころではなくなり、ルートよりも痛みに気を取られてしまうだろう。

皮の保護のために覚えておくべきルールは3つある。

● クライミングを始めた後ではなく、始める前にテーピングやウェアでしっかりと保護すること。登ろうと格闘している最中に血が出てからテーピングをしないこと。
● テーピングやウェアでの保護は必要以上にしないこと。保護する必要がない体の部位を保護しても意味がない。
● 装備やテーピングが傷ついたときには取り換えること。気にせずに押しきるのは禁物。シャツやテーピングに穴が開いたら、そこをふさぐこと。

これらのルールに則れば、体の必要な部位を保護して、その他は身軽で、開放的にしておけるはずだ。

ギアの種類とその扱いについては前章、テーピングとその巻き方については12章を参照してほしい。

死闘の末、クラシックなグリットストーンのオフウィズス、レイズルーフ（Ray's Roof E7 6C）の女性初登に成功するマリ・オーガスタ・サルベセン。ピーク・ディストリクトのボールドストーンズ © Mike Hutton

11-1 フィンガークラック

■テーピング

フィンガージャムは体の中でも小さい部位に体重を預けるものなので、指はすぐに痛くなる。テーピングを使えば、擦り傷や指の皮が厚く剥がれるのを防ぐことができる。

自分の限界に近いルートのレッドポイントを真剣に狙うのであれば、クラックに入れて使う特定の関節にだけテーピングをするのもいいだろう。こうすれば指の他の部分はテープに覆われず、クラック以外の部分で指の皮と岩とのフリクションを使える。

■接着剤

シンクラックでは指に強い圧力がかかり、ねじりも加わるため、テーピングがずれたり緩んだりしやすい。テーピングがわずかに動いてしまうだけでも、ジャムの効きに大きく影響することもあるのだ。

この問題の解決策は、瞬間接着剤を直接指に塗り、その上からテーピングを巻く、という「よい子は真似しないように」と言われそうなものだ。実際にやったことがないと、ひどく馬鹿げたアイデアに思えるかもしれない。だが、テーピングをよりずれにくくするにはこの方法が大いに有効だ。筆者には、テーピングが剥がせないくらいにしっかりとくっついてしまったという経験はない。しばらくクライミングをすると、指のねじりと手から出る汗によって、テーピングは十分剥がれやすくなるものだ。

瞬間接着剤を使うときには、指が他の皮膚とくっつかないよう、慎重にも慎重を重ねよう。一旦くっついてしまったものを剥がそうとすると、皮膚の下にある肉の部分まで傷つけてしまいかねないからだ。指に塗るときには指と指の間を開いて一本ずつ塗るとよい。また、接着剤の成分によってはテープの粘着質と化学反応を起こして指につ

かないこともあるので、時間の無駄にならないようによく確認しておこう！

■ウェア

フィンガークラックに入れるのは指先と爪先だけで、体の他の部位の皮膚のフリクションは必要ないので、着る服はできるだけ軽いものにしよう。難しいスポートルートを登るときにできるだけ身軽になって登るのと同じだ。

■シューズ

どのようなシューズを選ぶかは登るルートによって変わる。こう考えてみよう。自分の足はクラックに入れることが多いだろうか、それともクラックの外側のフットホールドを拾って登るだろうか？

クラックに入れる足：登るルートが、足をクラックに入れて登るものであれば、フラットで爪先が薄い（甲が低い）、柔らかいシューズがよい。

- **フラット**：ダウントウしていないシューズは爪先が薄く、クラックに入れやすい。
- **爪先が薄い**：足の指がシューズの中できつく曲がっていないか確認しよう。足の指の関節が曲がってトウボックスが盛り上がっていると、爪先が厚くなりクラックに入れにくくなる。親指がシューズの中で真っすぐになるくらいのサイズがよい。繰り返すが、攻撃的なダウントウは不要！
- **柔らかい**：柔らかめのシューズを履くことで、ラバーをクラックの形状になじませやすい。ただし、シューズが柔らかすぎると足をねじったときにクラックから吐き出されることがある。適度なバランスが必要だ。

クラックの外側に置く足：足をクラックの外側で使う場合は、登るルートをよく分析してシューズを選ぶ必要がある。つまり、エッジングが主体な

ら硬いシューズ、スメアリングをすると思うのなら柔らかいシューズがよい、ということだ。これは典型的なフェイスクライミングと同じ理屈だ。

　もうひとつ考えてみてほしいのは、両足で同じシューズを履く必要はない、ということだ。もしかするとそのルートでは、一方の足でクラックを使い、もう一方の足でクラックの周りのホールドを拾うのが最適かもしれない。この場合は、トゥジャムには柔らかいフラットなシューズ、エッジングには硬いダウントゥシューズという具合に、両足でそれぞれ正反対の特徴を持つシューズを履くとよいだろう。

11-2　ハンドクラック

■テーピング

　サイズによって微妙な違いがあるので、ここでは4つに分けて解説する。

シンハンド：このサイズでは手の厚みをできるだけ小さくしたいので、手の甲にするテーピングも極力薄くして、重ねるとしても2枚までにする。筆者は親指の周りをスリムにするためにサムループを作らないことが多い。シンハンドジャムではこの部分が重要だからだ。とにかく薄くすること。

スタンダードなハンドジャム：このサイズでは、手の甲と親指の周りを保護するスタンダードなテープグローブを作るのがよい。手のひらにはできるだけテープを巻かず、手のひらの皮が直接岩に触れるようにしておくと、クラックの外側のホールドも使いやすい。

カップハンド：このサイズのクラックでは指の付け根の関節に大きな負担がかかるので、この関節を覆うようにテープを重ねて厚くすると、痛みが少なく傷もひどくなりにくい。クラックの奥まで手を入れて手首や前腕のフリクションを利用するなら、その部分にテープを軽く巻いて保護するとよい。

足首：長いハンドクラックを登る場合は、足首が何度もねじられて痛くなってくる。足首に包帯を巻くようにテーピングをするか、スポーツ用のサポーターをつけてもよいだろう。これによって足首が保護され、靱帯にかかる負担を軽くできる。また、カップハンドのサイズでできやすい足首周りの切り傷や擦り傷の予防にもなる。

■接着剤

　接着剤はハンドジャムのテープグローブでも使える。粘着スプレーか瞬間接着剤、もしくはその両方を使うとよい。

粘着スプレー：これは手の甲にテープを貼る前の下地として有用だ。テーピング前に直接肌に吹きかける専用のスプレーも発売されている。粘着スプレーは、手に汗をかいてテープの粘着力が落ちてしまう暑いクライミングエリアで特に重宝する。

瞬間接着剤：テープグローブを作ると、テープの端が剝がれて丸まってくることがある（特にシンハンドの場合）。こうしたテープの「葉巻」ができるとテープグローブが岩に引っかかりやすくなり、ジャムがうまく決められなくなる。また、テープが剝がれた分、肌も露出する。テープと肌の境目に瞬間接着剤を塗ると、テープが剝がれないよう長く保つことができる。接着剤はテープと肌の両面に線状に塗るか、もしくはテープを貼る前にテープの粘着面に塗る。テープがまくれるのを防ぐために、手の甲に貼るテープの方向に沿って接着剤を塗るという方法もある（12-3-1参照）。

■ウェア

　シンハンドからスタンダードなハンドジャムまでのサイズでは、クラックに入れるのは手と足だ

けなので、体を保護するのはクライミングシューズとテーピングだけで十分だ。体のクラックに入れない部分はできるだけ軽装がよい。クラックの幅がもう少し広いとき（カップハンド）には、腕をクラックに入れることもある。その場合には手首から前腕にかけてを保護しよう。前腕の皮膚を保護するには、次のような工夫が有効だ。

- 長袖のTシャツを着て、袖の先をテープグローブの手首の部分にテープで巻いてしまう。もしくは、タイトな長袖のインナーを着る。どちらの方法でも、袖がまくれあがるのを防ぐことができる。
- テープグローブの手首の部分を、前腕のほうまで延長する。ただし、毛深い人はテープを剝がすときに荒っぽい脱毛になってしまうので注意！
- 暖かい気候で登るときには、Tシャツに加えてスポーツ用の肘のサポーターを前腕に着けるとよい。

■シューズ

シューズについては、原則フィンガークラックと同じだ（11-1参照）。ただし、ハンドクラックではさらに2つ考えるべきことがある。

- 繰り返しフットジャムを決めるときには、足首を覆うハイカットのシューズを履くと、足首が支えられて楽だ。
- 足の甲側にもラバーが貼られているシューズはフットジャムの効きが非常によい。岩に触れるラバーは多いほどよい、ということだ！

チェコ・テプリツェのフラースカにあるウードルニー（Udolni VIIIb 約E2 5c）を登る筆者　© Andrew Burr

11-3　フィストクラック

■テーピング

　フィストクラックでは親指の付け根が岩に当たることが多くなるため、この部分をテーピングすることが重要だ。サムループ（12-3参照）からテープグローブを作り始め、どのようなフィストジャムを使うかに応じて親指周りのテープの量を調整する。例えば、スタンダードなフィストジャムであれば親指の付け根の関節にだけテープを巻けばいいが、ティーカップジャムをたくさん使うのであれば、その先の関節にも巻く必要がある。親指の関節にテープを巻く場合は、親指が曲げられるように加減すること。ティーカップジャムは親指の動きが重要なので、テーピングがギプスのように硬くならないようにしたい。

　通常、サムループを作るとテープグローブは全体が頑丈になる。「葉巻のようなまくれ」はできにくく、細いクラックのように接着剤を使う必要もあまりない。ただし、難しいルートをレッドポイントする場合や、テープグローブが乱れないように長く保つことが重要な場合は、瞬間接着剤を使うとよいこともあるだろう（前述）。

■ウェア

　フィストクラックは、クラックの縁に近いところを使って楽に登れるものと、腕を肘や脇まで入れ、深いところにジャムを決めなければならないものとがある。登り始める前にこのことを考えておくことが肝心だ。筆者のとるアプローチは、クラック

が太ければ長袖のTシャツで袖がまくれないようにし（テープで止めるか、タイトなものを着る）、クラックが細ければ半袖のTシャツでも十分だが、手首の周りには多めにテーピングをして登る。

　一回のトライに全力を出すような難しいルートのレッドポイントならば、ジャムが深くてもTシャツで登るのがよいだろう。擦り傷ができるかもしれないが、前腕がじかに岩に触れるほうがフリクションを得られる。工夫したければ、前腕に液体チョークや粉チョークをつけてから登る、という方法もある。見た目はかなりおかしな格好になるが、これが完登に必要な数パーセントの違いを生むかもしれない。

■シューズ

　フィストクラックを登るシューズに必要なのは、フラットな形と硬さだ。この2つの特徴を持つシューズならば、クラックに入れて力をかけたときに形が崩れすぎず、安心してそれを土台として立ち上がることができる。硬さがあることで、ヒールダウンを使うときにシューズが曲がりすぎたり、さらにはクラックから吐き出されたりする心配もない。

　フィストクラックを頑張ろうというときには、踝（くるぶし）にできる切り傷や擦り傷について考える必要がある。ハイカットのシューズを履けば、この問題は解決だ。また、ハイカットのシューズは硬いものが多いので、一石二鳥というわけだ。

11-4　オフウィズス：スタックの場合

■テーピング

　ハンドスタックで登るときのテーピングは、テープグローブが長持ちするように考える必要がある。テープを何枚も重ねれば穴が開きにくく、

クッションの役割を果たして痛みが少なくなるし、クラックのサイズによっては手の厚みが増すことでジャムを決めやすいこともある。オフウィズスでは、最低でもフィストクラックと同程度の

テーピングをするべきだ。そこからさらに踏み込んで、手の甲から手のひら、親指から小指までの根元まで含めた手全体、さらには前腕の一部まで覆うようなグローブを作るのもよいだろう。こうすると手が完全に守られ、手のひらが擦れることすらなくなる。

手のひらは汗をかきやすいので、テーピングをするときには粘着スプレーを使うことが重要だ。これをしないとテーピングがぶかぶかになり、濡れたオムツのようになってしまう。それを手に巻いて登るところを想像してほしい。滑って仕方がないうえに、ひどく臭うだろう。

■ウェア

オフウィズスを登るときには、「全身が岩に当たるわけだから肌は出さないほうがいい」と考えてしまいがちだ。しかしスタックのみで登るとき、特にハンド＋ハンドで登るのであれば、思っているよりも体と岩との接触は少なくなる。

下半身

- ズボン：スタックで登るクラックはどのサイズでも、脚を少なくとも膝下までクラックに入れてねじるため、長ズボンは必須だ。裾がまくれないよう、足首のところでテープを巻いてとめるか、靴下の中に裾を詰め込むというオシャレな方法もある。クライミングシューズは裸足で履きたいという人もいれば、そもそもファッションセンスがない人もいるので、これは個人の好みだ。
- ニーパッド：膝がクラックの中に入る場合（ハンド＋フィスト以上のサイズ）は、ニーパッドを使うと楽だ。ネオプレーンのスポーツ用のニーパッドがとてもよい。ニーパッドは、ウェアとニーパッドのどちらのフリクションを使いたいかによって、ウェアの上に着けるか下に着けるかを選ぼう（両者は一般に素材が異なり——ネオプレーン製のピタピタのズボンがクールで好みなら別だが——、岩によって材質との相性が異なるため）。

上半身

スタック主体で登る場合は、クラックの奥にフィストジャムを決める場合よりも、実は腕が岩に擦れないこともある。そのため驚くかもしれないが、Tシャツでも十分なことはよくある。ただし、ルートの読みを誤ると腕をクラックに入れるテクニックを使うことになって大変な目に遭うので注意が必要だ。筆者は過去に、ルートを読み間違えたために上腕がズタズタになり、バーナー付きの芝刈り機で引っかき回されたようになったことがある。とにかく注意すること！　その先は自己責任だ。

■シューズ

オフウィズスのシューズで重要なのは、フィストクラックの場合と同じく（11-3参照）、フラットな形と硬さだ。硬いシューズは、外側の足の爪先が痛みにくい。踵と爪先を効かせ続けると、足の爪が指に食い込むような痛みを感じることがある。硬いシューズを履くことで、痛みが出るのを遅らせることができる。ちょっぴり幸せ。

このサイズのオフウィズスで他に考えるべきことは、靴の締め方の種類だ。普通はしないやり方で足をねじったり、回したり、引いたりするので、シューズはレースアップのものがベストだ。スリッパタイプは踵と爪先をカムのように決めたときに脱げやすく、ベルクロタイプはベルクロ部分が剥がれやすい。レースアップのタイプは靴紐によって足がしっかりと拘束され、かつ緩まない。なお、非常にテクニカルな足使いをするのであれば、シューズの紐は平紐がよい。平紐はシューズに通したときの凹凸が小さいため、ジャムに影響しにくく、擦れにも強い。クラックを何本も登ると靴紐が擦れて、いずれは切れる。これはスタンダードなフットジャムでもありうることだ。そのため、予備の靴紐を常時携帯しておくとよい。

オフウィズスを登るときは、さまざまなやり方でシューズ全体を使うため、踵と爪先の甲側が広くラバーで覆われているシューズはフリクション

が効きやすく便利だ。

　最後にもうひとつ。このサイズの傾斜の強いクラックを登るときには、足を使ってぶら下がることが多い。レースアップのシューズでも、クライミング中に脱げることがある。ハイカットのシューズを履けば防げるが、そうしたシューズがない場合に別の方法がある。紐を締めて一度結び（蝶々結びではなく片結びか本結び）、余った紐を足首に回してシューズのプルタブに通して前で結ぶのだ。さらに土踏まずの部分に回して結んで一層強くするのもよい。靴紐の長さが足りなければ、プルタブにテープを通して足首に巻き、シューズの踵を安定させるといいだろう。

■チョークバッグ

　オフウィズス以上のサイズのクラックでは、チョークバッグについて考えるべきことが2点ある。

- 口の大きいチョークバッグを使うこと。テーピングをすると手が一回り大きくなる。それがチョークバッグの口で引っかかるのはストレスだ。
- チョークバッグは体の周りに動かせるように紐を通すこと。チョークバッグを背中の後ろにカラビナで掛けたり結びつけて固定しないこと。オフウィズスやチムニー、ステミングでは、チョークバッグを体の横や正面に動かせると、体勢が悪くても手を入れやすいので便利だ。

11-5 オフウィズス：アームバー、チキンウィング、スクイズチムニーの場合

■テーピング

　純粋にアームバーとチキンウィングで登る場合は、手でジャミングをしないため、必ずしもテーピングをする必要はない。フェイスのホールドやクラックの外にあるスローパーがカギになるなら、手にはテーピングをせず、自由に動かせて感覚とフリクションを最大限に使えるようにすることが大切だ。

　一方、ハンドスタックを使ったり、パワフルなパーミングを過度に多用したりする可能性を考慮して、テーピングをするのもひとつの考え方だ。チキンウィングを多用するルートでは手に強い圧力がかかるため、手のひらを擦りむきやすい。手のひらにテーピングをするには、当然ながら手全体にテーピングをする必要がある。真剣にこだわるならばテープグローブの手のひらの部分に液体ゴムを塗ってフリクションをよくする、という方法もある。この方法は時間と手間がかかり、またクライミングの前日に適切な長さのテープにゴムを塗っておかなければならないので、テープの巻き方によく慣れている必要がある。

　常に両手にテーピングをする必要はない、ということも忘れないように。「マイケル・ジャクソン」グローブというテクニックを使うこともできる。これはパーミングをするほうの手だけにテーピングをして、もう一方の手はフェイスのホールドをつかむ、というものだ。カモン！〔故マイケル・ジャクソンは、片手の白手袋がトレードマークだった〕

　ルートをよく読み、ベストだと思う方法を選ぼう。自信がなければ、テーピングするのが無難だ。

■ウェア

　このサイズのオフウィズスでは腕や脚、さらには全身を入れることもあるので、できるかぎりウェアで覆う。長袖のシャツと長ズボンが必須。袖や裾がまくれないように、テープでとめる、タイトなものにする、靴下に詰め込むなどの工夫をしよう。シャツをズボンに入れて裾がまくれないようにする方法もある。

　ウェアの素材は岩とのフリクションに影響するので、注意を払いたいところだ。アルパインクライマー御用達の化繊で防水加工のツルツルとした

素材はよくない。綿素材のフリクションがベスト
だ。厚いものを一枚着ても、薄手の服を何枚か重
ね着してもよい。

エルボーパッドとニーパッドも大いに役立つ。
着けるのは服の上でも下でもよい。このサイズの
オフウィズスでは肌を出さないのが普通だ。

服装を整えるのに時間をかけると、パートナー
や仲間にうんざりされるかもしれないが、この準
備が重要だ。本気トライを一度しただけで泣きな
がら傷をなめる、ということもなく、何日も登り
続けられるクライマーが勝ちなのだ！

■シューズ

スタックの場合と同じ（11-4 参照）。

11-6　チムニー

■テーピング

チムニーではテーピングはほとんど必要ない。
テーピングを考えるとすれば、チムニーの形状に
よって他のタイプのクラッククライミングを強い
られるときのみだ。例えば、体と脚ではチムニー
のテクニックを使うが、手はチムニーの奥の壁に
走るクラックにジャムをする、という場合だ。

■ウェア

狭いクラックのように腕や脚が直接岩に触れる
ことはないので、この場合はこれまでとは逆に、
できるだけ軽いウェアで登るのがよいだろう。チ
ムニーが急に細くなってスクイズチムニーのテク
ニックを使うことになれば、それまでと打って変
わって体をすり減らす恐ろしい世界に入ることに
なるが。ルートの読みは正確に！

ただし一点だけ注意を。トップスはボトムスの
中に入れよう。こうすることで、壁に背中を擦り
つけたときにシャツがずり上がって肌がむき出し
になるのを防げる。

■シューズ

シューズ選びのスタンダードな考え方が、チム
ニーにも当てはまる。スメアリングを使いそうで
あれば柔らかいシューズが最適だし、エッジング
が主体であれば硬いシューズを選ぼう。

11-7　ステミング

■テーピング

ステミングで登るときにはテーピングをしない
ほうがよい。素手を岩に突いたほうがフリクショ
ンがよく、通常のクライミングのテクニックを使
えるように手のひらを柔らかく動かせるようにし
ておくことが重要だ。

もうひとつ裏ワザとして、ラバーでできたジャ
ミンググローブを左右逆につける、という方法も
ある。つまり、手の甲ではなく手のひらをラバー
で覆うのだ。

■ウェア

とにかく軽くしよう！　軽ければ軽いほど、手
足を不自然な、そして素敵な角度に曲げやすくな
る。チキンウィングのパーミングを使う場合（8-
1-1参照）でも、筆者としては半袖のトップスを
勧める。このテクニックは効きが悪く、腕と岩の
フリクションを利用したほうがよいからだ。

■シューズ

通常のクライミングと同様スメアリングには柔
らかいシューズ、エッジングには硬いシューズだ。

インディアンクリークのバトル・オブ・ザ・バルジのケイブルート（The Cave Route 5.10+）を登るアンディ・ワイアット © Andrew Burr

ジャン - ピエール ‘ピーウィー’ ウーレ

ピーウィーはクラッククライミングの水準を 5.13 から 5.14 に押し上げた最初のクライマーの一人で、数々の 5.14 のクラックの初登者として名を残している。特にシンハンドジャムにおいては、彼はマスターの名にふさわしい。ユタのキャニオンランズにある 30 mの水平のルーフクラック、ネクロノミコン（Necronomicon 5.14a）の初登もそのひとつだ。

■一番好きなクラックのエリアは？

インディアンクリークからモアブの一帯。何度も足を運んだ場所だよ。実は、そこの岩が特に好きなわけでも格別好きなルートがあるわけでもないんだけど、ここはまさにクラッククライミングのメッカ。気候はパーフェクトだし、どの方角にも見渡すかぎり 2 mおきにクラックがある。数千本のルートがあるけど、さらにその数倍の可能性がある場所だよ。ホワイトリム・エリア（ユタ州キャニオンランズ）も僕にとっては特別。地面よりも下にルーフクラックがあるユニークなところだよ。

■一番好きなクラックは？

カナダのケベックのヴァル・ダヴィにあるル・トワ・ド・ベン（Le Toit de Ben 5.13a）。すごくクールな 10 mのルーフクラックだよ。僕にとって最初のハードなクラックだった。初めて登ったのは 2004 年の初めで、それから毎年登っている。トレーニングの道具みたいな感覚で、ネクロノミコンに備えて何度も登るんだ。カナダで最高のルーフクラックで、とても楽しいルートだね。

■クラックでの印象的な体験談は？

ラ・ゼブレ（La Zébrée 5.14a）にトライしているときは、濡れていて整わないコンディションとの戦いだった。ルートを乾かすための作戦を練る必要があって、何でもやったよ！ タオル、チョーク、ペーパータオル、スポンジも使ったし、クラックにタンポンを詰めるとか、あの手この手でね。2m 近くある鉄の樋をクラックの一番広いところに突っ込んで、核心部に水が流れ込むのを防げないかと試したこともあった（まさに何でもだね）。翌朝に戻ってきたら、樋はルートの最上部に水を流し込んで小さな滝をつくっていた……。クラックは濡れたままだった。

■アドバイス

インディアンクリークで登る前に知っておくべきことは、

- 初めて行くときには、登るクラックのサイズをいくつかに絞ること。一度に全部のサイズをマスターしようとしない。時間がかかるからね。
- フットホールドを探そうとしない。ごまかしは通用しないよ！
- 5.10 のクラックが登れなくても落ち込まないこと。その 2 m右にある 5.11 は登れるかもしれない（インディアンクリークでは、手のサイズで感じ方が大きく変わるからね）。
- 何日も続けて登るなら、テープグローブを作ること、そして古くなったテープを捨てていかないこと。ゴミは持ち帰ろう！
- 雨のすぐ後には登らないこと（砂岩のエリア全般がそうだね）。岩が乾くまで待とう。

Pop Quiz　どちらが好き？

1. フィンガークラックとオフウィズス？ フィンガークラック。聞くまでもないでしょ！
2. ステミングとルーフクラック？ ルーフクラック。体幹に効くよね！
3. ハンドジャムとハンドスタック？ ハンドスタック。ハンドジャムを 2 つ重ねて使うっていうことだし、ジャムはひとつより 2 つのほうがいいだろう
4. ニーロックとチキンウィング？ ニーロック。レストの体勢としてはこれがベスト
5. テーピングはする？ しない？ する。しないほうがいいこともあるけど、それは指がズタズタになる前に 1 トライしかしない、ってことさ
6. カムとナッツ？ カム。いまだにナッツを使ってるのはイギリス人だけさ
7. クラックなら砂岩？ 花崗岩？ 花崗岩。登るには最高の岩だね
8. 短くてハードなルートと、長くて持久系なルート？ 長くて持久系なルート。要所要所で効きがよいハンドジャムがあれば最高
9. 痣と擦り傷、つくるなら？ 擦り傷。痣は治るまでにはるかに長い時間がかかる
10. 思わぬ失敗に備えてクライミングパンツを選ぶなら、赤と茶色どっち？ 赤。逆剥けから出た血を拭ってつくるヤツ

ユタ、キャニオンランズ国立公園のマッツワールドにて、ネクロノミコン（5.14a）を登るジャン - ピエール ‘ピーウィー’ ウーレ ©Andrew Burr

TAPING
12　テーピング

　テーピングは手を保護し、それによってより長く楽しいクラッククライミングを可能にしてくれる。退屈でお金ばかりかかる作業に思えるかもしれないが、正しくテーピングすることでその日の、もしくはそのクライミングトリップの成果が変わることもあるのだ！　1週間のクライミングトリップで、初日にテーピングに失敗して手が傷ついてしまうと、残りの日々はテーピングをするかしないかにかかわらず、もう快適には登れないと断言できる。怪我をしたところが岩に擦れるのは、とても楽しいとは言えない！

　この章では、テープの幅を次のように表記している。

- 小：約1〜1.5cm
- 中：約2〜2.5cm
- 大：約4〜5cm

　使うテープがぴったりこの幅でなくても問題はない。テープにはさまざまな幅があるが、どのメーカーのものでもこれらのサイズに合うものがある。この数字に近いものを選べばいい。また、テープの巻き方や、手と指の大きさによってテープの幅の好みも分かれるところだ。自分に合ったものを選んでほしい。

フィンガーループ・アンカーを施す　© Pete Whittaker

■テーピングをするわけ

傷ができるのを防ぐ。 手や指の皮が擦りむけたり破れたりするとその部分が極めて敏感になり、その手をクラックに入れて力をかけ、引きつけるということは考えたくもなくなるだろう。テープを使うことで、手の皮の上にもう一層（もしくは二層以上）の人工的な皮ができ、この層が擦りむきを防いでくれる。手が何度も岩に擦れればテープも擦り切れていくが、実際に手の皮が擦れるまでの時間を稼ぐことができるのだ。

痣ができるのを防ぐ。 手や指の甲は比較的肉が少ないため、その部分が圧迫され続けると骨が痛んでくる。誰かが自分の手の上に50回乗り降りするところを想像してほしい。その人が柔らかいス

リッパを履いていれば、皮は傷つかないが、手は相当に痛くなるはずだ。テーピングをすることで岩との間にクッションができ、手が痛くなるのを遅らせることができる。

フリクションがよくなる。 暑いなかで登っているときや精いっぱい頑張っているとき、怖さを感じているときなどには、手が汗ばんでくる。そして汗をかいた手は岩を触ったときに滑りやすいものだ。また、登っているときには手全体（特に手の甲）にチョークをつけるのはかなり難しく、手の汗を完全に乾かすのはほぼ不可能だ。テーピングは汗ばんだ手が直接岩に触れるのを防ぎ、その代わりにテープと岩の間に生じるフリクションを利用できる。

12-1　手のテーピング：基本の考え

まずはどのようなテーピングでも、守るべき基本、かつ最も重要な部分を押さえておこう。

登り始める前にテーピングをする：ルートに取り付いてから手が痛いことに気づき、それからテーピングをする、というのはクライマーにはよくあることだ。テーピングは、傷ができてこれはまずいと気づいてからその傷の上にするのではなく、クライミングをする前に済ませよう。

第二の皮を作る：テーピングをして出来上がるものをテープグローブ〔手袋〕と呼ぶが、厳密に

は「テープスキン〔皮〕」と呼ぶのが正しいだろう。テープは、手の上にできた二枚目の皮のようなものだ。手を動かすと手の皮が伸び縮みするように、テープもしっかりと貼り付いたまま同じように柔軟に動くのが理想的だ。手に貼ったテープがぶかぶかのゴム手袋のようだと、滑ったりしわが寄ったりして、むしろ邪魔にしかならない。逆にテープがサイズの小さいグローブのようにきつすぎると、手の動きを制限してしまい、ジャムのポジションがつくれなくなってしまう。テープグローブはテープスキンだ、と考えよう。

12-2　手のテーピング：準備

テープを貼る前に、手とテープの両方をきちんと準備することが大切だ。最高のテープグローブはそこから生まれる。

■テープの準備

1　温めて冷ます：テープを手に巻く前に、テープが手にくっつきやすくなるように準備をする。必要なのは温度の調節だ。テープを日なたに丸一日置いておき、夜間に冷やしておこう。温めてか

ら冷ますことで、テープの粘着力が増す。巻いてあるテープを剥がして手に貼るときには、一度きちんと冷ましたことを確認しよう。だからといって、テープを冷蔵庫に入れるのはよくない。テープが湿気を吸ってしまい、丸々一巻きの冷たく湿ったテープが残るだけだ。温めてから冷ますこと、これを乾燥した場所で行なうことが重要だ。

2 テープの種類に応じた使い分け：市販のテープにはさまざまな種類がある。粘着力の強いもの、伸縮性のあるもの、フリクションのよいもの、などなど。それぞれに用途が異なり、長所と短所がある。すべての面で優れたテープというのはなかなかなく、よりよいテープグローブを作るには異なる種類のテープを組み合わせることが必要だ。ここでテープの特徴とその長所を紹介しよう。

- **フリクション**：フリクションのよいテープは、手が岩に直接触れる部分に使う。
- **硬さ**：硬さのあるテープはカバーストリップ、フィンガーループ、そして全体のラッピング（いずれも後述）に使うとよい。これらは最もダメージを受けやすい部分なので、耐久性が重要だ。
- **粘着力**：手にじかに貼り付けるテープ（カバーストリップなど）は、粘着力ができるだけ強いことが望ましい。手に付いている部分が剥がれ

てしまうと、グローブ全体がぶかぶかになり、第二の皮の役割を果たさなくなる。

- **伸縮性**：伸縮性のあるテープは指の曲げ伸ばしを妨げない（指のテーピングではしばしば問題になる点）ため、指のテーピング（12-5参照）や指のアンカー（12-3-2参照）に適している。
- **強度**：強度の高い（裂けにくい）テープは、手首周りを巻くのに適している。この部分が最もテープが裂けやすいからだ。

■手の準備

1 毛を剃っておく：テープは毛が生えていないほうが貼り付きやすいので、手や手首がゴリラのように毛深い人はテープを貼る前にきれいに剃っておこう。こうしておくと、クライミングのあとテーピングを剥がすときの脱毛効果も抑えられ、あまり痛くないので楽だ。

2 チョークや泥を落とす：一般に物と物を貼り付けるときには、その表面がきれいなほうがしっかりと付く。手とテープの粘着面にもこれと同じことが言える。

3 手の汗や湿気をとる：これも同様に、物と物を貼り付けるときには、表面が乾いているほうがよい。テープを貼る前に手をしっかり乾かしておこう。

12-3 手のテーピング：巻き方

12-3-1 カバー

〔cover：下地〕

　カバーはテープグローブで最初に作る部分だ。これをベースにしてグローブを作っていくことになる。テープで覆うのは、クラックに入れたときに擦れる部分だけにするのがよい。他の部分は動きと感覚を鈍らせないために空けておこう。ここでは手のどこを保護するか、どのようにテープを貼ってそれらを覆うかを解説していく。

カバーする部分

　保護するのは、優先度順に次の3つの部分。

手の甲と指の付け根の関節：この部分は骨が最も浅いところにあり皮膚も薄く、最も傷つきやすい。この部分へのテーピングがどのテープグローブでも、どのサイズのクラックでも基本になる。

親指の付け根と関節：この部分も手の甲と同じく傷つきやすいが、幅の広いクラックでカッピングなど親指を使うジャムやフィストジャムでしか使わない。

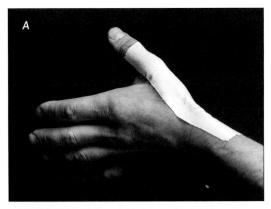

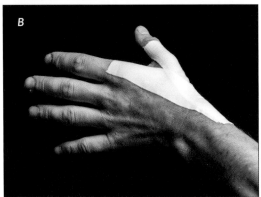

手のひら：この部分は最も傷つきにくい。肉が厚く強く、（痛い）クラックを相当な量登らないかぎり痛むことはない。手のひらのテーピングは、チキンウィングやスタックなどを駆使する、手のひらに大きな負担がかかるオフウィズスクライミングでのみ使うことが多い。細いクラックではこの部分にかかる負担が小さいので、滅多にしない。なにより、手のひらへのテーピングは手全体を厚くするため、細いクラックに手が入れにくくなる。

カバーをする前に

1　手に貼る前に、まず巻かれた状態のテーピングを使う長さに切っておこう。思いどおりに貼りやすくなり、出来上がりもきれいになる。経験を重ねれば、必要なテープの長さもわかってくるはずだ。

2　カバーに使うテープ（カバーストリップ〔strip：帯〕）は、貼る前に必要な分をすべて切り出しておくとよいが、それはカバーを貼りながら新

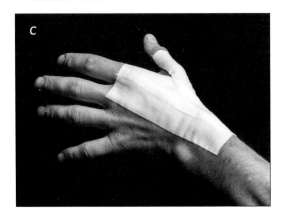

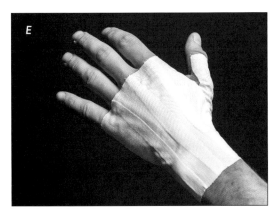

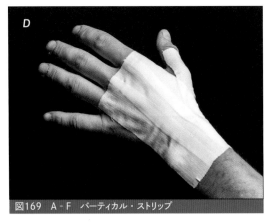

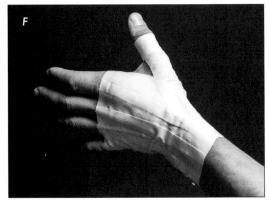

図169　A‒F　バーティカル・ストリップ

しくテープを切ると、先に手に貼ったテープがずれてしまうことがあるからだ。

3 手の皮にしわが寄った状態でテープを貼るのは避けよう。まず皮を伸ばし、テープを貼り、それから手の力を抜いて皮を自然な状態に戻すという順番がよいだろう。このように貼れば、より「テープスキン」の感覚に近くなり、テープはその下にある手と同じようにしわができる。手の皮を伸ばすためには指や手首を強く曲げて、テープを貼る部分の皮がピンと張るようにするとよい。

4 カバーストリップは重ねて貼るが、重ね具合はテープグローブをどれだけ厚くするかによって調節する。厚いグローブにしたければ重ねる部分を広く、薄いグローブにしたければテープの端だけを重ねる。テープの間から皮膚がのぞかないように、必ず重ねて貼るようにしよう。

カバーの作り方

カバーの作り方には次の3種類がある。

1 バーティカル・ストリップ (テープのサイズ: 大)：指の付け根から手首へ縦向きにテープを貼る。貼る部分は手の甲、側面、手のひら、そして親指の周り。テープの端は指の付け根の関節にかぶせ、指までは伸ばさない (ストラップアンカーを使う場合は例外)。指まで伸ばすと、その部分がテープグローブが出来上がったときに無駄に余ってしまう (図169A〜F)。

2 ホリゾンタル・ストリップ (テープのサイズ: 大)：横向きにテープを貼る。指の付け根の関節にテープを貼ると、一枚で4つすべての関節を覆うことができる。貼る部分は手の甲と手のひら。指の付け根の関節に貼るテープの端を指の股よりも先のほうへ出すと、指が開きにくくなるので注意 (図170A〜C)。

3 ダイアゴナル・ストリップ (テープのサイズ: 大)：手に対して斜めにテープを貼る。これは手のひらに貼るのに適している。手のひらの形に合いやすく、斜めに貼ることでパーミングをしてもテープの端が「葉巻」のように丸まりにくい (ホリゾンタル・ストリップは丸まりやすい)。また手の甲に貼る場合にも、グローブの側面でテープの端が剝がれて丸まりにくい。ただし、手の甲にダイアゴナル・ストリップをする場合には、フィンガーループ (12-3-2参照) かラッピング (12-3-3参照) と組み合わせること。テープの端は指の付け根の関節より先へ出さず、グローブから余計なテープがはみ出さないようにしよう (次ページ図171A〜E)。

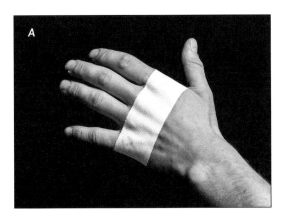

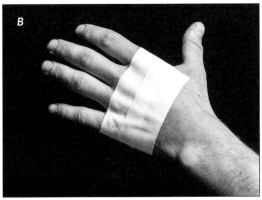

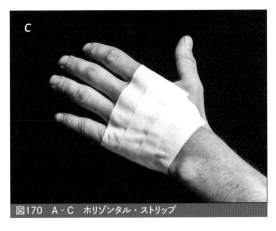

図170　A - C　ホリゾンタル・ストリップ

12-3-2　アンカー

〔anchor：固定〕

　アンカーはテープグローブを作るうえでの2番目の工程であり、グローブによってはこれで完成ということもある。固定することでカバーの上や横の端がまくれにくくなり、テープグローブ全体がずれにくくなる。繰り返しになるが、理想は「テープスキン」を作ることで、テープの動きや剥

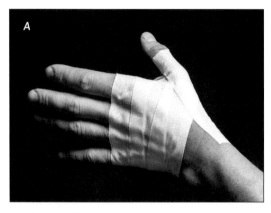

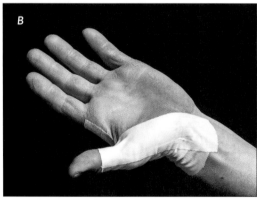

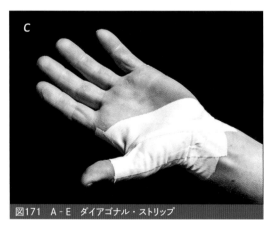

図171　A - E　ダイアゴナル・ストリップ

がれによってジャムに影響がでないようにしたい。

アンカーを作る部分

　テープグローブのアンカーを作る部分は3つある。人差し指から小指、親指、そして手首だ。

人差し指から小指
フィンガーループ・アンカー
（テープのサイズ：中）：

　フィンガーループは、これらの指の付け根の関節を完全に覆い、それぞれの指の付け根の部分（手のひら側）を巻き込む形になるので、この付け根の関節に負担がかかりそうな場合や、グローブのこの部分が剥がれそうな場合には最適な方法だ（後述12-3-3の「ベーシック・ラップ」では、ここが剥がれりやすい）。フィンガーループの短所は、手の甲に貼るときにテープにしわや歪みができやすい、ということだ。カバーとして最も相性

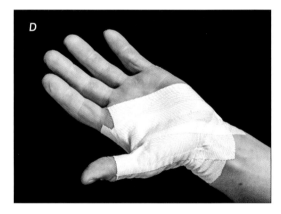

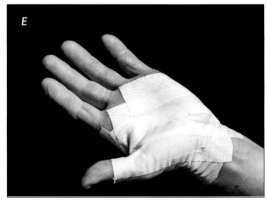

がいいのはホリゾンタル・ストリップだ。フィンガーループを作る前に貼っておこう。

1 テープの端を手首に貼る。そこからテープを指の付け根の関節に向けて縦に伸ばし、指の付け根と指の股を巻き込んで折り返す。そのままテープを手首まで伸ばし（すでに貼った前半分のテープと少し重なる）、貼りはじめのすぐ隣でテープを切る。これを4本分行なう。

2 人差し指と小指のループは、グローブの外端になるテープが手の甲を斜めに走るように調節してもよい。こうするとテープグローブの横の端がまくれにくくなる。この場合、斜めに伸びるテープを縦に伸びるテープの上になるようにする。順番としては、小指と人差し指のテープをまず貼り、次に薬指と中指のテープを貼る（薬指と中指のテープは、小指と人差し指から斜めに走るテープの上に重ねる）。

3 指の付け根を巻く部分は、テープを半分に折っておくと仕上がりがきれいになる（次ページ**図172A〜H**）。

フィンガーストラップ・アンカー
（テープのサイズ：大）

フィンガーストラップは、〔下地の〕バーティカル・ストリップがそのままアンカーとしても働く形だ。これは4本すべてにしてもよいが、人差し指と小指だけにすることが多い。この2本だけに巻く場合は、指の付け根の関節部分でテープが少し剥がれやすい。4本すべてに巻く場合はここが剥がれることはないが、指に巻くテープの量が多くなり、フェイスホールドをつかむときなどに指の動きが制限されやすい。

1 テープの端を人差し指の第二関節に貼る。そこから付け根の関節を覆いつつ、手の甲、手首にまでテープを伸ばす。

2 細いテープ（テープのサイズ：中）を使い、指の第二関節を完全に巻く。これが初めに貼ったバーティカル・ストリップのアンカーになる（237ページ**図173A〜C**）。

ステップ1と2を小指でも行なう。フィンガーループによる固定と違い、フィンガーストラップは、グローブ全体を強固にするために、ラッピング（12-3-3参照）と組み合わせて使うべきだ。

親指

親指には先述のフィンガーループとフィンガーストラップ、どちらを使ってもよい。フィンガーループ〔サムループ〕は親指の付け根を保護できるが、幅が広いクラックや難しいクラックではそれでも傷ができることがある。フィンガーストラップは親指のさらに先のほうまで保護できるので、難しいティーカップジャムを決めるときには最適だ。ただし、フィンガーストラップは緩みやすく、それだけでは親指の付け根の部分を保護できないことがある。親指の周りをとにかくしっかりと保護したいのであれば、フィンガーループとフィンガーストラップを組み合わせて使うとよい。

1 最初にフィンガーストラップを作る（テープのサイズ：大）。テープは親指の関節から付け根を覆い、手首まで伸ばす（237ページ**図174A**）。次に細いテープ（テープのサイズ：中）を使い、親指の根元（関節と付け根の関節の間）を完全に巻く。これがアンカーになる（**図174B**）。

2 次に、親指の周りにフィンガーループを作る（テープのサイズ：大）。手の甲の手首から少し上のあたりにテープを貼って横向きに伸ばし（親指の付け根の関節を覆う）、親指の付け根（手のひら側）を巻き込んでから親指と人差し指の間を通す。そのまま手の甲へテープを伸ばし、人差し指の下で切る（**図174C**）。このループがフィンガーストラップの端を覆う形になる。

3 さらに賢い方法としては、ステップ2のフィンガーループを、ホリゾンタル・ストリップからつなげて作る（**図174C**）。こうすると親指の周りのテープがグローブ本体とつながる（厳しいフィストジャムが続くと、この親指の部分が剥がれやすいのだ）。テープの端を人差し指の下ではなく、小指の下に貼って始めればOKだ。

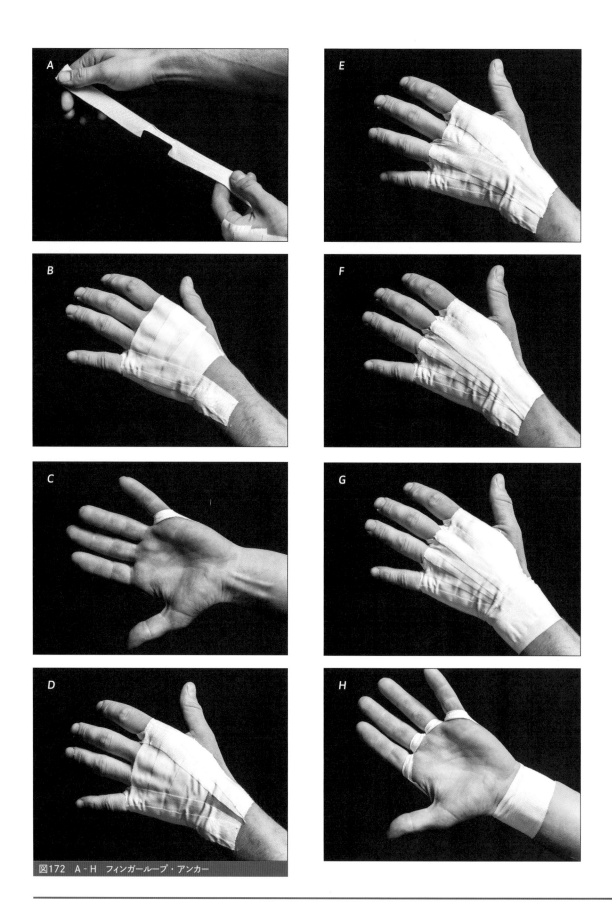

図172　A - H　フィンガーループ・アンカー

236

手首

テープグローブの手首の部分には必ずアンカーを作る。この固定が、手首で終わるテープをすべてつなぎとめることになる。単純にテープを一周巻くだけで完成だ。そのまま前腕のほうまで巻いて、その部分の保護としてもよい。このとき強く巻きすぎて血流を止めないように注意。テープは手首の周りを引っ張りながら巻くのではなく、必要な長さを切ってから貼りつけよう（テープのサ

イズ：中〜大）。

ジャミングで腕がパンプしてくると、手首の周りの筋肉が盛り上がり、ここのテープが裂けることがよくある。手首に巻いたテープが裂けてしまうと、テープグローブはすぐに使いものにならなくなる。メーカーによってテープの耐久性には差がある。手首に巻いたテープが裂けてしまって困るという場合には、手首のテープの手のひら側の端を少しだけ折り返してから巻くとよい（粘着面

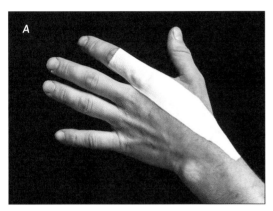

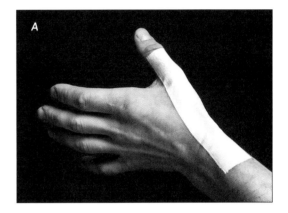

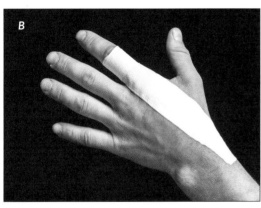

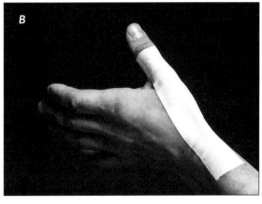

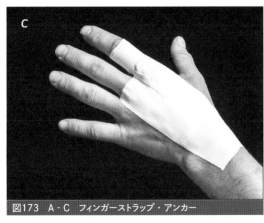

図173　A - C　フィンガーストラップ・アンカー

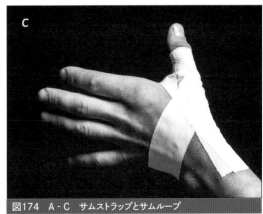

図174　A - C　サムストラップとサムループ

同士を貼り合わせる）。折り返しは数ミリあれば十分で、この二重になった部分がテープの端が裂けるのを防いでくれる。

12-3-3　ラッピング

　ラッピングは、下地であるカバーをつなぎ合わせ、手に貼ったテープすべてが剝がれるのを止める役割をする。ただし、フィンガーループを作った場合はそれだけでグローブが固定されるので、必ずしもラッピングは必要ない。ここで紹介するラッピングの方法は、薄いグローブにも、がっちりとしたオフウィズス用のグローブにも使うことができる。覚えておきたいのは、ラッピングをすると手のひらもテープで巻くことになることだ。手のひらにテープを貼りたくないとき（クラックの外のスローパーを使うのに皮膚と岩のフリクションが必要な場合など）には、フィンガーループを使った固定にとどめておくとよい。

ラッピングをする前に

　ラッピングの方法を見ていく前に、覚えておきたいことがいくつかある。

- テープをきつく巻きすぎないこと。ラッピングをすると手全体にテープを巻くことになり、指や関節の動きが制限されてしまうことがよくある（特に拳をつくる動き）。これを防ぐには、テープを巻くときに手を軽く握り、手が横に少し膨らむようにするとよい。また、巻かれたテープを引き剝がしながら手に貼っていくと、巻きつけがきつくなりやすい。最初にテープを十分に引き出しておき、やさしく手の上に乗せるように巻いていくとよい。もしくは、あらかじめテープを必要な長さに切ってから行なうとさらによい。ただし、テープの長さを正しく見極めてそれが絡まないように扱うには、テーピングの達人になることが必要だ。
- ラッピングは、テープを巻き終わるまで切らないこと。そうでないとその作業はラッピングではなくカバーを作る作業と同じになってしまう。

ラッピング1：ベーシック・ラップ

　最も基本的なラッピングのひとつがこれで、シンハンドジャムからフィストジャム、オフウィズスに至るまでどのサイズのクラックのテープグローブでも効果的に使える。テープグローブの出来上がりを薄くしたい場合は、細めのテープ（サイズは中がよい）を使い、下地のカバーも薄くする。グローブを厚くしたければ、カバーを厚くして太めのテープ（サイズは大がよい）を使おう（図

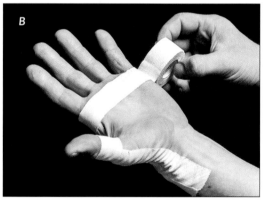

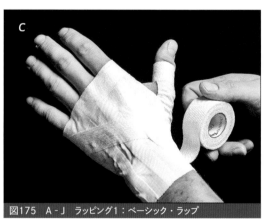

図175　A - J　ラッピング1：ベーシック・ラップ

175A〜J)。Jがグローブの出来上がりの形だ。

1 手のひらを下に向ける。テープの末端を小指の付け根の脇に貼り、そこから手の甲を横切るようにテープを伸ばし、指の付け根の関節を覆う。このときテープの端が指の股よりも先にはみ出ないように注意（**A**）。そうしないと指を開けなくなる。

2 手のひらを上に向ける。テープを指の付け根のすぐ下に沿って横向きに伸ばし、テープを貼り

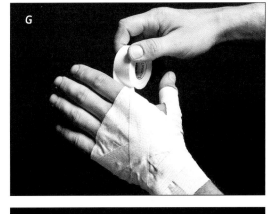

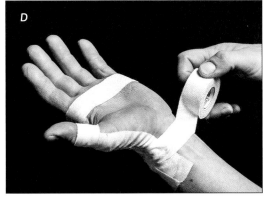

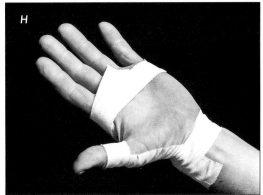

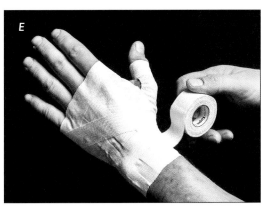

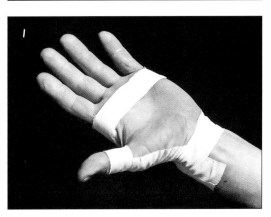

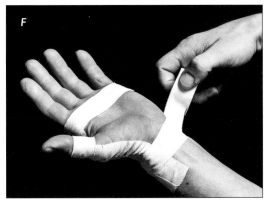

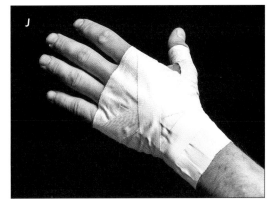

始めたところに戻る（B）。

3 手のひらを下に向ける。テープを手首の親指側に向けて斜めに伸ばす（C）。

4 手首を一周巻き、親指の下まで戻る（D、E）。

5 手首をもう半周、小指の下まで巻く（F）。

6 ここから再びテープを斜めに伸ばし、親指と人差し指の間に入れる（いくらか人差し指へ寄せる）。こうすると手の甲にテープでXの形ができる（G）。

7 手のひらを上に向ける。テープを薬指の付け根あたりまで伸ばす。ここでテープがBで貼った横向きのテープに重なる（H）。この位置でテープを切り、末端を横向きのテープの下へ折り込む（粘着面同士を貼り合わせる）。こうすると末端が剥がれなくなる（I）。

ラッピング2：スタック・ラップ

このラッピングは、カバーストリップが手全体（手の甲、側面、親指、手のひら）に貼ってある場合にのみ有効だ。原則はベーシック・ラップに似ているが、こちらは2つのパートに分かれ、手の甲と手のひらの両方にXの形ができる。これはダウンワード・パーミングをするのに最適で、グローブの側面がまくれるのを防いでくれる。

- **パート1（テープのサイズ：大）　図176A〜G参照。**

1 手のひらを下に向ける。テープの末端を小指の付け根の脇に貼り、そこから指の付け根の関節を覆うように人差し指の下まで横向きにテープを伸ばす（A）。

2 手のひらを上に向ける。人差し指の脇から手のひらを斜めに横切り、手首の小指側までテープを伸ばす（B）。

3 手首を一周巻き、小指側まで戻る（C、D）。

4 手のひらを下に向ける。手首から手の甲を斜めに横切り、人差し指の付け根までテープを伸ばして切る（E、F、G）。

5 切ったテープの末端の剥がれが気になるなら、この末端を人差し指のフィンガーストラッ

プに巻くとよい。こうすれば、露出する末端が一切なくなる。

- **パート2（テープのサイズ：大）　242ページ図177A〜H参照。**

6 手のひらを下に向ける。パート1の終わりの部分にテープの末端を貼る。この末端の剥がれが気になるなら、パート1の最後の部分を少し剥がしてパート2のはじめの部分をその下に貼って覆うとよい（A）。

7 手のひらを上に向ける。テープを指の付け根の下に沿って、小指の付け根の脇まで横向きに伸ばす（B）。

8 手のひらを下に向ける。小指の付け根から手の甲を斜めに横切り、親指の付け根と手首の間までテープを伸ばす（C）。

9 手のひらを上に向け、親指の付け根を巻き込むようにテープを貼り、そこから手のひらを斜めに横切って小指の付け根まで伸ばして切る（D）。

10 切ったテープの末端の剥がれが気になるなら、この末端を小指のフィンガーストラップに巻くとよい（E、F）。

11 人差し指、小指、親指、手首にアンカーを巻いて完成（G、H）。

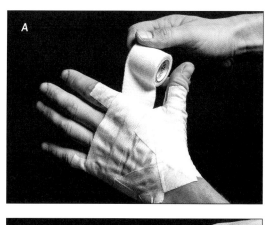

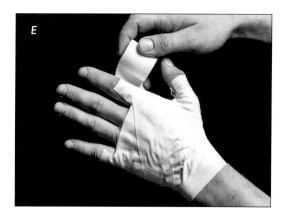

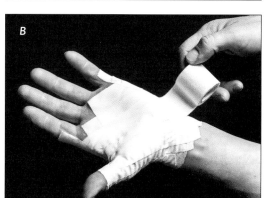

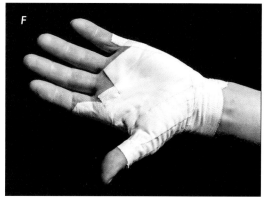

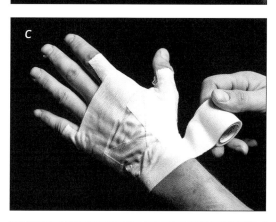

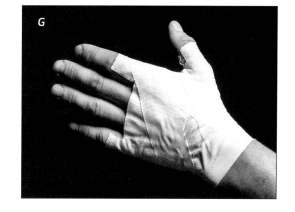

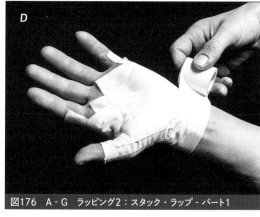

図176　A - G　ラッピング2：スタック・ラップ - パート1

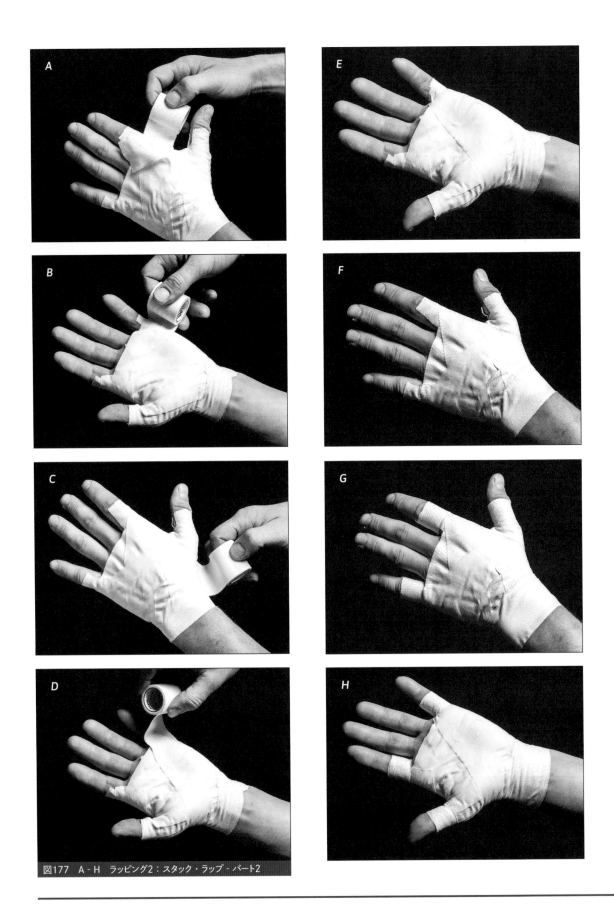

図177　A - H　ラッピング2：スタック・ラップ – パート2

12-4　テープグローブを作る

テープグローブを作る手順はシンプルだ。

1　カバーの方法を選ぶ：手の甲だけ保護するのか、親指や手のひらまで保護するのか、など。

2　アンカーの方法を選ぶ：固定はフィンガーループか、フィンガーストラップか。

3　ラッピングの方法を選ぶ（必要に応じて）：手のひらにテープを巻きたいか、テープグローブの端がまくれないか、などで判断する。

12-4-1 テープグローブの組み合わせ方

テープの貼り方、巻き方、テープの幅などによって、さまざまな組み合わせが考えられる。紹介したものを適宜修正し、あるいは応用して、自分の手に合った方法を編み出してほしい。手の大きさは人によって違うし、登ろうとするルートもまた違うので、それに合わせるのが一番だ。トライしているルートの核心部のジャムに合わせたテーピングを考える、というのもよいだろう。

ここでは例として、クラックのサイズやスタイルに合わせた組み合わせをいくつか紹介する。

- **シンハンド（1）**：ホリゾンタル・ストリップで重なりを最小限にしたカバー（手の甲のみ）＋フィンガーループ＋手首のアンカー。
- **シンハンド（2）**：バーティカル・ストリップで重なりを最小限にしたカバー（手の甲のみ）＋必要ならフィンガーストラップ＋ベーシック・ラップ（テープのサイズ：中）＋手首のアンカー。
- **ハンド**：カバーストリップを半分ずつ重ねたカバー＋必要ならサムループを作る＋他はシンハンドと同じ。
- **カップハンド（1）**：ホリゾンタル・ストリップを半分ずつ重ね、付け根の関節部分の層を厚くしたカバー（手の甲のみ）＋サムループ＋フィンガーループ＋手首のアンカー。

- **カップハンド（2）**：バーティカル・ストリップを半分ずつ重ね（必要ならフィンガーループも加え）、付け根の関節にさらにホリゾンタル・ストリップを貼ったカバー（手の甲のみ）＋サムループ＋ベーシック・ラップ（テープのサイズ：大）＋手首のアンカー。
- **フィスト**：ホリゾンタル・ストリップを貼って（省いてもよい）からバーティカル・ストリップを半分ずつ重ね、人差し指と小指はフィンガーストラップにしたカバー（手の甲および側面のみ）＋親指はストラップとループでカバー＋ベーシック・ラップ（テープのサイズ：大）＋手首のアンカー。
- **オフウィズス**：ホリゾンタル・ストリップを貼って（省いてもよい）からバーティカル・ストリップを半分ずつ重ね、人差し指と小指はフィンガーストラップにしたカバー（手の甲のみ）＋親指はバーティカル・ストリップとループ、ストラップでカバー＋手のひらにダイアゴナル・ストリップのカバー＋スタック・ラップ（テープのサイズ：大）＋手首のアンカー。

12-4-2　テープグローブの再利用

クラックを登りに行くたびに新しくテーピングをするのは、テープとお金がもったいないと感じる人もいるかもしれない。そこで、テープグローブを再利用することを考えてみよう。

「再利用は何回までできるのか？」という問いに対して明確な答えはない。どれだけ丁寧に正確に作るか、どのように剥がして保存するかによるし、加えてクライミング中にどれだけ傷ついたかによっても変わるからだ。ルートを余裕でスイスイ登ってグローブがほとんど傷つかなければ、5日あるいは10日以上使うことも可能だろう。一方、思うように登れずグローブがハイエナに食い荒らされたかのようにボロボロになっていたら、どん

なに使っても３日くらいが限界だろう。

12-4-3　テープグローブを修復する

どんなにスムーズに登ったとしても、使った後のテープグローブには多少のほころびができる。この部分をテープでつぎはぎすれば、グローブを長く使うことができる。修復のポイントは以下のとおり。

・修復する前にグローブの表面をきれいにすること。テープグローブにほころびができると、その周りには細かいテープの屑が付いていることが多い。これらはテープを貼って修復する前に取り除いておこう。テープグローブは手の甲に沿って可能なかぎり平らにしておくべきであり、こうした凹凸はできるだけなくしておきたい。

・グローブを手につけた状態で修復すること。グローブにテープをつぎ足して修復するときには、手につけた状態で行なう。こうすることで、つぎはぎしたテープも手の形に合う。

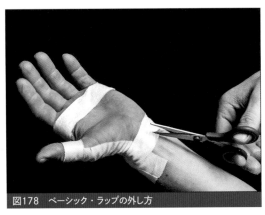
図178　ベーシック・ラップの外し方

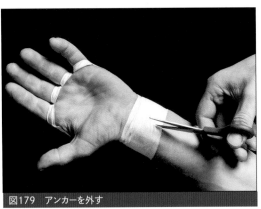
図179　アンカーを外す

・テープの端を覆うこと。テープをつぎ足すときには、テープの端がむき出しになりやすい。この部分はそのまま使うとすぐに剝がれてきてしまうので、テープの端は新しくアンカーやラッピングをして覆ってしまおう。

・グローブの厚みに気を配ること。テープグローブを修復し続けると、当然グローブは大きく厚くなっていく。シンハンド用に作ったグローブは、数回使うとサイズが変わって使えなくなるかもしれないが、今度はフィストやオフウィズス用に使えるかもしれない。テープグローブは使い回すことを考えてもよいだろう。

12-4-4　テープグローブを外す

形を崩さずにテープグローブを外すのはそれ自体がひとつの技術と言ってよく、作るときと同じくらいの正確さと慎重さが必要だ。テープを切るときは素手で裂くのではなくハサミを使おう。

・フィンガーループ、サムループがある、ベーシック・ラップをしたグローブの外し方：これらの方法で作ったグローブの場合は、手首のアンカーの手のひら側に切り込みを入れるだけで、すべてつながった状態で剝がせる（図178、179）。グローブを手首から手の甲（一番下の層が貼ってあるところ）のほうへ持ち上げながら剝がしていくが、このときグローブ全体をまとまって剝がせるようにしよう。グローブは剝がすと裏返った形になるが、これは元に戻しておく。もう一度手にはめて手首の周りに新しくテープを巻けば再利用できる。

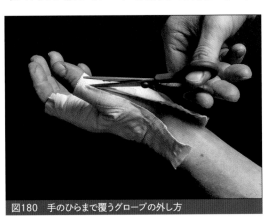
図180　手のひらまで覆うグローブの外し方

・フィンガーストラップがあるグローブの外し方：フィンガーストラップをアンカーとして使ったグローブは、剥がすのが難しい。まず手首のアンカーに切り込みを入れ、次に指の周りのストラップを外すのがベストだ。このとき、指の付け根から第二関節にかけて貼ったカバーストリップが切れないように注意する。あとは前述のものと同じ要領でグローブを外す。グローブを再利用するときは、手にはめて手首と指、そして親指のストラップを巻く。

・手のひらまで覆うグローブの外し方：手のひらまで覆ったグローブは、外すのも再利用するのも難しい。再利用するのであれば、グローブに入れる切れ目をできるだけ小さくする必要がある。まずフィンガーストラップを外し（前述）、次に手首の側面から親指の下にかけて切り込みを入れる。ハサミを使ってきれいに切ること（図180）。こうすると、それ以上切らなくてもグローブをずらして外せることもある。外しにくい場合は、さらに親指の先へ向かって切り込みを大きくする。グローブを再利用する場合、親指と手首にテープを貼ってグローブをつなぎ合わせ、新しいフィンガーストラップを作る。

・グローブを外すときの痛みについて：先に述べたように（12-2参照）、手から手首にかけて毛を剃っておくと、グローブを外すときの脱毛効果の痛みは軽くなる。グローブを剥がすときには、一気に剥がすよりもゆっくりと少しずつ剥がしたほうが痛みは少ない。また、ゆっくりと剥がせばグローブの形が崩れにくい。一気に乱暴に剥がすとしわが寄ったり、折れ曲がったり傷ついたりして、グローブの寿命が短くなってしまう。

12-4-5　テープグローブの保存

新しく買った商品の保存について、こんな記載を見たことはないだろうか。「清潔で乾燥した場所に保存すること」。テープグローブを繰り返し使うと、必ず粘着性が落ちていく。この粘着性を長持ちさせる方法はシンプルだ。外したグローブを、埃っぽいチョークや汗で湿ったシューズと一緒に荷物の底に入れてしまわないこと。チャックのついた袋（密閉できるプラスチックの箱ならさらによい）に入れ、荷物の一番上にしまっておこう。

また、しまうときにはくしゃくしゃに丸めないこと。フィンガーループやフィンガーストラップ、手首のアンカーなどをグローブの中心に折り込み、その状態でグローブを半分に畳んで、粘着面がむき出しにならないようにしよう。ここにゴミや砂利、チョークなどが付かないようにするわけだ。また、畳んだグローブは平らにして保存しよう。他の道具と同じように、グローブを長持ちさせたければ、それだけ気を配る必要があるのだ。

12-5　指のテーピング

細いクラックのための指のテーピングは難しい。指の最も太い部分、つまり関節は、最も擦りむけやすい部分だ。しかし、関節にテーピングをすると、その動きを妨げてしまう（伸縮性のあるテープでこの問題はある程度解決できるが）。そこで何を優先するかが問題だ。指の動きか、それとも皮の保護か？

指のテーピングに適しているのは細いテープ（幅1cmほど）だ。指へのテーピングには次の3つの方法がある。

・関節を覆わない方法。これは関節と関節の間を覆うもので、この部分にテープを巻き付けるだけで完成だ（図181A、B）。

・関節を半分覆う方法。この方法は、上と同じく関節と関節の間にテープを巻くが、さらに関節の側面にXの形にテープを巻く。このおかげで動きがそれほど妨げられずに関節部分がある程度保護される。図182のAからMは、人差し指に巻く場

合の例だ。これはテープを完全に巻くもので、指は若干太くなる。

　指を太くせずより自由な動きを確保したい場合は、出来上がりが細くなる巻き方もある。幅2cmのテープを使い、Xの形をつくる代わりに、関節の側面に斜めに一本だけテープを横切らせる。前述の方法より太いテープを使うことで、関節の側面をカバーしつつ貼るテープはより薄くなり、指を動かしやすくなる。欠点は、テープが二重になっ

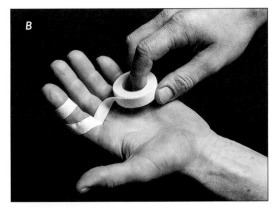

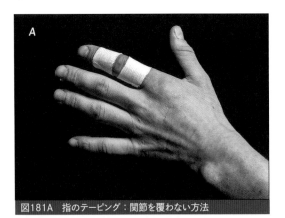

図181A　指のテーピング：関節を覆わない方法

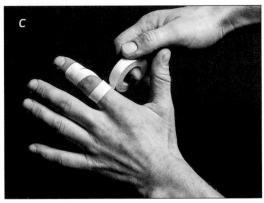

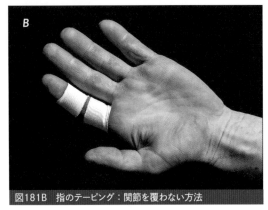

図181B　指のテーピング：関節を覆わない方法

図182A‐M　関節を半分覆う方法

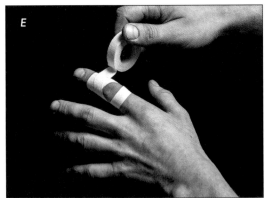

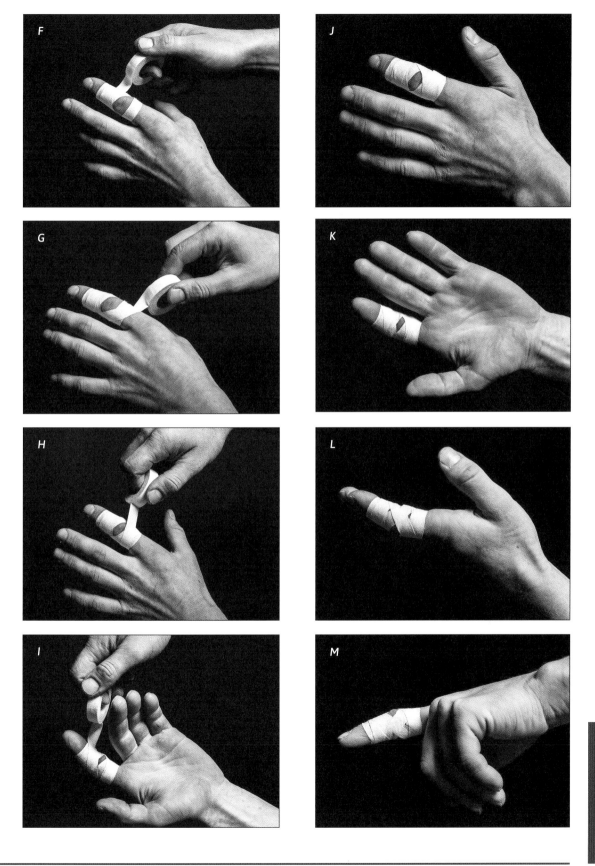

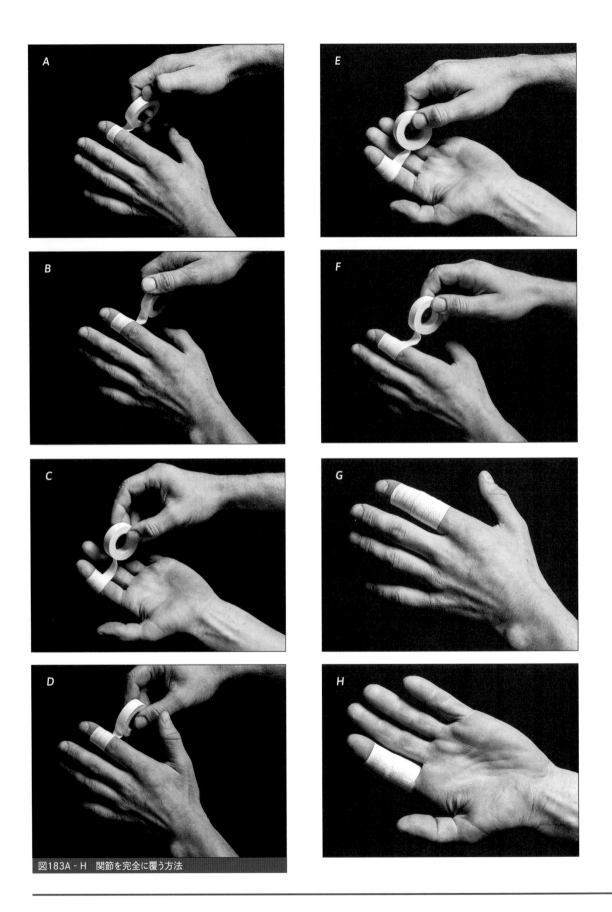

図183A - H　関節を完全に覆う方法

ていないので破れやすいことで、フィンガージャムを決め続けるとテープが裂け、その下の皮膚が傷つくことも少なくない（図182A〜E）。

• **関節を完全に覆う方法。** この方法は、関節をテープで完全に覆うものだ。関節がしっかり保護される代わりに、指にギプスをはめたような感覚になる。保護したい部分の先から巻き始め、テープを斜めにして手前に向けて巻いてくる。

1 手のひらを下に向け、まず指先のほうにテープを水平に巻く。

2 2周目は1周目で巻いたテープに半分重ね、手前に向けて斜めに巻く。

3 この要領で水平と斜めを繰り返し、指の保護したい部分が覆われるまでテープを巻く。

半分重ねながら巻いていくので、テープの厚みは2枚分になる（図183A〜H）。

12-6 クラックグローブ

現在、さまざまな種類のクラックグローブが各社から発売されている。テープグローブの代わりに使うわけだが、長所と短所がある。それらを踏まえ、テープとクラックグローブのどちらが自分の目的に合っているかを決めてほしい。

長所：

• **甲側のラバー：** クラックグローブは甲側にラバーが貼られ、テープに比べてフリクションがよいものが多い。ラバーで手の甲がしっかりと保護されているため、痣もできにくい。

• **引き裂きに強い：** クラックグローブは耐久性が高い。これはつまり、グローブが長持ちするということだけでなく、ジャムをしっかり決めたときに、テープのように穴が開いて皮が傷ついたりしないということだ。

• **使い方が簡単：** テーピングには時間がかかる一方、クラックグローブは着脱が楽だ。これは時間がないときだけでなく、マルチピッチでクラックとフェイスの両ピッチが出てくるときに非常に便利だ。フェイスのピッチではグローブを外してハーネスに掛けておけば手が自由になり、クラックのピッチで必要になればすぐにつけられる。

• **経済的：** クラックグローブはテープよりもずっと経済的だ。クラックグローブが擦り切れるのと同じ時間テープを使い続けると、はるかにお金がかかる。

短所：

• **厚さ：** クラックグローブは厚さを変えられない。そのため、細いクラックには手を十分に入れられず、ジャムの効きが悪くなることもありうる。

• **対応する範囲：** グローブの形をルートに合わせて変えられない。テープを使えば、ルートの内容や特定のジャムに合わせて特定の部分を保護することができる。クラックグローブの保護の仕方は一通りだけだ。

• **ずれや動き：** テープと違い、クラックグローブには粘着面がないため、つけた感覚としては「第二の皮」というよりはやはりグローブだ。これは手の甲でグローブがずれるということで、特に手が汗ばんでいるとジャムの効きに影響する。クラックグローブは手に貼りつかないため、端の部分が岩に引っかかったりまくれたり、タイトなジャムの邪魔になることもある。

• **手首のループ：** クラックグローブは手首のループが厚いものが多く、シンクラックではこれが手首をクラックに入れる妨げになって煩わしいことがある。

まとめると、クラックグローブは基本的で決めやすいジャミングにはよいが、テクニカルなジャミングが必要になる場合は、テープのほうが使いやすいということだ。

ウィル・スタンホープ

5.13のクラックをフリーソロし、世界最難クラスのルートを初登・再登しているウィルは、世界でも屈指のテクニカルなクラッククライマーだ。2015年には、ブリティッシュコロンビアのバガブーにあるスノーパッチ・スパイアー東面のトム・イーガン・メモリアルルートをフリー化（Tom Egan Memorial Route 5.14）している。

■一番好きなクラックのエリアは？

ありきたりな答えだけど、やっぱりインディアンクリーク。完璧なスプリッターの数々に度肝を抜かれる。例えばオフウィズスとか、何か弱点があってそれを練習したいなら、それこそ無限にルートを選べるよ。それにエリアがすごく広いから、人混みを避けて静かに登りたい人にもいい。アクセスが楽で、でもとても美しい場所だよ。

■一番好きなクラックは？

スコーミッシュのスモークブラフスにあるクライム・オブ・センチュリー（Crime of the Century 5.11c）っていうルートが一番かな。初めてトライしたのは10代前半で、どう登ればいいかわからなかった。シンクラックなんだけど、所々フレアしていて、変な感触のオフフィンガージャムが出てくる。他のどのルートよりも、クラックの登り方の勉強になった。アプローチがものすごく近くて、暇なときに行って繰り返し登るにはちょうどよかったよ。

■クラックでの印象的な体験談は？

2012年にエルキャプの右のほうにあるプロフィット（The Profit 5.13d）をフリーで登った。プロフィットの核心ピッチはA1ビューティって呼ばれてる、カーブを描いたすごく細いクラックなんだ。このクラックが屈曲する部分を、かなりランナウトしてカンテにロープが掛かった状態で、ダイナミックに遠いフィンガージャムを決めるムーヴをするところがすごく難しい。陽が沈んで、僕も限界に近づいてきていたけど、なんとか最後のジャムを決められたよ。あの全身が痺れるような瞬間は忘れられない。

■アドバイス

弱点の克服が大切！　初めは落ち込むこともあるけど、自分のプライドはちょっと押さえて手の皮をすり減らす覚悟があれば、びっくりするほど早く上達するはずだよ。もしフィンガージャムが苦手なら、とにかくそれを使って登り込むこと。すぐに目をつむってもできるようになるよ！

Pop Quiz　どちらが好き？

1. フィンガークラックとオフウィズス？　フィンガークラック
2. ステミングとルーフクラック？　ルーフクラック
3. ハンドジャムとハンドスタック？　ハンドジャム
4. ニーロックとチキンウィング？　ニーロック
5. テーピングはする？　しない？　しない
6. カムとナッツ？　カム
7. クラックなら砂岩？　花崗岩？　花崗岩のクラック
8. 短くてハードなルートと、長くて持久系ルート？　長くて持久系なルート
9. 痣と擦り傷、つくるなら？　擦り傷
10. 思わぬ失敗に備えてクライミングパンツを選ぶなら、赤と茶色どっち？　茶色

純粋なクラックとしては世界最難と目される、カナダ、バガブーのトム・イーガン・メモリアルルートの核心ピッチ（ブラッド・オン・ザ・クラック Blood on the Crack 5.14）を登るウィル・スタンホープ。このピッチ名〔クラックに流れる血、の意〕は、ボブ・ディランの名盤タイトルと、ウィルとパートナーのマット・シーガルが払った犠牲が由来になっている。二人はこのルートのフリー化のために、ボブ・ディランを聴きながら3年にわたってまさに心血を注ぎ続けた。初登の様子は『REEL ROCK 11』に収録の「ボーイズ・イン・ザ・バグズ」を参照のこと ⓒ Kyle Berkompas／REEL ROCK Film Tour

ピート・ウィタカー

　レジェンド・インタビューの締めくくりは、筆者であるピートの登場。特別に日本語版へ回答を寄せてもらった（その輝かしい経歴は、本書のカバー袖を参照のこと）。

■一番好きなクラックのエリアは？

　ユタのキャニオンランズ国立公園と言わざるを得ないね。水平のインディアンクリーク、というイメージかな！ 5.11から5.15まで、巨大なルーフクラックがそこかしこにある。今現在の世界最難のクラックはここにあるし、クラッククライミングの未来もきっとここから生まれるはずだよ。これまで行ったどことも違う場所さ。開拓はあまり進んでいなくて、このエリアのルーフクラックを登ったクライマーは10人にも満たないと思う。でも、むしろそこがいいところで、開拓の余地がまだまだたくさんあるってことなんだ！

■一番好きなクラックは？

　これは何度も受けた質問で、答えもその都度ばらばらだったかもしれないな！ でも今回はキャニオンランズのミレニアム・アーチ（The Millennium Arch 5.14a）と答えておくよ。このルートを選んだのは、まさに唯一無二のルートだから。キャニオンランズにある100mのルーフクラックなんだ。100mというのはとんでもない大きさだよ！ トム（・ランドール）とこのクラックを見つけたときには圧倒されたよ。こんなにかぶっていて、こんなに長く続くクラックがあるなんてね。怪物中の怪物だよ！ 僕らは5日間かけて、カム52個、リード用のロープ2本、ビレイヤー2人、練習用のスタティックロープも何本も使って、ありったけの情熱を注ぎこんでこのルートをひとつの長いピッチとして登ることができた。一生に一度しか出会えないルートだったと思うよ。

■クラックでの印象的な体験談は？

　2017年にユタで開拓したオフウィズスのルート。50フィート（約15m）のルーフで、オンサイトするつもりで取り付いたんだ。地面から見て、ハンドスタックとワイドポニーで行けそうだから、Tシャツで登ればいいと思ったんだ。でも、ルートの終盤はチキンウィングだった。ヘトヘトになって、とにかく必死で登ったから、上腕をひどく擦りむいたことに気がつかなかった。トップアウトしたら、腕の皮が全部剝けて血がだらだら出ていて、バーナーで焼かれたみたいになっていた！ 2日後にはクライミングフェスティバルでプレゼンをすることになっていたんだけど、腕を包帯でぐるぐる巻きにしてオフウィズスの話をする、っていうおかしなことになったよ！

■アドバイス

　垂直のオフウィズスを登るときには、外側の足に特に意識を集中すること。外側の足は上への推進力を生むし、まさにその方向へ進んでいきたいわけだからね。外側の足の使い方をマスターしたら、僕は垂直のオフウィズスクライミングが一気に楽しくなった。これこそが成功へのカギだと言っても過言ではないよ。

Pop Quiz　どちらが好き？

1. フィンガークラックとオフウィズス？ オフウィズス。よりハードに追い込めるからね
2. ステミングとルーフクラック？ ルーフクラック。クライミングのなかでもこれはまるで別世界
3. ハンドジャムとハンドスタック？ ハンドスタック。だいたいのハンドスタックではハンドジャムを使うわけで、つまりスタックができるならハンドジャムができる、ということになるね
4. ニーロックとチキンウィング？ ニーロック。これはレストの技術。僕はレストするのが好き
5. テーピングはする？ しない？ テーピングする。痛みを和らげてくれるし、より長く何日も登り続けるにはいいよ
6. カムとナッツ？ カム。クラッククライミングを根本から変える発明だね
7. クラックなら砂岩？ 花崗岩？ 砂岩。できれば砂漠の長いルーフクラックがいいな
8. 短くてハードなルートと、長くて持久系なルート？ 長くて持久系のルート。僕はもともと持久系のクライマーで、ボルダラーではないんだ
9. 痣と擦り傷、つくるなら？ 擦り傷。これならテープで覆って登り続けられるけど、痣ができるとジャミング自体ができなくなる
10. 思わぬ失敗に備えてクライミングパンツを選ぶなら、赤と茶色どっち？ 膝と足首には赤、お尻には茶色。思いがけない失敗をごまかすためにね

ノルウェー・イェッシングフィヨルドのリカバリードリンク（Recovery Drink F8c+ trad）の第3登を果たした筆者　© Mike Hutton

謝　辞

本を書く……僕の英語の先生は、はたして僕がこんなことをするなんて予想しただろうか？

長い長い時間をかけて、この本はこうして形になった。一人の人間の一生分の修練と献身に相当することを凝縮して、およそ９万語の読みやすい言葉に落とし込むという作業は、途方もない挑戦だった。

ここに至るまでの間、たくさんの人が時間と、スキルと、知識をもって助けてくれた。初めから順を追って、感謝の言葉を述べていきたい。

僕がクライミングを始めていなかったら、この本は生まれなかった！　ガリーを這い上ったり、山々を歩き回ったり、クライミングウォールでのトレーニングにつき合ってくれたり、数えきれないほどビレイしてもらったり。僕が６歳のころから今に至るまで、素晴らしい冒険を共にしてくれたウィテカー家の皆、ありがとう。父さんと母さんが、クライミングという妙な趣向に走る僕を支えてくれたことにも感謝している。

クラッククライミングの経験から得られた知識がなかったら、この本に書けることは何もなかっただろう。これについて感謝したい人は、トムをおいて他にない。彼と共に過ごした冒険とトレーニングの日々が、互いに持ち寄った知識を膨らませて、このテーマについての僕の理解をはるかに深いものにしてくれた。彼と登った11年間に学んだことは、到底お金では買えない価値があった。トム、君こそがレジェンドだ！

アイデアがなければ本は書けない。父さん、僕の頭の中にアイデアという種をまいてくれて、ありがとう。その知識とアイデアは、どこへ持っていけばいいだろう？　そう、出版社だ。僕のアイデアと力を信じて、誇りをもってこの本の出版に携わってくれた、英ヴァータブリット社のジョン、米マウンテニアーズ社のケイトに感謝したい。

書いた言葉が伝わるようにするには、イラストや図が必要だ。これはこの本にとって欠かせない部分だった。アレックス、君の描いたイラストは傑作だ。そんなイラストが僕の文章とともにこの本を構成してくれて本当に光栄だ。この本に命を吹き込んでくれたのは、君のイラストだ。最高だよ！　それと、僕が完璧主義者なばかりに、君に「この写真も見てくれ」とか「こういう感じで……」とか、わがままを言ってしまって申し訳ない。

母さんとマリがアレックスのイラストのもとになる写真の撮影に、モデルあるいは撮影者として何時間も協力してくれたことにも感謝している。一人ではとてもできなかったことだ。

インタビューをさせてもらったクラック中毒者たちにも感謝を。個人的につき合いのある人も、そうでない人もいたけれど、彼らが返してくれた面白おかしく含蓄に富んだ答えを、読んだ人たちは楽しんでくれることだろう。いつか会うことがあれば、ビールを奢らせてほしい。リン〔・ヒル〕、あなたの分のビールは昨年10月にグレートルーフの上にあるホールバッグに入れておいたので見つけてくれたらいいな。温くなっていなかったらいいんだけど。

そしてフォトグラファーたちにも！　刺激的な写真でページを飾ってくれてありがとう。読者はその写真を見て気持ちが昂り、登りに出かけたくなるはずだ。僕が取り上げた滅多に使わないようなテクニックの数々を的確に写真に収めてくれたことは感激だった。

僕の質問に答え、本書の内容の確認を手助けしてくれた人たちにも感謝を。僕よりもその件について深く理解してくれたものだった。

そして最後に、ジョン（ヴァータブリット社編集者）、メリーとペギー（マウンテニアーズ社編集者）、ジェーン（ヴァータブリット社デザイナー）には心からの感謝を伝えたい。彼らが親身になってくれたからこそ、この本は僕の望む形になった。この矢印はそこで、この単語はここで、とこだわる僕にとことんつき合ってくれた彼らには、どんなに感謝しても足りない。第一稿の後にあまりに直しと修正を入れすぎたので、第二稿を送ったときには、まったく新しい本のようなものだったね。申し訳ない！　お礼のしるしに、今後一生涯あなたがたにケーキとドーナッツをご馳走することを約束しよう！

ピート・ウィタカーの
クラッククライミング

2021 年 7 月 30 日　初版第 1 刷発行

著　者　ピート・ウィタカー
イラスト　アレックス・ポイザー
訳　者　中嶋　渉
発行人　川崎深雪
発行所　株式会社　山と溪谷社
　　　　〒 101-0051
　　　　東京都千代田区神田神保町 1 丁目 105 番地
　　　　https://www.yamakei.co.jp/
　　　　■乱丁・落丁のお問合せ先
　　　　山と溪谷社自動応答サービス　TEL.03-6837-5018
　　　　　　　受付時間／10：00〜12：00、13：00〜17：30
　　　　　　　　　　　　　　　　　（土日、祝日を除く）
　　　　■内容に関するお問合せ先
　　　　　　　山と溪谷社　TEL.03-6744-1900（代表）
　　　　■書店・取次様からのお問合せ先
　　　　　　　山と溪谷社受注センター　TEL.03-6744-1919
　　　　　　　　　　　　　　　　　　FAX.03-6744-1927

印刷・製本　株式会社　暁印刷

定価はカバーに表示してあります